연구총서 1-35

분산 프로그래밍

| 김성동 · 김일민 | 공저

한성대학교출판부

분산 프로그래밍

제1장

스레드 사용 병행 처리

1. 자바 언어의 소개

자바는 1995년 Sun사의 제임스 고슬링(James Gosling)에 의해서 만들어진 수많은 프로그래밍 언어 중에 하나이다. 자바는 인터넷환경에서 효과적으로 응용 프로그램을 개발할 수 있도록 설계된 객체지향 언어이며, MS-windows, Unix, Linux, 매킨토시 등 다양한 시스템 환경을 지원하고 있다. 비록 가장 최근에 탄생하였기 때문에 역사가 짧지만 인터넷 시대에 가장 각광받는 언어 중에 하나이며, 나날이 사용자가 증가하고 있다.

자바는 오크(Oak)라는 언어로부터 탄생하였으며, 오크언어는 1990년 썬마이크로 시스템사가 양방향 TV의 제어 프로그램을 작성하는 것이 그 목적이었다. 이 프로젝트를 수행하면서 제임스 고슬링은 많은 가전제품이 하나의 거대한 네트웍에 의해서 원격 조정될 것을 예측하였다. 이에 모든 하드웨어에서 작동할 수 있는 시스템 소프트웨어의 개발을 위하여 적절한 프로그래밍 언어를 조사하게 되었다. 당시에 광범위하게 사용되었던 객체 지향 언어인 C++를 채택하였으나, C++는 분산 환경에 대한 지원이 매우 부족하다는 점을 발견하게 되었다. 이에 C++에 기반을 둔 오크라는 언어를 개발하게 되었고, 프로젝트 책임자인 제임스 고슬링이 오크 언어를 더욱 발전시켜 자바라는 분산환경에 적절한 객체 지향언어를 개발하게 되었다.

자바 소스 프로그램은 작고 단순하며 효율적인 형태인 bytecode로 번역되어 실행된다. 기존언어에서 많은 실행 오류를 유발시키고 오류 수정을 어렵게 만들었던, goto 문장이나 포인터 등은 삭제되었다. 1995년 Java 베타2 버전이 발표되었고, 1996년에는 Java 1.0버전이 발표되었다. 자바 언어를 WWW 상에서 다운 로드하여 실행할 수 있는 핫자바가 발표되었다. 곧 이어 당시 시장 점유 1위 웹 브라우저인 넷스케이프에서 자바를 지원하기 시작하였다. Sun사는 자바언어를 발표한 후에 1996년부터 자바의 개발 및 관련사업을 전담하는 자바 소프트(Javasoft)를 운영하고 있으며, 2010년 7월 현재 JDK 1.6까지 공개되어있다. 최신 버전의 자바 개발 키트는 http://java.sun.com/에서 무료로 다운 받을 수 있다.

1) 자바언어의 특징

Java 언어가 지금까지의 수많은 프로그래밍 언어 중에서 가장 많이 사용되고 있는 이유는 다음과 같은 특징을 가지고 있기 때문이다.

▌자바는 단순하다.

자바는 간단하고 쉽게 배울 수 있으며, 프로그래밍과 디버깅을 쉽게 할 수 있도록 설계한 언어이다. 자바는 C++의 많은 특징을 물려받은 객체지향 언어이며, C++의 난해하고 복잡해서 사용자에게 혼란을 주는 일부 기능들을 과감히 삭제한 것이 특징이다. 자바 언어는 C++의 전처리, 포인터, 다중 상속, 구조체, 전역변수, goto 문장 및 연산자 중복정의 등의 기능을 제외하였다. 또한 자바는 프로그램의 버그를 일으키는 주요 원인 중에 하나인 포인터 연산을 제공하지 않으며, 가비지 콜렉션(garbage collection)과 같은 메모리 관리를 시스템이 자동적으로 처리해 준다.

▌자바는 객체 지향 언어이다.

객체지향 프로그래밍 언어는 자료의 추상화(data abstraction), 상속성(inheritance), 그리고 다형성(polymorphism)과 같은 특성을 지원하여야 한다. 자바는 클래스를 이용한 모듈 중심의 프로그램이 가능하며, 유지보수 및 프로그램 코드의 재사용이 용이하다. 또한 기본 클래스의 확장이 가능하며, 유용한 클래스 라이브러리를 사용할 수 있다.

▌자바는 시스템에 독립적이다.

자바 프로그램은 컴파일되면 바이트 코드로 변환되며, 이 바이트 코드는 다양한 하드웨어 및 운영체제와 독립적으로 실행되도록 설계되었다. 예를 들어, MS사의 Windows 98이나 Windows NT 플랫폼에서 개발된 자바 프로그램이 UNIX 시스템에서도 아무 수정 없이 실행될 수 있다. 자바 가상 기계(Java Virtual Machine)와 바이트 코드가 자바의 시스템 독립성을 유지하는 데 가장 중요한 개념이다. 자바 프로그램이 컴파일된 코드가 바이트 코드이며, 이 바이트 코드를 실행하는 플랫폼이 바로 자바 가상 기계이다. 모든 종류의 컴퓨터가 자바 가상 기계가 되기 위해서는 바이트 코드를 실행할 수 있는 시스템 종속적인 인터프리터가 필요하다. 즉 자바 가상 기계는 특정 컴퓨터 시스템에 자바 바이트코드 실행기를 설치하여 자바 바이트 코드를 실행할 수 있도록 만든 가상적인 컴퓨터이다.

▌자바는 번역 언어(interpreted language)이다.

자바 컴파일러의 결과는 바이트 코드이며, 이는 컴퓨터 시스템이 직접 실행할 수 있는 기계어가 아니다. 그러므로 각 컴퓨터 시스템은 바이트 코드를 읽어서 실행할 수 있는 인터프리터를 가지고 있어야 한다. 자바 프로그램은 인터프리터가 바이트 코드의 명령어를 번역 실행하여야 하므로, 기계어를 직접 실행하는 일반 컴파일 언어에 비해서는 실행속도가 떨어지는 단점이 있다.

▌자바는 분산 처리 언어이다.

자바는 인터넷 및 네트워크 환경에서 효율적으로 실행될 수 있도록 설계되었으며, TCP/IP, UDP 네트워크 기능을 내장하고 있다. 특히 HTTP, FTP 등의 프로토콜을 쉽게 사용할 수 있도록 네트워크 라이브러리를 지원하고 있으므로 개발자의 분산처리 기능 구현을 손쉽게 한다. 또한 자바의 애플릿은 인터넷 익스플로러와 같은 웹 브라우져에서 실행되므로 인터넷 환경에서 응용 프로그램 개발이 용이하다.

▌자바는 오류에 강하다.

자바는 네트워크에서 동작하므로 강력한 오류 검사기능을 지원한다. 특히 오류가 발생할 수 있는 명령어를 사용할 때는 적절한 오류 처리 루틴을 작성할 것을 요구한다. 이는 불필요한 프로그램의 중단을 막아주고, 사용자가 이러한 오류를 적절히 처리하도록 해준다. 또한 자바는 컴파일시간에 엄격한 형 검사를

함으로서 많은 실행시간 오류와 비정상적인 상황을 방지할 수 있다. 특히 자바는 주소 값을 저장하지 않은 참조 변수를 검사하고, 예외상황을 처리하며, 사용된 메모리 공간을 자동으로 반환한다.

▎자바는 다중 스레드를 지원한다.

멀티 스레드란 하나의 프로그램 안에서 여러 개의 실행점(=스레드)을 갖는다는 의미이다. 즉 논리적으로 하나의 프로그램을 여러 개의 CPU가 동시에 실행하는 것과 같은 효과를 준다는 의미이다. 이러한 다중 스레드 프로그램에서는 각각의 스레드가 마치 독립적으로 동시에 실행된다. 예를 들어 하나의 서버 프로그램이 여러 개의 클라이언트에게 동시에 서비스를 제공하는 프로그램을 작성하는 경우에 멀티 스레드 프로그램은 매우 효과적이다.

▎자바는 동적(dynamic)이다.

자바 프로그램은 실행 클래스 파일과 라이브러리 클래스 파일이 분리되어 있으며, 실행시간에 가장 최근의 라이브러리 클래스를 호출하여 사용한다. C 언어의 경우, 컴파일 시간에 필요한 라이브러리를 링크시켜서 실행 파일을 만든다. 이 경우, 라이브러리가 갱신되더라도 이를 사용하는 실행 파일에는 영향을 주지 못한다. 갱신된 라이브러리를 사용하기 위해서는 라이브러리 링크를 실행하여 실행 파일을 다시 만들어야 한다. 자바의 경우는 갱신된 라이브러리 클래스를 호출할 수 있으므로 편리하다.

▎자바는 이식성이 우수하다.

자바는 시스템에 독립적인 언어이기 때문에 이식성(portability)이 높은 것은 당연하지만, 다른 언어와는 달리 시스템 하드웨어에 종속적인 부분까지도 중립적으로 설계하였다. 예를 들어 기존의 프로그래밍 언어들은 프로그램이 실행되는 컴퓨터에 따라서 정수를 16 bit로 표현하기도 하고 32 bit로 표현하기도 하였다. 이 경우 32 비트 정수를 사용한 컴퓨터에서는 잘 수행되던 프로그램이 16 비트 정수를 사용하는 컴퓨터에서는 integer overflow 오류가 발생할 수 있다. 그러나 자바에서는 모든 데이터형이 컴퓨터와 무관하게 동일한 크기와 표현 형식을 가지도록 설계하여 이러한 문제점을 해결하였으며, 프로그램의 이식성 또한 높였다.

2) 자바에서 제거된 C/C++ 특성

자바는 C와 C++로부터 많은 특성을 상속받았지만, C/C++에서 복잡하거나 오류를 발생시킬 수 있는 여러 가지 기능을 삭제하였다. 여기에서는 기존의 C/C++ 언어에 익숙한 프로그래머를 위하여 C/C++와 자바간의 특성을 비교하였다. 특히 C/C++에서 지원되었으나 자바에서는 더 이상 지원하지 않는 특성을 살펴보기로 한다.

① 포인터(pointer)

포인터형은 다른 데이터의 주소값을 저장하는 데이터형이다. 자바는 **명시적인 포인터형**을 지원하지 않는다. C언어에서는 정수를 가리키는 포인터, 문자를 가리키는 포인터, 구조체를 가리키는 포인터 등을 자유로이 선언할 수 있었으나, 자바에서는 더 이상 가능하지 않다. 포인터를 자유로이 사용한다는 것은

C언어의 커다란 장점이었으나, C/C++ 프로그래머에게는 프로그램의 오류수정을 어렵게 하고, 프로그램을 이해하기 어렵게 만드는 요인 중에 하나였다. 또한 포인터가 가리키는 데이터를 더 이상 사용하게 되지 않게 되는 경우 이러한 메모리 공간을 garbage라고 한다. C/C++에서는 프로그래머가 garbage 회수를 명시하여야 하였지만, 자바에서는 이를 시스템에서 자동적으로 실행하여 프로그래머의 부담 및 오류 발생 원인을 줄였다.

※ 여기서 주의할 점은 자바언어가 **"명시적인"** 포인터를 지원하지 않는다는 것이다. 즉 자바의 배열이나, 문자열 변수 등은 실제 데이터가 저장된 공간의 주소 값을 저장하고 있다.

② goto 문장

C/C++ 언어에서 문장의 실행제어 순서를 프로그래머가 자유로이 이동시킬 수 있었던 goto 문장이 자바의 키워드에서는 삭제되었다. Goto 문장을 삭제함으로서 자바 프로그램을 보다 이해와 유지보수가 쉽도록 하였다. Goto 문장 대신에 레이블과 함께 사용하는 break 문과 continue문을 지원하여, 중첩된 루프(nested loop)에서 자유로운 실행 순서 제어가 가능하도록 하였다.

③ 독자적인 함수 선언

C/C++에서는 함수를 독자적으로 선언하여 사용하였으나, 순수한 객체 지향 프로그램에서는 함수가 독자적으로 존재할 필요가 없다. 자바의 모든 함수는 객체 안에 메소드로서 존재한다. C++언어도 객체 지향 프로그래밍 언어이지만, 기존 C 프로그램과의 호환성을 유지하기 위해서 별도의 함수 선언을 허용하였다. 자바 프로그램은 객체로 구성되며, 각 객체는 내부 상태를 표현하는 변수와 이를 조작하는 메소드(기존언어의 함수와 유사한 의미)로 구성된다.

④ 구조체와 공용체

C/C++에서 구조체와 공용체를 선언하기 위해서 많이 사용하였던 struct 문과 union문은 자바에서 지원되지 않는다. 자바에서는 객체를 선언하는 클래스(class)를 이용하여 C에서의 구조체에 해당되는 자료형을 정의할 수 있다. 기존의 C에서는 구조체 자료형과 이를 조작하는 함수가 별도로 정의하였으나, 자바에서는 이를 통합하여 정의하는 클래스를 사용하게 되었다.

⑤ C++의 다중상속(multiple inheritance)

C++에서는 클래스를 계층적으로 구성할 때, 두 개 이상의 상위클래스를 가질 수 있는 다중상속을 지원하였으나, 자바에서는 **명시적**으로 이를 지원하지 않는다. 다중 상속을 지원할 경우, 중복 상위 클래스로 인한 논리적 혼란을 줄 수 있다. 이러한 혼란을 줄이고자, 자바의 클래스는 최대 하나의 상위클래스를 가질 수 있다. 그러나 자바 클래스에서도 여러 클래스의 특성을 상속받을 필요가 있을 때에는 interface 키워드를 사용하여 다중 상속의 효과를 내고 있다.

1.1 스레드의 기본 개념

대부분의 프로그래밍 언어는 단일 스레드만을 지원한다. 즉 지금까지의 모든 프로그램 문장들은 하나씩 순차적으로 실행된다는 것을 가정하였다. 대부분 컴퓨터 언어는 단일 스레드만을 지원하지만, 이와는 달리 자바는 멀티 스레드를 지원한다. 단일 스레드란 하나의 프로그램에 하나의 실행점을 가지는 것을 의미하며, 이는 C, C++, Pascal 등의 기존 컴퓨터 언어에서 일반적인 것이다. 여기서 스레드란 프로그램 실행 흔적(execution trace)를 의미한다. 멀티 스레드를 지원한다는 의미는 하나의 프로그램에 여러 개의 실행 흔적을 가진다는 의미이다.

자바에서 스레드를 사용하기 위해서는 java.lang.Thread 클래스를 상속하여야 한다. 자바 프로그램에서 사용되는 스레드는 생성되어 소멸될 때까지 life cycle을 가진다. **| 그림 1-1 |** 은 자바 스레드의 상태 전이를 나타낸 것이다.

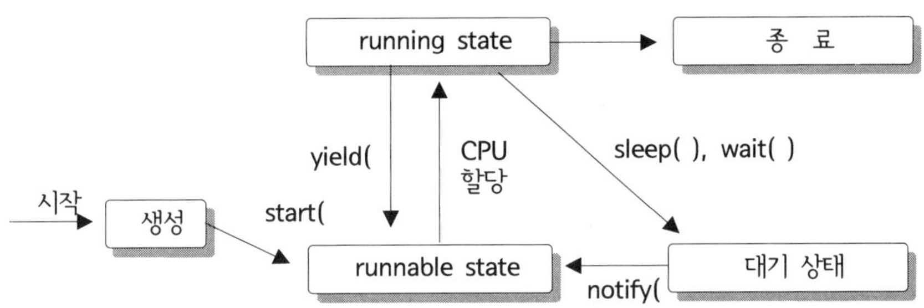

| 그림 1-1 | 자바 스레드의 상태 전이

자바에서 지원되는 스레드 또한 클래스이므로 객체를 저장할 메모리 공간을 할당하여야 한다. 메모리 공간을 할당받은 스레드(생성 상태)는 start() 메소드에 의해서 실행 가능한 상태(또는 준비상태: runnable state or ready state)로 전이한다. 준비상태의 스레드에 CPU가 할당되면, 스레드는 실행된다(running state). 일반적으로 컴퓨터 시스템에는 CPU가 하나뿐이므로 여러 개의 준비된 스레드 중에서 하나만이 CPU를 할당받아 실행 상태에 있게 된다. 자바 시스템은 준비상태의 여러 스레드를 일정 시간 동안 번갈아 가면서 실행하여, 마치 여러 개의 스레드가 동시에 실행되는 것과 같은 효과를 나타낸다.

동일한 우선 순위를 가지는 스레드들의 실행 순서는 정해져 있지 않으며, 이를 스레드의 비동기(asynchronous)적인 실행이라고 한다. 실행중인 스레드가 sleep()이나 wait() 메소드를 실행하거나, System.out.print()와 같은 I/O 명령어를 실행하면 스레드는 대기 상태로 전환된다. 대기 상태의 스레드는 원하는 이벤트가 발생하면 다시 준비상태로 전이하여, CPU 할당을 기다리게 된다. 실행상태와 대기상태, 준비상태를 이동하던 스레드는 궁극적으로 실행을 마치고 종료 상태로 전이하게된다.

1.2 사용자 Thread의 생성

자바에서 멀티스레딩 프로그램을 작성하려면 먼저 프로그래머가 사용자 정의 스레드 클래스를 작성하여야 한다. 그 방법은 ① Thread 클래스를 상속받아 새로운 클래스를 정의하는 방법, ② Runnable 인터페이스를 구현하는 클래스를 정의하는 것 두 가지가 있다.

1.2.1 Thread 클래스 상속하기

먼저 스레드 클래스를 상속받아 새로운 사용자 정의 스레드를 작성하는 방법에 대해서 설명한다. Thread 클래스를 상속하는 경우는 다음 두 가지의 생성자를 사용할 수 있다.

Thread()
Thread(String *name*)

위의 생성자에서 사용된 *name*은 스레드를 구별할 수 있는 이름이다. Runnable 인터페이스를 구현하였을 경우에는 다음 두 가지의 생성자를 사용할 수 있다.

Thread(Runnable *r*)
Thread(Runnable *r*, String *name*)

*r*은 Runnable 인터페이스를 구현한 객체를 의미한다.

스레드를 실행하기 위해서는 객체 메소드 start()를 호출하여야 한다. start() 메소드는 Thread 클래스로부터 상속받은 메소드로서, 먼저 스레드의 실행준비를 한 다음 run() 메소드를 자동 호출한다. 그러므로 프로그래머는 스레드가 할 일을 run() 메소드 안에 기술하여야 한다. 다음은 Thread 클래스를 상속받은 사용자 정의 클래스를 사용하는 예이다.

```
class MyThread extends Thread {
  ....
  public void run() {
        // 스레드가 수행할 일을 여기에 기술한다.
  }
}
```

앞에서 정의한 MyThread 클래스의 객체를 생성하여 실행하는 코드는 다음과 같다.

```
MyThread t1 = new MyThread();
t1.start();
```

1.2.2 Runnable 인터페이스 구현하기

스레드를 생성하는 다른 방법은 Runnable 인터페이스를 구현하는 클래스를 정의하는 것이다. 이는 사용자가 정의하는 클래스가 이미 다른 클래스를 상속받았을 경우에 다중상속이 지원되지 않으므로 Runnable 인터페이스를 구현하게 된다. 다음은 애플릿 클래스를 상속받고, Runnable 인터페이스를 구현하는 예이다.

```
Class MyRunnable extends Applet implements Runnable {
    .......
    public void run() {
        // 스레드가 수행할 일을 여기에 기술한다.
    }
}
```

앞에서 선언한 MyRunnable 클래스의 객체를 생성하여 실행하는 예는 다음과 같다.

```
MyRunnable r1 = new MyRunnable();
Thread t1 = new Thread(r1);
t1.start();
```

다음은 자바의 스레드의 기능을 설명하는 간단한 예로서 많이 소개된 예제 프로그램이다. 프로그램의 내용은 스레드의 병렬성 및 비동기성을 이용하여 여름 휴가 여행지를 결정하는 예제 프로그램이다. 휴가 예정지는 디즈니랜드와 홍콩이며, 가장 마지막에 출력된 장소로 결정하기로 한다. 사용자 정의 스레드 SimpleThread의 run() 메소드에서 기술된 작업은 스레드 이름을 화면에 출력하고, 0에서 999 밀리 초 사이의 휴지상태를 유지하는 간단한 것이다.

Java ▌예제 프로그램▌

```
class SimpleThread extends Thread {
  public SimpleThread(String s) {
    super(s);
  }
  public void run() {
    for(int i=0; i<5; i++) {  // 5회 반복 실행
  System.out.println(getName());  // 스레드 이름 출력
  try { sleep((int) (Math.random() * 1000));
  } catch (Exception e) { }
    }
  }
```

```
}
public class ThreadTest {
  public static void main(String[] a) {
  SimpleThread t1= new SimpleThread("Disney Land");
  SimpleThread t2= new SimpleThread("₩t₩t Hong Kong");
  t1.start();
  t2.start();
  }
}
```

실행결과

```
C:₩java₩j8>java ThreadTest
Disney Land
                Hong Kong
Disney Land
Disney Land
                Hong Kong
Disney Land
                Hong Kong
Disney Land
                Hong Kong
                Hong Kong
```

위의 프로그램을 Runnable 인터페이스를 이용하여 다시 구현하면 다음과 같다. (앞의 예제와 동일한 기능을 수행하므로 주의 깊게 차이점을 비교하기 바란다.)

| 예제 프로그램 |

```
class SimpleRun implements Runnable {
  String name;
  public SimpleRun(String str) { // Thread 클래스의 생성자를 사용할 수
      name = str;    // 없으므로 이렇게 작성한다.
  }
  public void run() {
    for(int i=0; i<5; i++) {
         System.out.println(this.name);
         try { Thread.sleep((int) (Math.random() * 1000));
```

```
            } catch (Exception e) { }
        }
    }
}
public class RunnableTest {
    public static void main(String[] a) {
        SimpleRun r1= new SimpleRun("Disney Land");
        SimpleRun r2= new SimpleRun("₩t₩t Hong Kong");
        Thread t1= new Thread(r1);
        Thread t2= new Thread(r2);
        t1.start();
        t2.start();
    }
}
```

실행결과

```
C:₩java₩j8>java RunnableTest
Disney Land
                Hong Kong
Disney Land
Disney Land
                Hong Kong
                Hong Kong
Disney Land
Disney Land
                Hong Kong
                Hong Kong
```

Tip 이번 실행 결과도 홍콩이 선택되었다. 홍콩이 선택될 확률이 약간 더 높은 이유는 t2.start() 메소드가 나중에 실행되었기 때문이다.

Tip Runnable 인터페이스를 구현하는 클래스는 불행스럽게도 Thread 클래스를 상속받지 않았으므로 Thread 클래스 메소드를 사용할 수 없다. Runnable 인터페이스를 사용한 앞의 예제 프로그램에서 SimpleRun 클래스는 String name이라는 변수가 추가되어 정의되어 있으며, sleep() 메소드를 Thread.sleep()으로 호출하고 있다는 차이점에 주의한다.

연습문제 다음 프로그램은 앞의 예제에서 start() 메소드를 run() 메소드로 변경하였다. 실행 결과를 예측하고 설명하시오.

| 소스 코드 |

```
class SimpleThread extends Thread {
  public SimpleThread(String s) {
    super(s);
  }
  public void run() {
    for(int i=0; i<5; i++) {  // 5회 반복 실행
     System.out.println(getName());  // 스레드 이름 출력
     try { sleep((int) (Math.random() * 1000));
     } catch (Exception e) { }
    }
  }
}
class ThreadTest {
  public static void main(String[] a) {
     SimpleThread t1= new SimpleThread("Disney Land");
     SimpleThread t2= new SimpleThread("₩t₩t Hong Kong");
     t1.run();  // 변경된 부분
     t2.run();  // 변경된 부분
 }}
```

클래스 변수의 공유

연습문제 멀티 스레드는 하나의 주소공간을 공유하므로, 두개의 스레드 객체 s와 t는 공유 변수를 가질 수 있다. Simple 클래스에서 정의된 변수(cnt, val) 중에서 공유되는 변수는 어느 것인가?

| 소스 코드 |

```
class Simple implements Runnable {
     static int cnt=0;          // per class variable
     int val;           // per thread variable
     public Simple(int x){
             cnt++;
             val = x;
     }
     public void run(){
```

```
                System.out.println("cnt="+cnt+", val="+val);
}}
public class Example01 {
        public static void main(String[] args) {
                Thread s=new Thread(new Simple(10));
                Thread t=new Thread(new Simple(12));
                s.start();
                t.start();
}}
```

실행결과

```
cnt=2, val=10
cnt=2, val=12
```

→ static 변수 cnt는 스레드간에 공유된다. val 변수는 공유되지 않는다.

? Simple 클래스의 정적 변수(static variable) cnt는 모든 Simple 클래스 객체가 공유한다. Simple 클래스의 객체 변수 val은 객체가 생성될 때마다 새롭게 할당되므로 공유되지 않는다. 그렇다면 두개의 스레드가 하나의 객체를 공유하기 위해서는 어떻게 하여야 되겠는가?

답 공유하고자 하는 객체(object reference)를 스레드 멤버 변수가 가리키도록 해야 한다. 그러기 위해서는 스레드 생성시에 공유객체를 넘겨받아야 한다.

1.3 스레드 클래스 지원 메소드

여러 스레드가 준비 상태에 있을 때, CPU는 그 중에 하나를 선택해서 실행한다. 이 때 실행할 스레드를 선택하는 기준이 바로 우선순위(priority)이다. 자바에서 우선순위는 정수로 표현되며 1부터 10까지의 값을 가진다. 10이 가장 높은 우선순위이며, 1이 가장 낮은 우선순위를 나타낸다. 일반 스레드의 우선순위는 5이다.

java.lang 패키지에 속한 Thread 클래스는 스레드의 우선 순위를 지정하는 데 사용할 수 있는 다음의 세 정수형 상수를 지원한다. MAX_PRIORITY, MIN_PRIO RITY, NORM_PRIORITY가 바로 지원되는 세 가지 상수이다. 시스템 관리자는 준비상태의 여러 스레드 중에서 가장 우선 순위가 높은 스레드를 선택하여 CPU를 할당하게 된다. 스레드는 CPU가 할당되어야만 실행될 수 있다. 다음 표는 Thread 클래스에서 지원되는 정적 메소드를 정리한 것이다.

| 표 1-1 | 스레드 클래스의 메소드

static(정적) method	설 명
Thread currentThread()	현 스레드를 반환
int activeCount()	현 스레드와 같은 그룹의 액티브 스레드 수를 반환
int enumerate(Thread[] tarray)	현스레드의그룹, 서브그룹에속한 스레드를 배열에 복사
boolean interrupted()	현 스레드가 인터럽트를 당했는지 테스트한다.
void sleep(long msec) throws InterruptedException	현 스레드를 msec 밀리초 동안 대기
void sleep(long msec, int nsec) thorws InterruptedException	현 스레드를 msec 밀리초와 nsec 나노초 동안 대기
void yield()	현 스레드가 다른 스레드에게 실행권을 양도

객체 메소드	설 명
String getName()	스레드의 이름을 반환
long getId()	스레드의 ID를 반환
void start()	스레드 실행 준비한 후 run() 메소드를 호출.
int getPriority()	스레드의 우선 순위를 반환.
boolean isAlive()	스레드가 시작되어 종료전이면 true, 아니면false를 반환
void interrupt()	스레드 객체에 인터럽트 한다.
boolean isInterrupted()	현 스레드가 인터럽트 되었는지 테스트한다.
void join() throws InterruptedException	현재 스레드가 종료될 때까지 스레드를 대기.
void join(long msec) throws InterruptedException	현재 스레드가 종료될 때까지 스레드를 최대 msec 밀리초 까지 대기.
void run()	하위 클래스에서 재정의 되어, 실행할 내용을 기술.
void setName(String s)	스레드의 이름을 설정.
void setPriority(int p)	스레드의 우선 순위를 p로 설정.
boolean isDaemon()	스레드의 데몬 여부를 반환
void setDaemon(boolean b)	데몬 여부를 결정. 반드시 start()전에 수행. JVM exits only threads are all daemon.

초기 버전의 자바에서 지원되었던 resume(), stop(), suspend()는 더 이상 사용을 권장하지 않지만, 기존의 자바 프로그램을 이해하기 위해서 소개한다. 최신 JDK 사용하여 resume(), stop(), suspend() 메소드를 사용한 자바 프로그램을 컴파일하면 deprecated API를 사용하였다는 경고 문장이 출력된다.

| 표 1-2 | deprecated 메소드

메 소 드	설 명
void suspend()	스레드의 실행을 잠시 중단시킴.
void destroy()	할당된 자원의 회수 없이 스레드를 destroy 시킴
void resume()	suspend()에 의해 중단된 스레드의 실행을 재개시킴
void stop()	스레드의 실행을 중지시킴.

≫ 다음은 자바 API를 확인하는 예제 프로그램이다.

| 예제 프로그램 |

```
public class APITest extends Thread {
  public void run() {
      System.out.println("--- in child ----");
      System.out.println("count = "+ activeCount());
      Thread myThread = Thread.currentThread();
      System.out.println("current Thread = "+ myThread);
      System.out.println("priority = " + myThread.getPriority());
      System.out.println("alive ? = " + myThread.isAlive());
      System.out.println("Daemon ? = "+myThread.isDaemon());
  }
  public static void main(String[] args) {
      System.out.println("count = "+Thread.activeCount());
      Thread myThread = Thread.currentThread();
      System.out.println("current Thread = "+ myThread);
      System.out.println("priority = " + myThread.getPriority());
      System.out.println("alive ? = " + myThread.isAlive());
      System.out.println("Daemon ? = "+myThread.isDaemon());

      APITest child = new APITest();
      child.setDaemon(true);
      child.setPriority(8);
      child.start();
      try {   child.join();      // child 종료 대기
      } catch(InterruptedException e){}
  }
}
```

실행결과

```
count = 1
current Thread = Thread[main,5,main]
priority = 5
alive ? = true
Daemon ? = false
--- in child ----
count = 2
current Thread = Thread[Thread-0,8,main]
priority = 8
alive ? = true
Daemon ? = true
계속하려면 아무 키나 누르십시오 . . .
```

▍데몬 스레드 실행▍

데몬 스레드(Daemon Thread)는 일반 사용자 스레드(User Thread)와는 다르다. 데몬 스레드는 일종의 서비스 스레드로서 사용자 스레드의 동작을 보조하고 도와주는 역할을 한다. Background로 무한루프(infinite loop)를 돌면서 서비스를 제공하는 경우가 많다. 일반 사용자 스레드가 모두 종료되면, JVM도 종료하게 된다. 다시 말하면, 일반 사용자 스레드가 모두 종료되면 데몬 스레드는 실행중이어도 JVM은 이를 고려하지 않고 종료된다.

» 다음 예제 프로그램은 데몬 스레드와 일반 스레드와의 차이점을 설명한다. 그대로 실행한 경우와 데몬 설정 후 (주석 표시를 삭제) 실행하여 그 차이점을 비교하시오.

▍예제 프로그램▍

```
public class DaemonThread extends Thread {
   public void run(){
     try{
        System.out.println("Thread Start ..");
        Thread.sleep(2000);
     }catch(InterruptedException e){ }
       finally{ System.out.println("Thread Dead.."); }
   }
 public static void main(String[] args) {
    DaemonThread t = new DaemonThread();
//     t.setDaemon(true);
    t.start();
    System.out.println("Main 스레드 종료");
 }
}
```

┃데몬으로 설정하지 않은 실행결과┃

```
Thread Start ..
Main 스레드 종료
Thread Dead..
```

┃데몬으로 설정한 실행결과┃

```
Main 스레드 종료
Thread Start ..
```

▶ 실행결과를 살펴보면, 데몬 스레드는 독자적으로 실행되지 않는다. 메인 스레드가 종료되면, JVM이 더 이상 실행되지 않으므로, 데몬 스레드는 실행 도중 자동 종료된다.

Suspend / Resume 예제

자식 스레드를 생성/실행하면, 부모 스레드는 자식 스레드의 실행을 일시 중단(suspend), 실행재개(resume) 또는 영원히 중단(stop)시킬 수 있는 API가 제공된다. 그러나 자식 스레드의 실행을 강제로 제어하는 것은 교착상태(dead lock)을 유발시킬 수 있다는 문제점이 제기되어 현재 실행은 가능하지만, deprecated 메서드이다.

▶ 다음은 스레드의 suspend(), resume() 메서드의 역할을 보여주는 예제 APITest2.java 이다. 예제 프로그램을 실행하면, 스레드가 실행되어 중앙화면의 숫자가 계속 증가한다. 하단의 버튼을 클릭하면 스레드가 suspend되고, 한번더 클릭하면 suspend 되었던 스레드가 resume된다.

┃소스 코드┃

```
package p1;
import java.awt.Font;
import java.awt.event.*;
import javax.swing.*;
@SuppressWarnings("serial")
public class APITest2 extends JFrame
      implements Runnable,ActionListener {
   Thread thrd=null;
   int number=0;
   JButton btn = new JButton("Suspend / Resume");
   JLabel label= new JLabel("7",JLabel.CENTER);
   boolean isRun = true;
   Font fontBig = new Font("Serf",Font.PLAIN,64);
   Font fontSm = new Font("Serf",Font.PLAIN,25);
   public APITest2(){
      label.setFont(fontBig);
```

```
        btn.setFont(fontSm);
        add(label,"Center");
        add(btn, "South");
        btn.addActionListener(this);

        setSize(350,300);
        setLocation(400,300);
        setDefaultCloseOperation(EXIT_ON_CLOSE);
        setVisible(true);

    }
    public static void main(String[]a){
          APITest2 api = new APITest2();
          api.thrd= new Thread(api);
          api.thrd.start();
    }
    public void run() {
          while(true){
            number+=1;
            label.setText(""+number);
            try{ Thread.sleep(400);
            }catch(InterruptedException e){}
          }
    }
    public void actionPerformed(ActionEvent e) {
        if(isRun) { thrd.suspend(); isRun=false;}
        else {thrd.resume(); isRun=true; }
    }
}
```

[실행결과 화면]

스레드 우선순위 예제

스레드의 우선순위(priority)는 여러 개의 실행 가능한 스레드 중에서 CPU가 실행할 스레드를 선택하는 기준이 된다. 상대적인 스레드의 우선수위가 높으면, CPU에게 선택되어 실행될 가능성이 높아져, 더 빠르게 실행된다.

다음은 우선순위의 사용을 보여주는 예제 프로그램이다. 현재 자바가 제공하는 우선순위는 1부터 10까지이며, 큰 정수 값이 우선순위가 높음을 나타낸다. 즉 우선순이 값이 10이면 우선순위가 가장 높으며, 우선순위 값이 1이면 우선순위가 낮다.

※ 운영체제에 따라서는 우선순위 값이 작은 것이 가장 높은 우선순위를 나타내는 경우도 있다

다음 예제를 실행해보면, 윈도우에서 자바 우선순위를 실제 실행 순서에 별 영향이 없다. 윈도우에서는 사용자 스레드의 우선순위 변화를 허용하지 않는 것으로 사료된다.

| 예제 코드 |

```
package p1;
import java.awt.*;
import javax.swing.*;
@SuppressWarnings("serial")
public class PriorityTest extends JFrame {
  static int rank=0;
  JSlider js1, js2, js3, js4;
  JLabel t1,t2,t3,t4,m1,m2,m3,m4;
  JPanel p_1,p_2,p_3;
  public class SimpleThd extends Thread {
     JSlider js=null;
     JLabel  label=null;
     public SimpleThd(int p, JSlider js,JLabel l)
     {
       this.setPriority(p);
       this.js = js;
       label=l;
     }
     public void run() {
       for(int i=0;i<=2000; i++) {
         try {
           Thread.sleep(20);
         }catch(InterruptedException e){}
         js.setValue(i);
       }
       label.setText((++rank)+"등");
```

```
    }
}
public PriorityTest(){
    setLayout(new BorderLayout(20,20));
    p_1=new JPanel();
    p_1.setLayout(new GridLayout(4,1));
    p_1.add(t1=new JLabel("Prority High"));
    p_1.add(t2=new JLabel("Prority Medium"));
    p_1.add(t3=new JLabel("Prority Medium"));
    p_1.add(t4=new JLabel("Prority Low"));
    add(p_1,"West");

    p_2=new JPanel();
    p_2.setLayout(new GridLayout(4,1));
    js1=new JSlider(SwingConstants.HORIZONTAL,0,2000,0);
    js2=new JSlider(SwingConstants.HORIZONTAL,0,2000,0);
    js3=new JSlider(SwingConstants.HORIZONTAL,0,2000,0);
    js4=new JSlider(SwingConstants.HORIZONTAL,0,2000,0);
    p_2.add(js1);p_2.add(js2);
    p_2.add(js3);p_2.add(js4);
    add(p_2,"Center");

    p_3=new JPanel();
    p_3.setLayout(new GridLayout(4,1));
    p_3.add(m1=new JLabel("NOT Reached"));
    p_3.add(m2=new JLabel("NOT Reached"));
    p_3.add(m3=new JLabel("NOT Reached"));
    p_3.add(m4=new JLabel("NOT Reached"));
    add(p_3,"East");

    setSize(580,300);
    setLocation(400,300);
    setVisible(true);
    setDefaultCloseOperation(EXIT_ON_CLOSE);

    new SimpleThd(10,js1,m1).start();
    new SimpleThd(5,js2,m2).start();
    new SimpleThd(5,js3,m3).start();
    new SimpleThd(1,js4,m4).start();
}
```

```
    public static void main(String[] a){
        new PriorityTest();
    }
}
```

실행결과

프로그램을 실행하면, 4개의 스레드가 실행된다. Priority High라고 표시된 스레드가 우선순위 10으로 설정되었으며, Priority Medum은 우선순위 5로, Priority Low는 우선순위1로 설정된 것이다. 여러 번 실행해보면 윈도우시스템에서 우선순위와 실행속도의 차이를 느끼기 어렵다.

코딩 연습 **위의 예제는 4개의 스레드가 표시되었다. 이를 수정해서 우선순위 High, Meduim, Low 인 스레드를 1개씩 모두 3개를 더 표시하여 실행하시오.**

> **Tip** UNIX 및 윈도우 NT와 같은 multi-user 운영체제에서 일반 사용자로 로그인하면, 스레드의 우선 순위를 변경하지 못하는 경우가 발생한다. 스레드의 우선 순위를 높이는 것은 다른 사용자의 프로그램 실행에 많은 영향을 주기 때문에 권한을 갖지 않은 일반 사용자 프로그램이 우선 순위 변경은 일반적으로 허용되지 않는다.

Join() 메소드

메인 스레드(또는 부모 스레드)가 자식 스레드를 생성하여 실행하면, 메인과 자식 스레드간에 실행 순서가 정해져 있지 않다(누가 먼저 종료되는지 알 수 없다.). 그런데 자식 스레드의 실행 결과를 메인에서 받아보기 위해서는 자식 스레드가 종료될 때까지 기다릴 필요가 있다. 이러한 기능을 실행하는 것이 바로 join() 메소드이다.

join() 메소드는 start()로 시작시킨 스레드가 종료하기를 기다리는 메소드이다. 예를 들어 메인에서 생성한 스레드 t1을 실행시키려면,

```
t1.start();
```

를 사용하여야 한다. 이 순간부터 프로그램에는 메인 스레드와 t1 스레드가 병렬적으로 실행된다. 스레드 t1이 종료될 때까지 메인 스레드(main thread)가 대기하고 싶다면

```
t1.join();
```

을 사용하여야 한다. 만일 t1.join()을 사용하지 않으면 메인 스레드는 스레드 t1과는 무관하게 계속 진행한다. 이를 그림으로 설명하면 다음과 같다. 스레드 t1은 main 스레드가 t1.start()를 호출함으로써, run() 메소드를 실행한다. 이때 main 스레드와 t1 스레드는 서로 비동기적으로 실행된다. main 스레드가 t1.join()를 호출하면, t1 스레드가 run()의 실행을 종료할 때까지 대기한다. 여기서 중요한 요점은 자바 프로그램 실행을 위해서 기본적으로 main 스레드가 존재한다는 점이다. 그러므로 자바 프로그램에서 스레드 객체 t1을 생성하여 t1.start()를 실행하면 main 스레드와 t1 스레드가 비동기적으로 실행된다는 점을 유의하여야 한다.

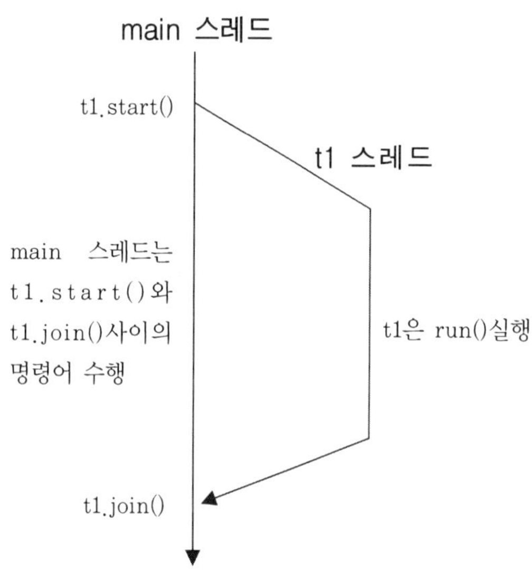

다음 예제에서 join()메소드의 역할을 확인해보자.

❙ 예제 프로그램-join() 없음 ❙

```
class Simple2 implements Runnable {
      int val;
      public Simple2(int x){
               val = x;
      }
      public void run(){
               System.out.println("val="+val);
```

```
        }
    }
    public class Example021 {
        public static void main(String[] args) {
                Thread s=new Thread(new Simple2(10));
                Thread t=new Thread(new Simple2(12));
                s.start();
                t.start();
                System.out.println("main thread end");
        }
    }
```

예제 프로그램을 실행하면 main 스레드와 자식 스레드의 실행 순서가 실행할 때마다 달라진다. 자식스레드의 실행 결과를 main 스레드가 받아 보기는 곤란하다.

실행결과

```
val=10
main thread end
val=12
```

| 예제 프로그램-join() 사용 |

```
class Simple2 implements Runnable {
    int val;
    public Simple2(int x){
            val = x;
    }
    public void run(){
            System.out.println("val="+val);
    }
}
public class Example02 {
    public static void main(String[] args) {
            Thread s=new Thread(new Simple2(10));
            Thread t=new Thread(new Simple2(12));
            s.start();
            t.start();
            try {   s.join();
                    t.join();
```

```
            }catch(InterruptedException e){}
            System.out.println("main thread end");
        }
    }
```

항상 자식 스레드가 먼저 종료된 다음에 main 스레드가 종료된다. 자식 스레드의 계산 결과를 main 스레드가 받아볼 수 있다.

실행결과

```
val=12
val=10
main thread end
```

다음 예제 프로그램은 앞의 휴가 목적지 선택 프로그램을 join()을 사용하여 변경한 것이다. join() 메소드와 정적 변수를 사용하여 앞의 예제 프로그램보다 효과적으로 휴가 목석지를 선택하고 있다. (정적 변수는 두개의 스레드에서 공유가능)

| 예제 프로그램 |

```
class SimpleThread3 extends Thread {
        public SimpleThread3(String s) {
          super(s);
        }
        public void run() {
          for(int i=0; i<5; i++) {
                if(getName().equals("Disney Land"))
                   JoinTest.tour=0;
                else
                   JoinTest.tour = 1;
                try { sleep((int) (Math.random() * 1000));
                } catch (Exception e) { }
          }
        }
      }
      public class JoinTest {
        static int tour;          // JoinTest의 정적 변수
        public static void main(String[] a) {
                SimpleThread3 t1= new SimpleThread3("Disney Land");
                SimpleThread3 t2= new SimpleThread3("₩t₩t Hong Kong");
```

```
            t1.start();
            t2.start();
            try {
               t1.join();    // t1이 종료할 때까지 대기
               t2.join();
            } catch(Exception e) {
               e.printStackTrace();
            }
            if(tour==0) System.out.println("Let's go! Disney Land!");
            else System.out.println("Let's go! Hong Kong!");
      }
   }
```

실행결과

```
C:₩java₩j8>java JoinTest
Let's go! Disney Land!
C:₩java₩j8>java JoinTest
Let's go! Hong Kong!
```

다음 예제 코드는 join()메소드의 역할을 그래픽으로 표시한 것이다. main() 스레드가 앞서 실행되다가 join()을 실행하면서 자식스레드의 종료를 기다린다. 예제 프로그램은 자식 스레드가 종료된 다음, 메인 스레드의 실행이 재개되는 것을 보여준다.

| 예제 코드 |

```
package p1;
import java.awt.*;
import javax.swing.*;
@SuppressWarnings("serial")
public class JoinMain extends JFrame {
   JSlider js1, js2;
   JLabel l1, l2, m1, m2;
   JPanel p1, p2,p3;
   public JoinMain(){
         setLayout(new BorderLayout(20,20));
         p1 = new JPanel();
         p1.setLayout(new GridLayout(2,1));
         p1.add(l1=new JLabel("Main Thread"));
         p1.add(l2=new JLabel("Simple Thread"));
```

```
        add(p1,"West");

        js1=new JSlider(SwingConstants.HORIZONTAL,0,2000,0);
        js2=new JSlider(SwingConstants.HORIZONTAL,0,2000,0);
        p2 = new JPanel();
        p2.setLayout(new GridLayout(2,1));
        p2.add(js1);   p2.add(js2);
        add(p2,"Center");

        p3= new JPanel();
        p3.setLayout(new GridLayout(2,1));
        p3.add(m1=new JLabel("executing"));
        p3.add(m2=new JLabel("executing"));
        add(p3,"East");

        setSize(560, 200);
        setLocation(400,300);
        setVisible(true);
        setDefaultCloseOperation(EXIT_ON_CLOSE);
    }
    public class Simple extends Thread {
        JSlider slider;
        JLabel label;-
        public Simple(JSlider js, JLabel jl){
                slider=js; label=jl;
        }
        public void run(){
              for(int i=0;i<=1000; i++){
                try {
                  Thread.sleep(20);
                }catch(Exception e){}
                slider.setValue(i);
              }
              label.setText("Finished");
        }
    }
    public static void main(String[] a)throws Exception{
        JoinMain jm = new JoinMain();
        Simple s = jm.new Simple(jm.js2, jm.m2);
        s.start();
```

```
        for(int i=0; i<=2000; i++){
                try {
                  Thread.sleep(10);
                  if(i==1000) {
                      jm.m1.setText("Waiting for Join");
                      s.join();
                      jm.m1.setText("Resumed");
                  }
                }catch(Exception e){}
                jm.js1.setValue(i);
        }
        jm.m1.setText("Finished");
    }
}
```

실행결과

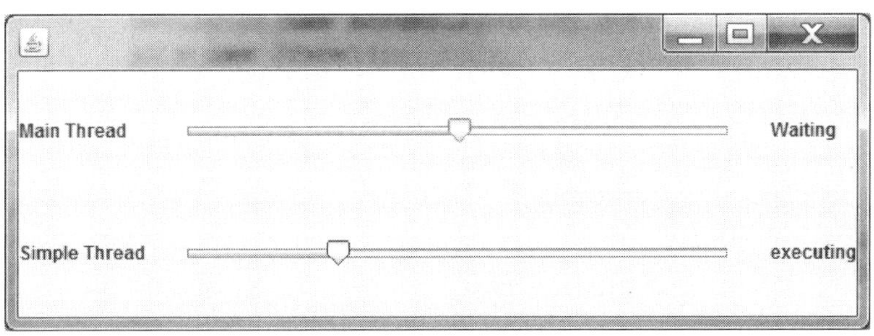

코딩 연습 위의 예제에서 자신 스레드인 Simple Thread를 여러 개 표시하고, 각 자식스레드의 실행속도를 random하게 하시오.

Thread.yield() 메소드

멀티 스레드 프로그래밍에서 스레드가 계속 진행하기 어려운 조건이 있어서, 잠시 다른 스레드에게 실행을 양보해야 하는 경우가 발생한다. 이러한 경우에 사용하는 메소드가 바로 yield() 메소드이다.

Thread 클래스의 정적 메소드 yield()는 현재 실행 중인 스레드의 실행을 일시 중단하여 다른 스레드가 실행할 수 있도록 한다 (Thread.yield method causes the currently executing thread object to temporarily pause and allow other threads to execute). 다음 예제를 실행하여 Thread.yield()의 기능을 이해하자.

| 프로그램 소스 |

```
class S10 implements Runnable {
	public void run(){
		System.out.println("S10");
//		Thread.yield();
		System.out.println("S10");
//		Thread.yield();
		System.out.println("S10");
	}
}
class S20 implements Runnable {
	public void run(){
		System.out.println("S20");
//		Thread.yield();
		System.out.println("S20");
//		Thread.yield();
		System.out.println("S20");
	}
}
class S30 implements Runnable {
	public void run(){
		System.out.println("S30");
//		Thread.yield();
		System.out.println("S30");
//		Thread.yield();
		System.out.println("S30");
	}
}
public class Yield {
	public static void main(String[] args) {
		Thread s=new Thread(new S10());
		Thread t=new Thread(new S20());
		Thread u=new Thread(new S30());
		s.start();
		t.start();
		u.start();
	}
}
```

실행결과

```
D:₩Java₩Day002>java Yield
S10
S10
S10
S30
S30
S30
S20
S20
S20
```

≫ 위의 예제에서 Thread.yield() 메소드가 작동하도록, 주석(//)을 모두 삭제하고 실행한 결과는 다음과 같다. 앞의 실행결과와 비교하여 여러 스레드가 번갈아 실행되었음을 알 수 있다.

실행결과

```
D:₩Java₩Day002>java Yield
S10
S20
S10
S30
S10
S20
S30
S20
S30
```

지금까지 스레드 프로그래밍에 대한 기본 사항을 살펴보았다. 여기서 여러 스레드가 하나의 작업을 나누어 실행하는 예제를 살펴보기로 한다. 멀티 스레드 프로그래밍에서는 하나의 작업을 나누어 실행하는 것이 필요할 때가 많다. 다음 예제는 1부터 N까지의 정수 합을 여러 스레드가 나누어 실행하는 간단한 것이다. 여기서 중요한 것은 스레드 간의 실행 결과를 교환할 수 있는 공유 변수가 있어야 다른 스레드의 결과를 읽을 수 있다.

≫ 다음은 1부터 4000까지의 정수의 합을 구하는 계산을 멀티 스레드로 구현한 예제 프로그램이다. 4개의 스레드를 생성하여 각각 1부터 1000까지의 합, 1001부터 2000까지의 합, 2001부터 3000까지의 합, 3001부터 4000까지의 합을 계산하도록 하였다. 동일한 기능을 수행하는 단일 스레드 프로그램을 작성하고 계산 시간을 비교하시오.

| 예제 프로그램 |

```
class MyInteger {
    private int value;
    public int getValue() {
        return value;
    }
    public void setValue(int val) {
        value = val;
    }
}
class Sum implements Runnable {
    private int low, upper;
    private MyInteger result;

    public Sum(int low, int upper, MyInteger res) {
        this.low = low;
        this.upper = upper;
        result = res;
    }
    public void run() {
        int sum = 0;
        for(int i= low; i<= upper; i++)
          sum += i;
      result.setValue(sum);
    }
}
public class Driver {
    public static void main(String[] args) throws Exception {
        int total;
        long start, end;
         start = System.nanoTime();
        MyInteger m1 = new MyInteger();
        MyInteger m2 = new MyInteger();
        MyInteger m3 = new MyInteger();
        MyInteger m4 = new MyInteger();

        Thread t1 = new Thread(new Sum(1,1000, m1));
        Thread t2 = new Thread(new Sum(1001,2000, m2));
        Thread t3 = new Thread(new Sum(2001,3000, m3));
```

```
        Thread t4 = new Thread(new Sum(3001,4000, m4));

        t1.start(); t2.start();
        t3.start(); t4.start();

        t1.join();          t2.join();
        t3.join();          t4.join();
    total = m1.getValue() + m2.getValue() + m3.getValue() +m4.getValue();
    end = System.nanoTime();
    System.out.println("Total = "+total+
                " Compute Time nano="+(end-start));
    }
}
```

실행결과

```
D:₩Java₩Day002>java Driver
Total = 8002000 Compute Time nano=1736589
```

》 앞의 예제 프로그램을 반복 수행해보면, 수행할 때마다 계산 시간이 다르게 나온다. 그 이유에 대해서 조사해 보시요. (자바언어는 가비지 콜렉션을 JVM의 내부 알고리즘에 따라서 스스로 처리하므로, 프로그램 실행시간이 일정하지 않다. 이러한 점은 실행시간의 최대값이 중요한 실시간 처리에 자바언어가 사용되지 않는 이유이다.)

■ 프로그램 연습 ■ 프로그램 A와 프로그램 B를 작성하시오. 프로그램A와 프로그램B가 하는 작업은 동일하지만, 생성하는 자식스레드의 수는 다르다.

① 프로그램 A에서는 자식 스레드 1개를 생성하여, 1부터 20000까지의 정수의 합을 계산하도록 하고 그 계산시간(nono초 단위)을 출력하시오.

② 프로그램 B에서는 두개의 자식 스레드를 생성하여 한 스레드는 1부터 10000까지의 정수 합을 계산하고, 다른 스레드는 10001부터 20000까지의 정수 합을 계산하도록 하시오. 그리고 다음 두 결과를 합하여 1부터 20000까지의 정수 합을 계산하고 계산 시간(nono초 단위)을 출력하시오.(앞에서 말한바와 같이, 계산시간이 일정하지는 않음) 그 계산 시간의 차이에 대해 적절한 이유를 설명해보시오.

》 연산위주의 CPU-bound job을 굳이 멀티 스레딩을 할 필요는 없다. 이렇게 할 경우, 실행시간이 오히려 더 걸린다. 다음 예제는 계산도중에 IO를 실행한다고 가정하였다. 다음 예제를 단일 스레드와 멀티 스레드로 실행하고 그 실행시간을 비교해보자.

| 예제 프로그램 코드 |

```
/*
class MyInteger {
      private int value;
      public int getValue() {
            return value;
      }
      public void setValue(int val) {
            value = val;
      }
} */  // 기존에 MyInteger.class가 없어서 오류가 발생하면, /*와 */를 삭제하고 실행

class Sum2 implements Runnable {
      private int low, upper;
      private MyInteger result;

     static void executeIO() { // no actual IO, just wait IO time.
            try{
                  Thread.sleep(2);
            }catch(InterruptedException e){}
      }
      public Sum2(int low, int upper, MyInteger res) {
            this.low = low;
            this.upper = upper;
            result = res;
      }
      public void run() {
            int sum = 0;
            for(int i= low; i<= upper; i++) {
              executeIO();
              sum += i;
        }
         result.setValue(sum);
      }
}
public class DriverIO {
      public static void main(String[] args) throws Exception {
            int total;
            long start, end;
```

```
            start = System.nanoTime();
            MyInteger m1 = new MyInteger();
            MyInteger m2 = new MyInteger();  //

            Thread t1 = new Thread(new Sum2(1,500, m1));      //
            Thread t2 = new Thread(new Sum2(501,1000, m2));  //


//          Thread t1 = new Thread(new Sum2(1,1000, m1));  // toggle

            t1.start();
            t2.start();  //

            t1.join();
            t2.join();   //

            total = m1.getValue() + m2.getValue();  //  toggle
//          total = m1.getValue();  //
            end = System.nanoTime();
            System.out.println("Total = "+total+" Compute Time msec="+
                            ((end-start)/1000000));
      }
}
```

| 스레드 2개 생성 실행 시간 |

```
Total = 500500 Compute Time msec=1465
```

| 단일 스레드 실행 시간 |

```
Total = 500500 Compute Time msec=2930
```

Thread 실행 취소

자식 스레드에게 주어진 임무가 더 이상 필요없게 되었을 때, 부모 스레드는 자식 스레드의 실행을 중단시킬 수 있다. 예를 들어, 여러 스레드가 데이터를 병행으로 검색작업을 진행할 수가 있다. 하나의 스레드가 원하는 정보를 검색하게 되면, 다른 스레드의 정보 검색은 더 이상 필요가 없어진다. 이러한 경우에 나머지 스레드의 작업은 취소하는 것이 CPU 자원을 낭비를 막을 수 있으므로 바람직하다. 스레드 실행을 취소하는 시나리오는 다음 두 가지이다.

① **비동기적 취소(Asynchronous cancellation)** : 중단을 원하는 스레드를 즉시 중단시키는 것을 말한다. 자바에서는 이미 deprecated 된 stop() 메소드를 사용하면 가능하다. 스레드가 자원을 소유한 상태에서 갑자기 실행중단이 이루어지므로, 교착상태가 발생할 수 있다. 그러므로 비동기적 취소를 실행하려면 주의가 필요하다.

② **연기된 취소(Defered cancellation)** : 자바 언어에서 권장되는 실행취소 방법이다. 실행중인 스레드가 중단되어야 하는지 주기적으로 자신이 메인 스레드로부터 interrupt를 받았는지 체크하여야한다. 만일 메인 스레드의 인터럽트 요청이 있었다면, 자신이 할당받은 자원을 적절히 반환하고(교착상태에 빠지지 않게 하려고) 실행을 종료하게 된다. 자바에서는 interrupt()와 isInterrupted()메소드를 사용하면 가능하다.

❙비동기적 취소 예제 프로그램❙

```
package p1;
class StoppedThread implements Runnable
{
      public void run() {
               while (true) {
                        Stopper.sum = Stopper.sum + 1;
                        try{ Thread.sleep(5);
                        }catch(InterruptedException e){}
               }
      }
}
public class Stopper
{  static public long sum=0;
     public static void main(String[] args) {
         Thread worker = new Thread (new StoppedThread());
         worker.start();
         try { Thread.sleep(3000);
         } catch (InterruptedException ie) { }
         worker.stop();  // stop worker thread
         System.out.println("worker thread stopped: sum = "+sum);
     }
}
```

실행결과

```
worker thread stopped: sum = 530
```

연기된(deferred) 스레드 중단 예제

자식 스레드를 중단시키기 위해서 stop() 메소드를 사용하는 것은 바람직하지 않다. interrupt()메소드와 isInterrupted()메소드를 사용하는 것이 권장된다. stop() 메소드는 강제적으로 스레드를 중단시킨다면, interrupt()메소드를 사용하는 것은 자율적인 스레드 종료이다.

Main 스레드가 interrupt 신호를 보내면, 자식은 isInterrupted() 메소드를 사용하여 메인 스레드의 interrupt 신호를 인식하고 실행을 종료한다.

| 예제 코드 |

```
package p1;
import java.awt.*;
import javax.swing.*;
import javax.swing.border.TitledBorder;
import java.util.*;
@SuppressWarnings("serial")
public class InterruptTest extends JFrame {
      public final int numThread=4;
      JLabel[] labels;
      JPanel p0, p1;
      JLabel msgL = new JLabel();
      GridLayout gridL = null;
      Font font = new Font("Serif",Font.PLAIN,20);
      Random rand = new Random();
      public InterruptTest(){
        gridL = new GridLayout(numThread,1,5,5);
        labels = new JLabel[numThread];
        setLayout(new BorderLayout(20,10));

        p0=new JPanel();
        p0.setLayout(gridL);
        JLabel tmp=null;
        for(int i=0; i<numThread; i++){
              p0.add(tmp=new JLabel("Thread: "+i));
              tmp.setFont(font);
        }

        p1=new JPanel();
        p1.setLayout(gridL);
        for(int i=0; i<numThread; i++){
```

```
            p1.add(labels[i]=new JLabel("Ready for run:"+i));
            labels[i].setFont(font);
    }
    msgL.setFont(font);
    msgL.setBorder(new TitledBorder("Main Thread Message:"));
    msgL.setText("Gen. random & interrupt the thread");
    add(p0,"West");
    add(p1,"Center");
    add(msgL,"South");

    setSize(320,240);
    setLocation(400,300);
    setVisible(true);
    setDefaultCloseOperation(EXIT_ON_CLOSE);
  }
  public void runThreads(){
    MyThread[] myth = new MyThread[numThread];
    for(int i=0; i<numThread; i++){
            myth[i]= new MyThread(labels[i]);
            myth[i].start();
    }
    System.out.print("if U ready to interrupt a thread, enter:");
    Scanner sc = new Scanner(System.in);
    sc.nextLine();
    int sel = rand.nextInt(numThread);
    System.out.print("Thread "+sel+" is selected:");
    sc.nextLine();
    myth[sel].interrupt();
    msgL.setText("Thread "+sel+" is stoped.");
    System.out.println("But I have to interrupt all:");
    sc.nextLine();
    for(int i=0; i<numThread;i++)
            myth[i].interrupt();
    msgL.setText("Sorry! All thread're interrupted.");
  }
  public class MyThread extends Thread {
    JLabel label;
    int cnt =0;
    public MyThread(JLabel j){
            label = j;
```

```
        }
        public void run(){
                try {
                  while(true){
                    sleep(rand.nextInt(120));
                    cnt++;
                    label.setText("count value = "+cnt);
                    if(Thread.currentThread().isInterrupted())
                        break;
                  }
                }catch(Exception e){}
        }
      }
      public static void main(String[] args) {
        InterruptTest st =new InterruptTest();
        st.runThreads();
      }
}
```

≫ 프로그램을 실행시키면, 콘솔창(또는 도스창)에 메시지가 출력된다. 도스창에서 엔터키를 치면 4개의 스레드중 1개를 먼저 중단시킨 다음, 모든 스레드의 실행을 중단시킨다.

실행결과

if U ready to interrupt a thread, enter:
Thread 2 is selected:
But I have to interrupt all:

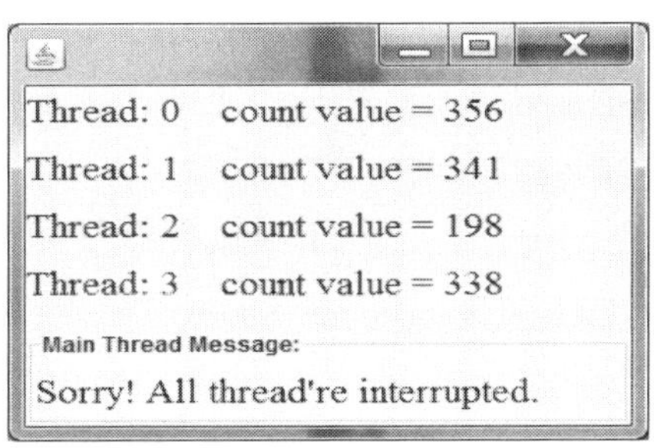

다음 예제 프로그램도 interrupt()와 isInterrupted()를 사용하여 스레드의 실행을 중단시키는 예제이다.

| 소스 코드 |

```
package p1;
class InterruptibleThread implements Runnable
{
   public void run() {
     System.out.println("₩t I'm child.");
     while (true) {
        Interrupter.sum ++;
        if (Thread.currentThread().isInterrupted()) {
                System.out.println("₩t Got Interrupted!");
                break;
        }
     }
     // clean up and terminate
   }
}
public class Interrupter
{   static public long sum=0;
    public static void main(String[] args) {
     System.out.println("I'm main.");
        Thread worker = new Thread (new InterruptibleThread());
        worker.start();
        // now wait 3 seconds before interrupting it
        try {
          Thread.sleep(2000);
          worker.interrupt();  // send interrupt signal to child
          worker.join();
        } catch (InterruptedException ie) { }
        System.out.println("Child stopped, sum="+sum);
    }
}
```

실행결과

```
I'm main.
                    I'm child.
                    Got Interrupted!
Child stopped, sum=28520475
```

1.4 스레드 동기화

멀티 스레드 프로그래밍에서 스레드의 동기화(synchronization)은 매우 중요하다. 공유 데이터에 대하여 여러 스레드가 병행적으로 update할 경우에는 특히 데이터에 오류가 발생할 수 있다. 이러한 경우, 공유 데이터에 접근에 대한 상호 배제(mutual exclusion)가 제공되어야 하며 이를 스레드의 동기화라고 한다.

멀티 스레드 프로그래밍 환경에서는 여러 개의 스레드가 실행하면서 데이터를 공유할 수 있다. 여러 스레드가 데이터를 공유하면서 데이터를 갱신하는 경우에는 프로그램의 실행에 유의하여야 한다. 멀티 스레드 프로그램을 올바르게 작성하지 않을 경우에 입력된 데이터가 손실될 수 있으며, 이로 인하여 틀린 결과를 유발시킬 수도 있다. 다음 예제 프로그램은 deposit(예금) 스레드와 withdraw(출금) 스레드가 있으며 각각 1000회식 입금하거나 출금하는 기능을 수행한다(매회 100원씩). 상호배제를 고려하지 않은 멀티 스레드 프로그래밍은 어떠한 오류가 발생하는지 다음 예제를 통해 살펴보기로 한다.

예제 프로그램

```
package p2;
class Account {
  int bal=10000;
}
class Deposit extends Thread {
  Account account;
  int temp;
  Deposit(Account a) {    // 생성자
     account = a;
  }
// synchronized
  int add(int amt) {
     int temp = account.bal;
     account.bal = temp + amt;
     return (account.bal);
  }
  public void run() {
    for(int i=1; i<=10000; i++) {
     temp = add(100);
    }
  }
}
```

```
class Withdraw extends Thread {
  Account account;
  int temp;
  Withdraw(Account a) { // 생성자
     account = a;
  }
//  synchronized
  int sub(int amt) {
     int temp = account.bal;
     account.bal = temp - amt;
     return (account.bal);
  }
  public void run() {
    for(int i=1; i<=10000; i++) {
     temp = sub(100);
    }
  }
}
public class ConCurrent {
  public static void main(String args[]) {
    Account acc  = new Account();
    Deposit deposit  = new Deposit(acc);
    Withdraw withdraw = new Withdraw(acc);
    deposit.start();
    withdraw.start();
    try {
       deposit.join();
       withdraw.join();
    } catch(InterruptedException e) {
     e.printStackTrace();
    }
    System.out.println("Final balance=" + acc.bal);
  }
}
```

실행결과

```
Final balance=-73700
```

≫ 실행할 때마다 다른 결과값이 출력된다.

실행 결과를 살펴보면 각기 10000회씩 입금과 출금을 하였으므로, 원래 예금 잔액과 동일한 10000원이 되어야 하겠지만, 결과는 6400원이 되었다. 여러 번 실행해보면 결과가 6400원이 아닌 여러 가지 경우가 발견된다. 이는 deposit 스레드와 withdraw 스레드가 동일한 잔액(bal)값을 읽고 연산을 행하기 때문에 두 개 중에 하나의 연산을 잃어버리는 결과가 발생하기 때문이다. | 그림 1-2 | 에서 알 수 있듯이, 두 개의 스레드 실행을 동기화하지 않으면 나중에 bal값을 쓴 스레드의 결과가 앞의 스레드 결과를 overwrite하고 있다.

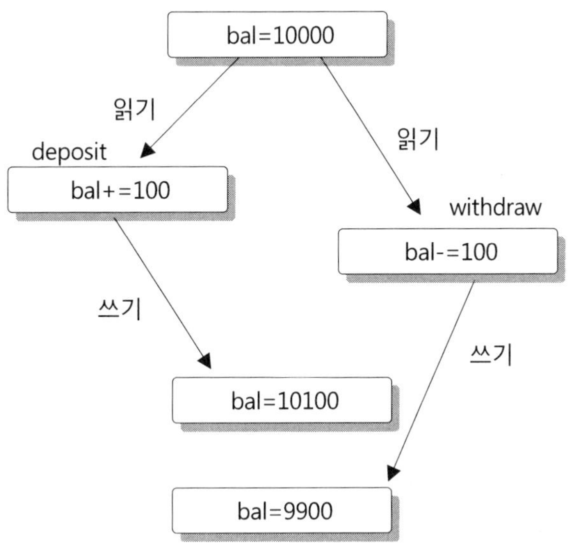

| 그림 1-2 | 비동기적인 갱신으로 인한 오류

여러 스레드가 하나의 데이터를 공유하기 위해서는 약간의 주의가 필요하다. 일반적으로 스레드를 생성하면 각 스레드마다 변수들이 새롭게 생성된다. 그러므로 스레드간에 데이터를 공유하기 위해서는 예제 프로그램에서와 같이 메인 메소드에서 공유할 객체를 생성하고 공유할 객체를 스레드 생성자의 인자로 넘겨주어야 한다. 객체를 인자로 사용하면 참조값(주소값)을 넘겨주므로, 각 스레드가 동일한 객체를 공유하는 것이 가능하다. 만일 정수나 실수와 같은 객체 속성 변수를 인자로 넘겨준다면, 변수의 값이 넘어가므로 공유할 수 없다. | 그림 1-3 | 는 앞의 예제 프로그램에서 withdraw 스레드와 deposit 스레드가 account 객체를 공유하는 것을 표현한 것이다.

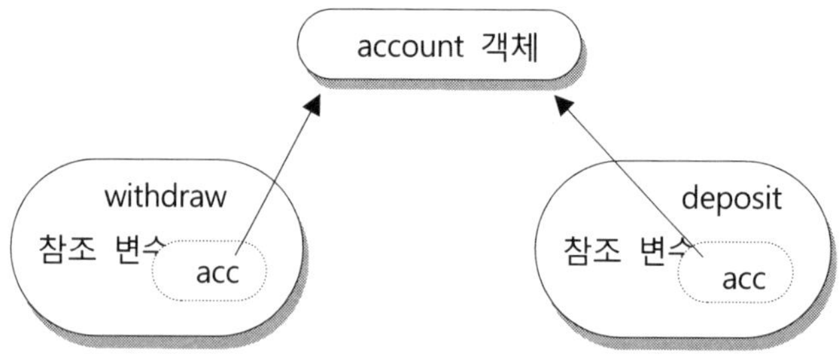

| 그림 1-3 | 두 스레드의 account 객체 공유

≫ 다음 예제 코드는 앞에서 설명한 스레드 객체간의 공유를 설명하기 위한 것이다. Account 객체 acc를 두 개의 스레드 클래스 객체 withdraw와 deposit가 공유하고 있음을 유의한다.

| 예제 프로그램 형식 |

```
class Account {
  ... // 세부사항 생략
}
class Withdraw extends Thread {
  Account acc;
  Withdraw(Account a) { // 생성자
    acc = a;
  }
  ... // 세부사항 생략
}
class Deposit extends Thread {
  Account acc;
  Deposit(Account a) { // 생성자
    acc = a;
  }
  ... // 세부사항 생략
}
public class MainClass {
   public static void main(String[] args) {
      Account acc = new Account();
     Deposit deposit = new Deposit(acc);       // acc 공유
     Withdraw withdraw= new Withdraw(acc);  // acc 공유
     ...
   }
}
```

앞의 예제 프로그램의 수행결과가 올바르게 나오려면, 동시에 두 개 메소드가 공유 변수에 접근하는 것을 금지하여야 한다. 자바에서는 동시에 실행되서는 안 되는 메소드를 선언할 수 있도록 하기 위해서 synchronized 키워드를 제공하고 있다. 스레드가 synchronized 메소드의 실행을 시작하면 자동으로 메소드에 lock을 설정하고, 메소드가 완료될 때까지 lock을 유지한다 (동일한 클래스를 실행하는 스레드 간에만 유효함).

Synchronized 키워드는 메소드나 객체와 같이 사용될 수 있다. 예를 들어 Account 클래스의 메소드 deposit()와 withdraw()의 동시 실행을 방지하고 싶으면,

```
class Account {
        int bal;
        public synchronized void deposit(int amount) {
        ....
        }
        public synchrnoized void withdraw(int amount) {
        .....
        }
}
```

와 같이 명시하면 된다. 다시 말하면, 여러 스레드가 하나의 Account 객체를 실행하더라도 오직 하나의 스레드만이 deposit() 또는 withdraw() 메소드를 실행할 수 있다. 이미 다른 스레드가 deposit() 또는 withdraw()를 실행 중이라면, 메소드의 실행이 완료될 때까지 대기하여야 한다.

공통의 객체에 여러 액세스를 동기화하는 다른 방법은 synchronized를 객체에 사용하는 것이다. 그 형식은 다음과 같다.

```
synchronized(obj) {
        // 명령문
}
```

예를 들어, 인자로 전달된 객체를 변경하고자 할 때, 액세스를 동기화하고 싶다면 다음과 같이 표현한다.

```
public void updateBank(Bank myBank) {
        synchronized(myBank) {
        // myBank 객체를 갱신하는 명령어
        }
}
```

Synchronized 키워드를 사용해서 앞의 예제 프로그램을 올바르게 수정하면 다음과 같다.

Synchronized 키워드는 여러 스레드가 공유 객체에 액세스하는 것을 방지하여 준다. 실행 결과를 비교하여 보자.

① Account3 클래스안에는 bal(예금 잔액)라는 공유변수가 정의되어 있다.

② 공유 변수 bal에 접근하는 메소드 add()와 sub()가 정의되어 있고, 모두 synchronized 이다.

| 예제 프로그램 |

```
package p2;
class Account3 {
        private int bal=10000;
        int temp;
        public int getBal() {
                return bal;
        }
        synchronized void add(int amt) {
                temp = bal;
                temp += amt;
                bal = temp;
        }
        synchronized void sub(int amt) {
                temp = bal;
                temp -= amt;
                bal = temp;
        }
      }
      class Deposit3 extends Thread {
        Account3 account;
        Deposit3(Account3 a) { // 생성자
          account = a;
        }
        public void run() {
          for(int i=1; i<=10000; i++) {
                        account.add(100);
          }
        }
      }
      class Withdraw3 extends Thread {
```

```
    Account3 account;
    Withdraw3(Account3 a) { // 생성자
       account = a;
    }
    public void run() {
      for(int i=1; i<=10000; i++) {
                account.sub(100);
      }
    }
  }
  public class SynCon {
    public static void main(String args[]) {
      Account3 acc   = new Account3();
      Deposit3 deposit   = new Deposit3(acc);
      Withdraw3 withdraw = new Withdraw3(acc);

      deposit.start();
      withdraw.start();
      try {
                    deposit.join();
                    withdraw.join();
      } catch(InterruptedException e) {
                    e.printStackTrace();
      }
      System.out.println("The balance = " + acc.getBal());
    }
  }
```

실행결과

```
The balance = 10000
```

여러 번 반복 실행하여도 항상 동일한 실행결과를 출력한다. 여기서 Account3 클래스의 add(), sub() 메소드 앞의 synchronized 키워드를 삭제하고 실행해본다. 어떤 결과를 예상하는가? 실제 결과는 어떻게 되는가?

1.5 스레드간의 대기와 깨움

synchronized 키워드는 공유 데이터에 동시에 접근하는 실행오류를 방지하여 준다. 그러나 만일 두 개 또는 그 이상의 스레드가 특정 순서에 따라 실행되기를 원한다면 앞의 synchronized 키워드만 가지고는 불가능하다. 예를 들어 생산자와 소비자 문제와 같이 먼저 데이터를 생산한 후에 데이터를 소비하는 프로그램의 경우에는 추가적인 스레드간의 대기/깨움 메소드가 필요하다. 최상위 클래스인 Object 클래스에서 정의된 메소드 중에서 스레드간의 병행처리에 중요한 메소드(wait, notify 메소드)를 정리하면 다음과 같다.

| 표 1-3 | 스레드 통신을 위한 메소드

메 소 드	설 명
void wait() throws InterruptedException	현재 스레드를 대기시킨다. notify()로 실행을 재개할 수 있다.
void wait(long msec) throws InterruptedException	현재 스레드를 최대 msec 밀리초 동안 대기시킨다.
void wait(long msec,int nsec) throws InterruptedException	현재 스레드를 최대 msec 밀리초와 nsec 나노초 동안 대기시킨다.
void notify()	대기중인 스레드의 실행을 재개시킨다.(스레드 하나를 재개시킴)
void notifyAll()	대기중인 모든 스레드의 실행을 재개시킨다.

서로 다른 클래스간에 통신이 안됨을 보여주는 예제

wait(), notify() 메소드를 사용함에 있어서 중요한 점은 동일한 클래스의 객체에서만 대기와 깨움이 가능하다는 것이다. 다시 말하면, 서로 다른 클래스 또는 다른 객체 간에는 대기와 깨움이 불가능하다는 것이다.

≫ 다음 예제 프로그램과 같이 서로 다른 객체 간에 notify(), wait()는 통신하지 않는다. 즉 notify()는 클래스 S2에서 wait()는 클래스 S1에서 정의되어 있다는 점에 유의한다. 또한 notify()와 wait()를 실행할 때는 상호배제가 보장되어야 하므로, synchronized 키워드를 함께 사용하여야 한다.

| 예제 프로그램 |

```
package p2;
class S1 implements Runnable {
      public void run(){
                System.out.println("Im Waiting");
                try {
                  wait();
```

```
            }catch(InterruptedException e){}
            System.out.println("Waked up");
        }
}
class S2 implements Runnable {
        public void run(){
            System.out.println("about notify");
            notify();
            System.out.println("notifyed");
        }
}
public class ThreadCom {
        public static void main(String[] args) {
            Thread s=new Thread(new S1());
            Thread t=new Thread(new S2());
            s.start(); // 서로 다른 스레드 객체 실행
            t.start();
        }
}
```

실행결과

```
D:₩Java₩Day002>java ThreadCom
Im Waiting
about notify
Exception in thread "Thread-0" Exception in thread "Thread-1" java.lang.
IllegalMonitorStateException
        at java.lang.Object.notify(Native Method)
        at S2.run(ThreadCom.java:13)
        at java.lang.Thread.run(Unknown Source)
java.lang.IllegalMonitorStateException
        at java.lang.Object.wait(Native Method)
        at java.lang.Object.wait(Object.java:485)
        at S1.run(ThreadCom.java:5)
        at java.lang.Thread.run(Unknown Source)
```

위의 실행 오류를 없애기 위해서는 synchronized 키워드를 사용하여야 한다. wait()와 notify()를 포함하고 있는 메소드는 synchronized 메소드이어야 오류가 발생하지 않는다. 여기서 중요한 것은 synchronized 메소드 안에서 한 스레드가 wait()로 대기하는 경우, 다른 스레드가 synchronized 메소드를 실행하는 것이 가능하다. 다음 예제는 synchronized 키워드를 추가하였다.

| 예제 프로그램 |

```
package p2.s0;
class S1 implements Runnable {
      synchronized void w(){  // synchronized 추가된 메소드
               try {
                        wait();
               }catch(InterruptedException e){}
      }
      public void run(){
               System.out.println("Im Waiting");
               w();
               System.out.println("Waked up");
      }
}
class S2 implements Runnable {
      synchronized void n() {  // synchronized 추가된 메소드
               notify();
      }
      public void run(){
               System.out.println("about notify");
               n();
               System.out.println("notifyed");
      }
}
public class ThreadCom {
      public static void main(String[] args) {
               Thread s=new Thread(new S1());
               Thread t=new Thread(new S2());
               s.start();
               t.start();
      }
}
```

실행결과

실행오류는 사라졌지만, 스레드간 통신은 되지 않는다.

```
D:₩Java₩Day002>java ThreadCom
Im Waiting
about notify
notifyed
```

〈첫째 스레드가 계속 기다리므로 실행이 종료되지 않는다.〉

정상통신이 가능한 예제

wait()로 대기 중인 스레드를 notify()로 깨워주기 위해서는 스레드 생성시에 하나의 객체를 공유하도록 하여야 한다. 멀티스레드가 공유하는 객체의 클래스 Common을 정의하고, Common 클래스안의 메소드 안에서 wait()와 notify() 메소드를 사용한다.

| 예제 프로그램 |

```
package p2;
class Common {  // 한클래스에 wait()/notify()가 같이 정의되었음.
      synchronized void w() {
        try {
               System.out.println("Waiting");
               wait();
               System.out.println("Finished");
        }catch(InterruptedException e){}
      }
      synchronized void n() {
               System.out.println("About to Notify");
               notify();
               System.out.println("Notified");
      }
}
class S11 implements Runnable {
      Common com;
      S11(Common c) {
               com=c;
      }
      public void run(){
               com.w();
      }
}
class S22 implements Runnable {
      Common com;
      S22(Common c) {
               com=c;
      }
      public void run(){
               com.n();
      }
```

```
}
public class ThreadCom2 {
      public static void main(String[] args) {
               Common com = new Common();
               Thread s=new Thread(new S11(com));
               Thread t=new Thread(new S22(com));
               s.start();
               t.start();
      }
}
```

실행결과

wait() 중인 스레드가 다른 스레드가 notify()를 실행함으로서 깨워짐을 알 수 있다.

```
D:\Java\Day002>java ThreadCom2
Waiting
About to Notify
Notified
Finished
```

notifyAll() 메소드와 notify() 메소드의 차이점은 깨우는 대기 스레드(waiting thread)의 수이다. notify() 메소드는 1개의 스레드만을 깨울 수 있으며, notifyAll() 메소드는 대기하고 있는 모든 스레드를 깨워서 실행을 재개시킨다. 그런데 만일 대기하고 있는 스레드가 하나도 없다면, notify 메소드는 아무런 역할도 하지 않는다.

≫ 만일 여러개의 스레드가 wait()에서 대기중이라면, notifyAll()은 모두 깨워 실행을 재개시킨다. notify()는 그중 1개만을 깨워 실행시킨다.

notify()메소드는 wait()로 대기 중인 스레드1개만을 깨워준다. 만일 대기중인 스레드가 없다면, notify() 메소드는 무시된다. 다음 예제 프로그램의 실행은 notify() 메소드가 wait()로 대기 중인 두개의 스레드 중에서 1개만을 깨운다는 것을 보여준다. (세 개의 자식스레드를 생성하였고, 그 중 두개는 wait()를 먼저 실행하고 마지막 스레드가 notify()를 실행하였음)

| 예제 프로그램 |

```
package p2;
class Common2 {
      synchronized void w() {
        try {
                System.out.println(Thread.currentThread()+" Waiting");
                wait();
                System.out.println(Thread.currentThread()+" Finished");
        }catch(InterruptedException e){}
      }
      synchronized void n() {
                System.out.println("About to Notify");
                notify();                         // 재실행시에 notifyAll()로 변경
                System.out.println("Notified");
      }
}
class S112 implements Runnable {
      Common2 com;
      S112(Common2 c) {
                com=c;
      }
      public void run(){
                com.w();
      }
}
class S222 implements Runnable {
      Common2 com;
      S222(Common2 c) {
                com=c;
      }
      public void run(){
                com.n();
      }
}
public class ThreadCom3 {
      public static void main(String[] args) {
                Common2 com = new Common2();
                Thread s=new Thread(new S112(com));
                Thread t=new  Thread(new S112(com));
```

```
            Thread u=new Thread(new S222(com));
            s.start();
            t.start();
            try {
                    Thread.sleep(20);
            }catch(InterruptedException e){}
            u.start();
    }
}
```

≫ 실행결과는 메인 스레드의 notify()메소드는 스레드 s와 t중에서 1개만을 깨웠음을 보여준다.

실행결과

```
D:₩Java₩Day002>java ThreadCom3
Thread[Thread-0,5,main] Waiting
About to Notify
Notified
Thread[Thread-1,5,main] Waiting
Thread[Thread-0,5,main] Finished
```

〈스레드 Thread[Thread-1,5,main]가 계속 기다리므로 실행이 종료되지않는다.〉

≫ 앞의 예제 프로그램에서 notify()를 notifyAll()로 변경하고 실행해보자. notifyAll() 메소드는 wait()로 대기중인 모든 스레드를 깨워준다. 다음의 실행결과를 확인해보자.

실행결과

```
D:₩Java₩Day002>java ThreadCom4
Thread[Thread-0,5,main] Waiting
Thread[Thread-1,5,main] Waiting
About to Notify
Notified
Thread[Thread-1,5,main] Finished
Thread[Thread-0,5,main] Finished
```

〈대기 중인 두개의 스레드가 모두 깨워졌음을 알 수 있다〉

※ 많은 멀티스레드 프로그램에서 notify()메소드를 notifyAll()로 변경하여도 잘 실행된다. 그 이유는 대부분의 경우, 다수의 대기 스레드가 깨어나더라도 실행조건이 맞지 않으면 다시 대기 상태로 되돌아가도록 프로그램이 되어 있기 때문이다.

Wait/Notify GUI 예제

소스코드에 포함된 p2.NotifyTest.java는 swing을 사용하였다. 하단의 [Start] 버튼을 누르면 실행을 시작하고, 5개의 스레드 중에서 일부가 대기상태(wait 상태)에 들어간다. 이때 [Notify] 버튼을 누르면 그 중 1개가 실행을 재개하고 [NotifyAll] 버튼을 누르면 모든 스레드가 실행을 재개한다.

NotifyTest.java의 실행결과

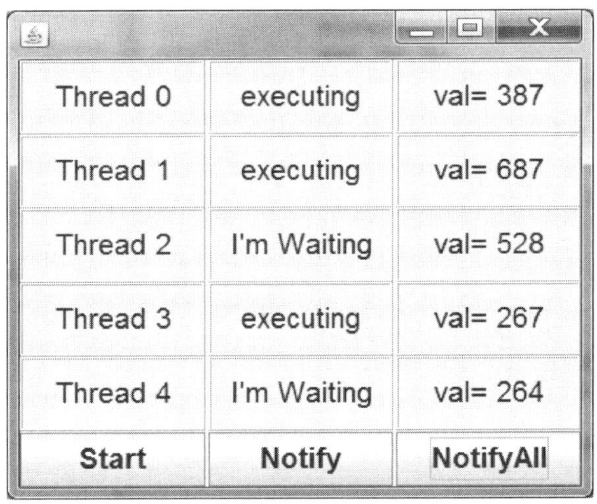

생산자/소비자 문제

생산자/소비자(producer/consumer) 문제는 병렬 처리에서 매우 간단하면서도 유명한 문제이다. 생산자/소비자 문제를 간단히 설명하면 다음과 같다.

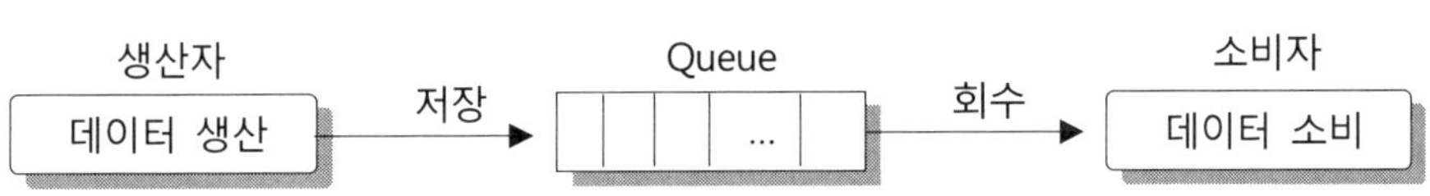

① 생산자와 소비자는 서로 독립적으로 실행된다.
② 생산자는 데이터를 생산해서 Queue에 저장한다.
③ 소비자는 Queue에서 데이터를 읽어 사용한다.
④ Queue에 데이터를 추가 저장할 공간이 없을 때, 생산자는 데이터 생산을 멈추고 대기한다.
⑤ Queue에 저장된 데이터가 없으면 소비자는 대기한다.
⑥ Queue는 생산자와 소비자가 공유하는 객체로서 어느 한 순간에는 하나의 스레드만 접근할 수 있다.

생산자는 생산된 데이터를 공유 메모리에 저장하고 소비자는 공유 메모리에서 데이터를 읽어와 사용한다. 생산자는 공유 메모리의 여유 공간이 없을 때에는 대기하여야 하고, 소비자는 공유 메모리에 저장된 데이터가 없을 때에는 대기하여야 한다.(wait 메소드 사용). 다음은 공유 메모리의 버퍼 공간이 하나인 경우, 생산자 소비자 프로그램을 자바 스레드를 사용하여 구현한 예제 프로그램이다. 주의할 점은 생산자가 데이터를 큐에 저장한 후에는 반드시 대기하고 있을지도 모르는 소비자 스레드를 깨워 주어야 한다(notify 메소드 사용). 또한 소비자가 큐에서 데이터를 회수한 후에는 반드시 대기하고 있을지도 모르는 생산자 스레드를 깨워 주어야 한다. 생산자/소비자 문제를 프로그램하면 다음과 같다.

| 예제 프로그램 |

```
package p1.s1;
class Producer extends Thread {
  Queue queue;
  Producer(Queue queue) {  // 생성자
    this.queue = queue;
  }
  public void run() {
    int x = 1;
    int idx = 0;
    while(++idx <= 10) {
      queue.add(x);
      System.out.println("Producer: "+ x);
      x *= 2;                    // 새로운 데이터 생산
    }
  }
}
class Consumer extends Thread {
  Queue queue;
  Consumer(Queue queue) {  // 생성자
    this.queue = queue;
  }
  public void run() {
    int idx = 0;
    while(++idx <= 10) {
      System.out.println("₩tConsumer: " + queue.remove());
    }
```

```
  }
}
class Queue {
  int buf;
  boolean available = true;
    synchronized void add(int data) {
    while(!available) {  // 여유 공간이 없으면 대기
      try {
        wait();
      }
      catch(Exception e) {}
    }
    buf = data;
    available = false;
    notify(); // 대기하고 있는 스레드를 깨움
  }
  synchronized int remove() {
    while(available) {  // 데이터가 없으면 대기
      try {
        wait();
      }
      catch(Exception e) {}
    }
    available = true;  // ④
    notify(); // 대기하고 있는 스레드를 깨움
    return buf;
  }
}
class SimplePC {
  public static void main(String args[]) {
    Queue q1 = new Queue();
    new Producer(q1).start();
    new Consumer(q1).start();
  }
}
```

실행결과

```
C:₩java₩j8>java SimplePC
Producer: 1
                Consumer: 1
Producer: 2
                Consumer: 2
Producer: 4
                Consumer: 4
Producer: 8
                Consumer: 8
Producer: 16
                Consumer: 16
Producer: 32
                Consumer: 32
Producer: 64
                Consumer: 64
Producer: 128
                Consumer: 128
Producer: 256
                Consumer: 256
Producer: 512
                  Consumer: 512
```

실행과정 설명

이 프로그램의 실행 과정을 그림으로 간단하게 설명하면 다음과 같다. Producer 스레드는 Queue 클래스의 add() 메소드를 호출하며, Consumer 스레드는 Queue 클래스의 remove() 메소드를 호출한다.

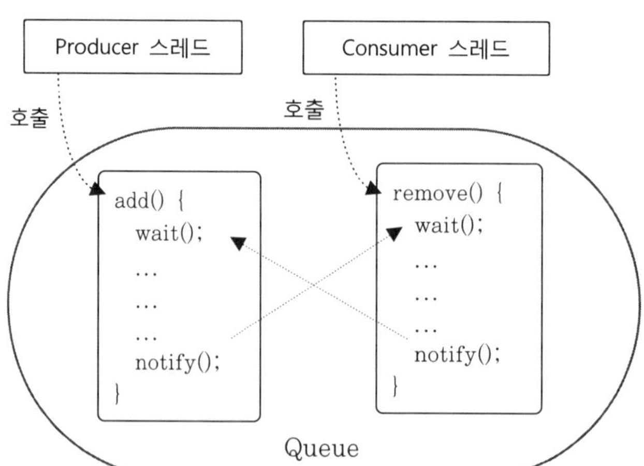

프로그램 실행이 시작되고, Consumer 스레드가 먼저 remove()를 호출한다고 가정해보자.

① Consumer 스레드가 remove()를 실행하면 available 초기값이 true이므로, wait()를 실행한다. 즉 Producer 스레드가 notify() 메소드를 실행하여 자신을 깨워주기를 기다리게 된다.

② 컴퓨터 CPU는 여러 스레드를 번갈아 가며 실행하므로, Consumer 스레드가 대기중이면, Producer 스레드가 실행할 기회를 갖게된다. Producer 스레드는 add() 메소드를 호출한다. 이 경우 !available 값은 거짓이므로, while 루프를 실행하지 않고, data 값을 buf에 저장하고 available = false;를 실행한다. 그리고 notify()를 실행함으로써, 대기중인 Consumer 스레드를 깨워준다. 이로써, Consumer 스레드는 실행 가능한 상태가 된다.

③ 이 시점에서는 Producer 스레드와 Consumer 스레드 모두 실행 가능한 상태에 있게 된다. 즉 두 스레드 중에 어느 스레드라도 실행될 수 있지만, 여기서는 Producer 스레드가 계속 실행된다고 가정한다.

④ Producer 스레드는 다음 데이터를 생산해서 계속 add() 메소드를 호출한다. 이때 !available의 값이 참이므로, while 루프안의 wait()를 실행한다. 즉 Consumer 스레드가 notify() 메소드를 실행하여 자신(Producer 스레드)을 깨워주기를 기다리게 된다.

⑤ 이번에는 Producer 스레드가 대기 중이므로 Consumer 스레드가 실행할 기회를 갖게 된다. wait 상태에서 깨어난 Consumer 스레드는 available 값을 참으로 변경하고, notify()를 실행하여 대기 중인 Producer 스레드를 깨워주며, buf 값을 반환한다.

⑥ 이렇게 진행됨으로써, Producer 스레드와 Consumer 스레드는 번갈아 가면서, buf에 접근하게 된다.

※ add() 메소드안에서 정의된 notify()는 remove() 메소드 안에서 정의된 wait()를 깨워주며, remove() 메소드 안에서 정의된 notify()는 add() 메소드 안에서 정의된 wait()를 깨워주게 된다. 그런데 동일한 클래스 안에서 wait(), notify()만으로 명시함으로서 wait()와 notify()간의 연관성을 명시하지 못하고 있다(프로그램의 가독성이 다소 떨어짐). 이는 JDK 1.5 이후에서 지원되는 Condition 클래스를 사용함으로서 개선될 수 있다.

앞의 생산자/소비자 프로그램은 공유하는 버퍼공간의 크기가 1이므로 프로그램 실행이 효율적이지 못하다는 단점이 있었다. 다음은 공유 메모리의 버퍼 공간을 n개로 일반화하여 프로그램의 성능을 향상시킨 예제 프로그램이다. GUI를 사용하여, 버퍼의 내용을 표현하였다. 실행 후에 메시지가 출력되고, 엔터키를 누르면 프로그램이 시작된다.

| 예제 프로그램 |

```
package p2.s2;
import java.awt.*;
import javax.swing.*;
import javax.swing.border.*;
import java.util.*;
class Producer extends Thread {
  Queue queue;
  Producer(Queue queue) {
    this.queue = queue;
  }
  public void run() {
    int x = 10;
    int idx = 0;
    while(++idx <= 100) {
      queue.add(x);
      System.out.println("P:"+x);
      try {
        Thread.sleep((int)Math.random()*4000+2400);
      }catch(InterruptedException e){}
      x += 10;
    }
  }
}
class Consumer extends Thread {
  String str;
  Queue queue;
  Consumer(String str, Queue queue) {
    this.str = str;
    this.queue = queue;
  }
  public void run() {
    int idx = 0, num;
    while(++idx <= 100) {
      try {
          Thread.sleep((int)Math.random()*4000+2600);
```

```
            }catch(InterruptedException e){}
            num = queue.remove();
            System.out.println("₩t₩tC:" + num);
        }
    }
}
@SuppressWarnings("serial")
class Queue extends JFrame {
    private final static int SIZE = 3;
    int array[] = new int[SIZE];
    int front = 0;
    int rear = 0;
    int count = 0;
    JPanel jp = new JPanel();
    JLabel[] label = new JLabel[SIZE];
    Font font= new Font("Serf",Font.PLAIN,20);
    Border border=new BevelBorder(BevelBorder.RAISED,Color.BLUE,Color.CYAN);
    Queue() {
        super("Queue");
        setLayout(new GridLayout(SIZE,1,2,2));
        for(int i=0;i<SIZE;i++){
                add(label[i]=new JLabel("null",JLabel.CENTER));
                label[i].setFont(font);
                label[i].setBorder(border);
        }
        setSize(150,240);
        setLocation(500,200);
        setVisible(true);
        setDefaultCloseOperation(EXIT_ON_CLOSE);
    }
    void draw(){
        for(int i=0;i<count;i++)
          label[i].setText(""+array[(i+front)%SIZE]);
        for(int i=count; i<SIZE; i++)
          label[i].setText("null");
    }
    synchronized void add(int data) {
```

```
        while(count == SIZE) {  // 여유 공간이 없으면 대기
          try {
              wait();
          }
          catch(InterruptedException e) {
              e.printStackTrace();
          }
        }
        array[rear++] = data;
        if(rear >= SIZE) rear = 0; // circular queue임
        ++count;
        draw(); //
        notify();
    }
    synchronized int rcmove() {
        while(count == 0) {  // 데이터가 없으면 대기
          try {
            wait();
          }
          catch(InterruptedException e) {
            e.printStackTrace();
          }
        }
        int element = array[front++];
        if(front >= SIZE)  front = 0;
        --count;
        draw(); //
        notify();
        return element;
    }
}
class ProducerConsumer {
    public static void main(String args[]) {
        Queue q1 = new Queue();
        System.out.print("Press enter to start:");
        new Scanner(System.in).nextLine();
```

```
        new Producer(q1).start();
        new Consumer("Consumer-1", q1).start();
    }
}
```

실행결과

```
Press enter to start:
P:10
P:20
                    C:10
P:30
........
```

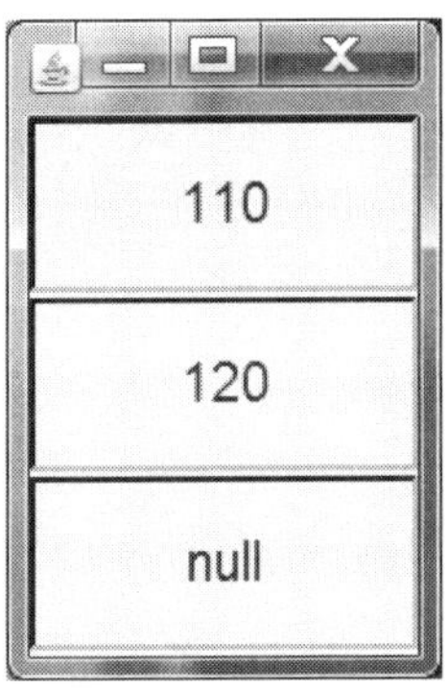

[Queue의 내용]

| 예제 프로그램 : Dinning Philosopher |

다음 예제 프로그램은 운영체제의 유명한 교착 상태 문제인 Dining Philosopher(철학자들의 저녁식사)를 자바 스레드로 구현한 것이다. Dinning Philosopher를 간단히 설명하면 다음과 같다.

① 원탁에 N명의 철학자들이 둘러앉아서 철학적 사고(think)와 식사(eat)를 반복한다.

② 각 철학자들의 식사시간이나 사고 시간은 동일하지 않다.

③ 각 철학자 앞에는 무한히 공급되는 스파게티가 있으며, 식사를 위해서는 자신의 왼쪽과 오른쪽에 있는 포크(2개)를 모두 사용해야 한다.

④ 원탁에는 철학자의 수와 동일한 수의 포크 N개가 놓여 있으며, 하나의 포크는 양쪽 철학자들이 나누어 사용한다.

⑤ 자바 스레드를 사용하여 Dinning Philosopher 동기화 문제를 프로그래밍한 것이다.

Dining Philosopher에 관한 보다 자세한 사항은 운영체제 책을 참고하기를 바라며, 이 예제에는 4명의 철학자와 4개의 포크를 구현하였다. 4명의 철학자가 철학적 사고와 식사를 반복하던 중에 발생하는 교착상태를 표현하는 것이 요점이다.

| 소스 코드 |

```
package p2;
class Fork {  // 포크 클래스 선언
  private boolean taken=false;
  private int id;
  Fork(int id)
    { this.id=id; }
  synchronized void put() {
     taken=false;
     notify();
  }
  synchronized void get() throws Exception {
     while(taken) wait();
     taken=true;
  }
}
class Philosopher extends Thread {
  private int id;
  private Fork left, right;
  Philosopher(int id, Fork l, Fork r) {
    this.id = id;
    left=l;
    right=r;
  }
  void display(String m) {
    for(int i=0; i<id; i++)
      System.out.print("₩t₩t");
    System.out.println(id+": "+ m);
  }
  public void run() {
    int cnt=0;
    try {
```

```
            while(++cnt<=100) {
                display("thinking");
                sleep((int)(Math.random()*1000));
                display("hungry");
                left.get();
                display("got left fork");
                sleep(300); // 교착 상태를 유도하는 시간
                right.get();
                display("eating");
                sleep(300);
                left.put();
                right.put();
            }
        } catch(Exception e) {}
    }
}
public class DinningP {
    public static void main(String args[]) {
        Fork f0 = new Fork(0); // 네 개의 포크
        Fork f1 = new Fork(1);
        Fork f2 = new Fork(2);
        Fork f3 = new Fork(3);
        Philosopher p0 = new Philosopher(0, f0, f1);
        Philosopher p1 = new Philosopher(1, f1, f2);
        Philosopher p2 = new Philosopher(2, f2, f3);
        Philosopher p3 = new Philosopher(3, f3, f0);
        p0.start(); // 네 명의 철학자 스레드 실행
        p1.start();
        p2.start();
        p3.start();
    }}
```

교착상태가 발생한 실행 결과

```
0: eating
                    2: hungry
                    2: got left fork
0: thinking
                                  3: eating
          1: hungry
          1: got left fork
0: hungry
                                  3: thinking
                    2: eating
0: got left fork
                    2: thinking
          1: eating
          1: thinking
0: eating
          1: hungry
                                  3: hungry
                                  3: got left fork
                    2: hungry
                    2: got left fork
0: thinking
          1: got left fork
0: hungry
0: got left fork
〈교착 상태 발생〉
```

프로그래밍 연습 철학자들의 저녁식사 프로그램 수정

① **식사하는 철학자들의 수를 6명으로 늘리시오.**

② **교착상태가 발생하지 않도록 프로그램을 수정하시오.**

③ **가능하다면 그래픽을 사용하여 철학자 사고하는 모습과 식사하는 모습을 표현하시오.**

[Hint] 각 철학자들에게 순서대로 번호를 붙이고, 짝수번호 철학자는 왼쪽 포크부터 홀수번호 철학자는 오른쪽 포크부터 잡도록 한다.

1.6 자바 1.5에 추가된 기능

1) 스레드 pool 사용한 성능향상 : ExecutorService

지금까지 자바에서 스레드를 실행하기 위해서는 다음과 같은 명령어를 사용하였다.

```
RunnableClass work = new RunnableClass();
new Thread(work).start();
```

이러한 방법은 스레드를 실행하기 위한 간단한 방법이기는 하지만, 스레드를 실행할 때마다 스레드를 생성해야 된다. 그러므로 많은 스레드를 실행할 경우에는 효율성이 떨어진다. JDK 1.5 이후 버전에서 제공되는 Executor 인터페이스를 사용하여 스레드 풀을 사용하여 스레드를 실행시킬 수 있다. 스레드 풀을 사용하면, 효율적으로 병행처리 작업수를 관리할 수 있다. ExecutorService 인터페이스를 사용하여 스레드 작업을 관리할 수 있다.

<interface> java.util.concurrent.Executor	
execute(Runnable object)	Runnable 스레드 실행

<interface> java.util.concurrent.Executor	
void shutdown()	실행중인 작업을 완료후 셧다운
List<Runnable> shutdownNow()	실행중인 작업은 반환하고, 당장 셧다운한다.
boolean isShutdown()	셧다운 되었는지 반환
boolean isTerminated()	풀의 모든 작업이 종료되었는지 반환
boolean awaitTermination(long timeout, TimeUnit unit)	모든 작업이 종료되기를 기다린다. 주어진 timeout 까지만 기다린다.

<interface> java.util.concurrent.Executor	
static ExecutorService newFixedThreadPool (numOfThreads)	주어진 개수의 스레드 풀을 미리 생성한다. 스레드 실행이 완료되면, 스레드는 재사용된다.
static ExecutorService newCachedThreadPool()	필요한 만큼의 스레드 풀을 생성한다.

| 예제 프로그램 |

```
package p2;
import java.util.concurrent.*;
class SimpleRun implements Runnable {
```

```
        String name;
        public SimpleRun(String str) {
                name = str;
        }
        public void run() {
          for(int i=0; i<5; i++) {
                    System.out.println(this.name);
                    try { Thread.sleep((int) (Math.random() * 1000));
                    } catch (Exception e) { }
          }
        }
      }
public class ExecutorTest {
  public static void main(String[] args){
        ExecutorService exec = Executors.newCachedThreadPool();
//      ExecutorService exec = Executors.newFixedThreadPool(1);
        exec.execute(new SimpleRun("HongKong"));
        exec.execute(new SimpleRun("₩tDisney Land"));
        exec.shutdown();
  }
}
```

실행결과

```
HongKong
                Disney Land
HongKong
HongKong
HongKong
                Disney Land
                Disney Land
HongKong
                Disney Land
                Disney Land
```

코딩 연습 예제 코드의 주석처리된 ExecutorService exec = Executors.newFixedThreadPool(1); 을 실행해본다. 인자의 수를 1에서 2로 변경하고 다시 실행하고, 그 결과를 설명하시오.

≫ 다음 예제는 join() 메소드와 유사한 기능을 수행하는 awaitTermination()메소드에 대한 예제이다.

| 예제 프로그램 |

```
package p2;
import java.util.concurrent.*;
class SimpleRun2 implements Runnable {
        static String destination;
        String name;
        public SimpleRun2(String str) { // Thread 클래스의 생성자를 사용할 수
                name = str;    // 없으므로 이렇게 작성한다.
        }
        public void run() {
          for(int i=0; i<5; i++) {
                    destination = name;
//                  System.out.println(name);
                    try { Thread.sleep((int) (Math.random() * 1000));
                    } catch (Exception e) { }
          }
        }
      }
public class ExecutorTest2 {
  public static void main(String[] args){
        ExecutorService exec = Executors.newCachedThreadPool();
        exec.execute(new SimpleRun2("Hong Kong"));
        exec.execute(new SimpleRun2("₩tDisney Land"));
        exec.shutdown();
        long start = System.nanoTime();
        while(!exec.isTerminated()) Thread.yield(); // same as next 3 lines
//      try {
//         exec.awaitTermination(30, TimeUnit.SECONDS);
//      }catch(InterruptedException e){}
        System.out.printf("compute time: %d₩n",(System.nanoTime()-start));
        System.out.println("My Choice="+SimpleRun2.destination);
  }
}
```

실행결과

compute time: 3736042081
My Choice=Hong Kong (실행결과는 매번 다르다)

≫ 예제에서 while(!exec.isTerminated()) Thread.yield();을 주석처리하고, 다음 3줄의 주석을 삭제하고 실행하시오. 동일한 결과를 얻게 된다.

2) Reentrant Lock

Java 5이전에는 스레드 병행 처리를 위한 기능이 synchronized, wait(), notify() 명령어 정도였다. Java 5에서는 새로운 java.util.concurrent.* 패키지를 포함되었으며 스레드 처리와 동기화를 위한 다양한 API가 포함되었다. 특히 ReentrantLock은 동기화를 위한 클래스이다.

- java.util.concurrent.locks.**ReentrantLock**
- Object 상속, Serializable, Lock 인터페이스 구현

ReentrantLock 클래스는 가장 단순한 lock 메커니즘을 제공한다. 기존의 lock 메커니즘을 제공하였던 synchronized와 유사한 기능을 수행한다. 그러나 synchronized 보다 훨씬 융통성이 있으며, 다양한 부가기능도 제공한다. 예를 들어 fairness 인자를 사용하여 가장 오래 대기한 스레드에게 lock을 부여할 수도 있다.

- **생성자**

① **ReentrantLock()**: Creates an instance of ReentrantLock.

② **ReentrantLock(boolean fair)**: Creates an instance of ReentrantLock with the given fairness policy.

- **주요 메소드**

① int **getHoldCount()**: Queries the number of holds on this lock by the current thread.

② boolean **hasQueuedThread(Thread thread)**: Queries whether the given thread is waiting to acquire this lock.

③ boolean **hasQueuedThreads()**: Queries whether any threads are waiting to acquire this lock.

④ boolean **hasWaiters(Condition condition)**: Queries whether any threads are waiting on the given condition associated with this lock.

⑤ boolean **isFair()**: Returns true if this lock has fairness set true.

⑥ void **lock()**: Acquires the lock.

⑦ Condition **newCondition()**: Returns a Condition instance for use with this Lock instance.

⑧ boolean **tryLock()**: Acquires the lock only if it is not held by another thread at the time of invocation.

⑨ void **unlock()**: Attempts to release this lock.

ReentrantLock의 일반적인 사용 형식

```
class X {
  private final ReentrantLock key = new ReentrantLock();
  // ...

  public void m() {
    key.lock();  // block until condition holds.
    try {
          // This is critical Section.
    } finally {
      key.unlock()
    }
  }}
```

ReentrantLock 객체는 하나의 스레드가 공유자원에 대한 독점적인 접근권한을 보장받기 위해 사용된다. 만일 ReentrantLock 객체 key에 대하여 한 스레드가 key.lock() 메소드를 실행하면 공유 자원에 대한 독점 접근 권한을 갖게된다. 공유 자원에 대한 독점접근을 마친후에 key.unlock()을 시행하면 소유권을 반납하게 된다.

❙ 프로그램 예제 ❙

다음 예제는 두개의 스레드를 생성하여 각기 공유 변수(초기값)에 120을 100회 더하는 프로그램이다. 올바른 실행 결과는 240000이 출력되어야 한다.

```
package p2;
import java.util.concurrent.*;
import java.util.concurrent.locks.*;
class Add extends Thread {
      Account account;
      ReentrantLock key;
      public Add(Account acc, ReentrantLock key){
            account = acc; this.key=key;
      }
      public void run(){
            int temp;
            for(int n=0; n<100; n++) {
//                key.lock();        //
                try {
```

```
                                temp=AccountLock.val;
                                Thread.sleep((int)(Math.random()*100));
                                temp+=120;
                                AccountLock.val=temp;
                        } catch(Exception e) {}
                        finally {
//                              key.unlock();  //
                        }
                }
        }
}
class Minus extends Thread {
        Account account;
        ReentrantLock key;
        public Minus(Account acc, ReentrantLock key){
                account = acc; this.key=key;
        }
        public void run(){
                int temp;
                for(int n=0; n<100; n++) {
//                      key.lock();   //
                        try {
                                temp=AccountLock.val;
                                Thread.sleep((int)(Math.random()*100));
                                temp-=120;
                                AccountLock.val=temp;
                        } catch(Exception e){}
                        finally {
//                              key.unlock(); //
                        }
                }
        }
}
public class AccountLock {
    Account account;
    static int val=240000;
    public static void main(String[] args)throws Exception {
        Account acc = new Account();
        ReentrantLock key = new ReentrantLock();
        ExecutorService exec = Executors.newFixedThreadPool(2);
```

```
            exec.execute(new Add(acc,key));
            exec.execute(new Minus(acc,key));
            exec.shutdown();
            while(!exec.isTerminated()) Thread.yield();
            System.out.printf("₩n val=%d",val);

    }
}
```

앞의 예제에는 모든 lock(), unlock()에 주석 처리가 되었으므로 다음과 같은 엉뚱한 값이 출력된다.

실행결과

```
val=214440
```

앞의 예제에서 모든 lock(), unlock()앞에 있는 주석 표시(//)를 삭제하고 다시 실행시키면 다음과 같은 결과가 출력된다. 임계구역에 대한 상호배제가 적절히 이루어졌으므로 올바른 값이 출력된다.

실행결과

```
val=240000
```

3) Condition 변수 – 스레드간의 통신

컨디션(Condition) 변수는 자바 객체에서 지원되는 wait(), notify(), notifyAll()등과 유사한 통신 메소드 await(), signal(), signalAll() 등을 제공한다. 자바 객체에서 제공되는 메소드는 동일한 클래스안에서 wait(), notify()를 사용하여야 통신이 가능하다. 그러나 컨디션 변수를 사용하면 이러한 제한없이, 통신이 가능하다는 장점이 있다.

Condition 변수를 사용하여 스레드 통신을 하려면, 제일 먼저 컨디션 변수 생성하여야 한다.

① 먼저 ReentrantLock 객체를 생성한 다음, 컨디션 객체를 생성한다.

```
Lock key = new ReentrantLock();
```

② ReentrantLock 객체에서 newCondition()를 호출한다. 하나의 ReentrantLock 객체에서 여러개의 컨디션 객체를 생성할 수 있다.

```
Condition cond1 = key.newCondition();
Condition cond2 = key.newCondition();
```

컨디션 객체를 사용하기 위해서는 연관된 ReentrantLock객체의 lock(), unlock() 메소드를 사용하여 상호배제를 보장하여야 한다.

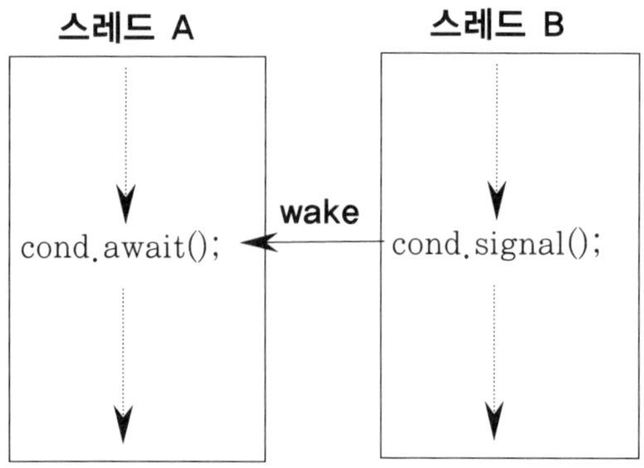

▶ java.util.concurrent.locks.Condition 인터페이스에서 정의된 메소드

다음 메소드는 반드시 상호배제가 보장되는 상황에서 사용하여야 한다. 그렇지 않으면 실행시간에 java.lang.IllegalMonitorStateException 예외가 발생한다.

① void **await()**: Causes the current thread to wait until it is signalled or interrupted.

② long **awaitNanos(long nanosTimeout)**: Causes the current thread to wait until it is signalled or interrupted, or the specified waiting time elapses.

③ boolean **await(long time,TimeUnit unit)**: Causes the current thread to wait until it is signalled or interrupted, or the specified waiting time elapses.

④ void **signal()**: Wakes up one waiting thread.

⑤ void **signalAll()**: Wakes up all waiting threads.

▶ 다음은 Condition객체를 사용하여 자식 스레드에게 signal을 보내는 예제 프로그램이다. 자식 스레드는 await()를 실행하여 대기하고, 메인 스레드가 보내준 signal()을 받아 실행을 재개한다. Condition 객체는 연관된 ReentrantLock객체를 사용하여 상호배제를 보장받고 있음에 주의한다.

| 예제 프로그램 |

```
package p2;
import java.util.concurrent.locks.*;
class child implements Runnable {
      Condition cond;
      Lock key;
      public child(Lock key, Condition cond){
               this.key = key;
               this.cond = cond;
      }
      public void run(){
        key.lock();
```

```
        try {
          System.out.println("₩t  child stopped");
          cond.await();
          System.out.println("₩t  got signal");
        }catch(InterruptedException e){}
        finally{
                key.unlock();
        }
      }
}
public class CondTest {
      public static void main(String[] args)
                              throws Exception {
              System.out.println("--- main ---- child ---");
              Lock key = new ReentrantLock();
              Condition cond = key.newCondition();
              Thread s=new Thread(new child(key, cond));
              s.start();
              for(int i=10; i>0; i--){
                 Thread.sleep(200);
                 System.out.println("Count:"+i);
              }
              System.out.println("send signal");
              key.lock();
              try {
                cond.signal();
              }finally {
                key.unlock();
              }
}}
```

실행결과

```
--- main ---- child ---
                    child stopped
Count:10
Count:9
Count:8
Count:7
Count:6
```

```
Count:5
Count:4
Count:3
Count:2
Count:1
send signal
                              got signal
```

Condition 변수를 사용한 생산자/소비자 예제 프로그램

다음 예제 프로그램은 앞에서 작성한 생산자/소비자 문제를 JDK1.5에서 제공하는 java.util.concurrent.* 패키지의 Condition 변수를 사용하여 다시 작성한 것이다. Condition 변수 freeSpace와 moreProduct를 사용하고 있다. freeSpace는 버퍼의 빈공간이 생기는 것을 기다리는 조건 변수이고, moreProduct는 버퍼에 새로운 데이터가 입력되기를 기다리는 조건 변수이다. 조건 변수의 대기/깨움을 그림으로 설명하면 다음과 같다.

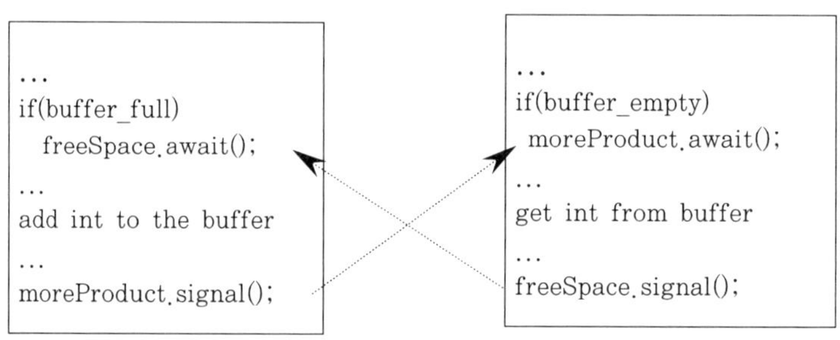

생산자 스레드　　　　소비자 스레드

| 예제 프로그램 |

```
package p2;
import java.util.concurrent.*;
import java.util.concurrent.locks.*;
import java.util.LinkedList;
class Buffer {
        static final int Size=3;
        LinkedList<Integer> queue = new LinkedList<Integer>();
        Lock key = new ReentrantLock();
        Condition moreProduct= key.newCondition();
        Condition freeSpace = key.newCondition();
        public void add(int value){
                key.lock();
```

```
            try {
                    if (queue.size()== Size) {
                            System.out.println("Wait for consume");
                            freeSpace.await();
                    }
                    queue.offer(value);
                    moreProduct.signal();
            } catch(InterruptedException e) {
                    System.out.println(e);
            } finally {
                    key.unlock();
            }
    }
    public int remove() {
            int value=0;
            key.lock();
            try {
                    if(queue.isEmpty()){
                          System.out.println("₩t₩twait for produce");
                          moreProduct.await();
                    }
                    value=queue.remove();
                    freeSpace.signal();
            }catch(InterruptedException e){
                    System.out.println(e);
            }finally {
                    key.unlock();
            }
            return value;
    }
}
class Producer implements Runnable {
    Buffer buf;
    public Producer(Buffer buf){
            this.buf=buf;
    }
    public void run(){
            int rand;
            for(int i=1;i<21;i++){
                    rand=(int)(Math.random()*200+1);
```

```
                System.out.println("Producer:"+rand);
                buf.add(rand);
                try {
                    Thread.sleep(rand);
                }catch(InterruptedException e){}
            }
        }
}
class Consumer implements Runnable {
        Buffer buf;
        public Consumer(Buffer buf){
                this.buf=buf;
        }
        public void run(){
                for(int i=1; i<21; i++){
                        System.out.println("₩t₩tConsumer:"+buf.remove());
                        try {
                                Thread.sleep((int)(Math.random()*200)+1);
                        }catch(InterruptedException e){}
                }
        }
}
public class ConsumerProducer {
  public static void main(String[] args) {
      Buffer buf = new Buffer();
     ExecutorService exec=Executors.newFixedThreadPool(2);
     exec.execute(new Producer(buf));
     exec.execute(new Consumer(buf));
     exec.shutdown();
  }
}
```

실행결과

```
Produce 1
                Consume:1
Produce 2
                Consume:2
Produce 3
                Consume:3
```

```
Produce 4
Produce 5
                Consume:4
Produce 6
Produce 7
                Consume:5
Produce 8
Produce 9
                Consume:6
Produce 10
                Consume:7
                Consume:8
                Consume:9
                Consume:10
```

Blocking Queue를 사용한 생산자/소비자 프로그램

생산자/소비자 프로그램에서 큐(또는 버퍼)에 데이터를 넣거나 뺄 때, 동기화를 시켜주어야 한다. 이는 코딩이 길어지게 되므로, 큐 자체에서 동기화를 구현한 것이 바로 Blocking Queue이다.

Blocking queue에서 스레드가 포화상태의 큐에 데이터를 추가하려든지, 빈 큐에서 데이터를 가져오려 한다면, 다른 스레드의 접근이 봉쇄(block)된다. 동기화된(synchronized) put 메소드와 take 메소드를 제공한다. 그러므로 생산자/소비자 프로그램을 작성할 때, Blocking Queue를 사용하면 동기화를 위한 명령어를 사용할 필요가 없다.

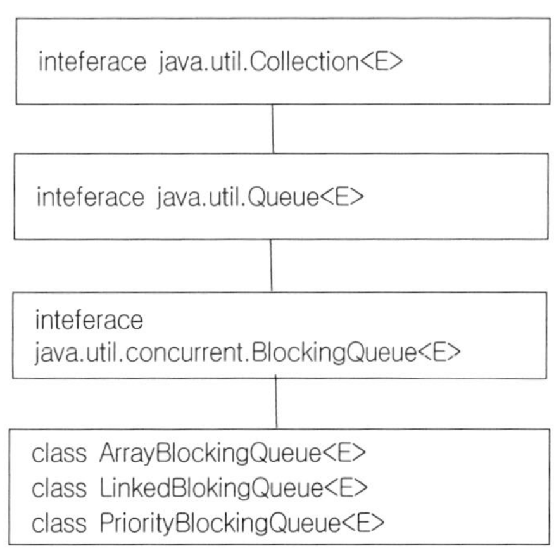

※ Blocking Queue 구현 객체에서 put(), take() 메소드를 실행시에 중단될 가능성이 있으므로, try/catch 문을 사용하여 InterruptedException는 반드시 처리해 주어야 한다.

| 예제 프로그램 |

```
package p2;
import java.util.concurrent.*;
class P1 implements Runnable {
    ArrayBlockingQueue<Integer> buf;
    public P1(ArrayBlockingQueue<Integer> buf){
            this.buf = buf;
    }
    public void run() {
            for(int i=1;i<11;i++) {
              System.out.println("Produce "+i);
              try {
                    buf.put(i);
                    Thread.sleep((int)(Math.random()*2000));
              } catch(InterruptedException ex){}
            }
    }
}
class C1 implements Runnable {
    ArrayBlockingQueue<Integer> buf;
    public C1(ArrayBlockingQueue<Integer> buf){
            this.buf = buf;
    }
    public void run(){
            for(int i=1; i<11; i++) {
              try {
                    System.out.println("₩t₩tConsume:"+buf.take());
                    Thread.sleep((int)(Math.random()*2000));
              } catch(InterruptedException ex){}
            }
    }
}
public class ProducerConsumerBQueue {
    public static void main(String[] args) {
      ArrayBlockingQueue<Integer> buf = new
                ArrayBlockingQueue<Integer>(10);
      ExecutorService exec = Executors.newFixedThreadPool(2);
      exec.execute(new P1(buf));
      exec.execute(new C1(buf));
```

```
        exec.shutdown();
    }
}
```

실행결과

```
Produce 1
                    Consume:1
Produce 2
                    Consume:2
Produce 3
                    Consume:3
Produce 4
Produce 5
                    Consume:4
Produce 6
Produce 7
Produce 8
                    Consume:5
Produce 9
                    Consume:6
                    Consume:7
Produce 10
                    Consume:8
                    Consume:9
                    Consume:10
```

4) 세마포어(Semaphore) 클래스

Java 5에서는 Semaphore(java.util.concurrent.Semaphore)도 지원된다. 세마포어는 한정된 개수의 공유 자원을 여러 스레드가 동시에 접근하려 할 때 이를 제어하는 객체이다.

세마포어의 초기값은 동시에 접근가능한 스레드의 수를 설정한다. 세마포어 초기값을 1로 설정하면, 공유 자원에 접근할 수 있는 스레드의 수가 1개뿐 이므로, 공유 자원에 배타적인 접근제어가 가능하다.

예를 들어 웹서버에 동시에 접속하는 클라이언트 수를 10으로 제한하고 싶다면, 초기값이 10인 세마포어를 사용하면 가능하다.

⋙ 세마포어에 대한 지식이 부족하다면, 운영체제 교재의 프로세스 관리 및 병행 처리 부분을 참조하기 바란다.

⋙ 세마포어의 생성자는 다음과 같다.

① public Semaphore(int val): Creates a Semaphore with the given number of permits and nonfair fairness setting.

② public Semaphore(int permits, boolean fair): Creates a Semaphore with the given number of permits and the given fairness setting.

⋙ Semaphore에서 지원되는 주요 메소드는 다음과 같다.

① void release(): Releases a permit, returning it to the semaphore.

② void acquire() throws InterruptedException: Acquires a permit from this semaphore, blocking until one is available, or the thread is interrupted.

⋙ 세마포어를 사용하여 상호배제를 구현하는 코드 형식은 다음과 같다.

```
import java.util.concurrent.Semaphore;
Semaphore sem = new Semaphore(1);
try {
  sem.acquire();
  // Critical Section;
} catch(InterruptedException e){ }
finally {
  sem.release();
}
```

연습문제 **다음 두 프로그램은 자바지원 세마포어 클래스를 사용하여 상호배제를 구현하였다. 두개의 프로그램 중 1개의 실행결과가 잘못되었다. 그 이유를 설명하시오.**

프로그램 1 "SemTest.java"

```
package p3;
import  java.util.concurrent.Semaphore;
class Th extends Thread {
      static public int sum=0;
      Semaphore sem;
      int temp;
```

```
    Th() {
       sem = new Semaphore(1);
    }
    public void run() {
            for(int n=0; n<1000; n++) {
                try {
                    sem.acquire();
                    temp = sum;
                    sleep(3);
                    temp = temp + 120;
                    sum = temp;
                }
                catch(InterruptedException e){}
                finally {
                    sem.release();
                }
            }
    }
}
public class SemTest {
    public static void main(String[] args) throws Exception {
        Th t1 = new Th();
        Th t2 = new Th();
        Th t3 = new Th();

        t1.start();     t2.start();     t3.start();
        t1.join();      t2.join();      t3.join();

        System.out.println("sum="+Th.sum);
    }
}
```

실행결과

```
sum=120720
```

»» 세마포어 객체를 생성된 3개의 스레드가 공유해야 상호배제가 이루어지는데, 앞의 예제는 각 스레드가 자신의 세마포어 객체를 생성하였다. 상호배제가 구현되지 않았으므로, 실행결과가 맞지 않다.

| 프로그램 2 "SemTest2.java" |

```
package p3;
import  java.util.concurrent.Semaphore;
class Th2 extends Thread {
      static public int sum=0;
      Semaphore sem;
      int temp;
      Th2(Semaphore s) {
         sem = s;
       }
      public void run() {
               for(int n=0; n<1000; n++) {
                        try {
                              sem.acquire();
                              temp = sum;
                              sleep(3);
                              temp = temp + 120;
                              sum = temp;
                       }
                       catch(InterruptedException e){}
                       finally {
                               sem.release();
                       }
               }
       }
}
public class SemTest2 {
      public static void main(String[] args) throws Exception {
               Semaphore sem = new Semaphore(1);
               Th2 t1 = new Th2(sem);
               Th2 t2 = new Th2(sem);
               Th2 t3 = new Th2(sem);

               t1.start();      t2.start();      t3.start();
               t1.join();       t2.join();       t3.join();

               System.out.println("sum="+Th2.sum);
      }
}
```

실행결과

```
sum=360000
```

스레드의 코드 실행 순서를 정하는 세마포어

프로세스의 동기화를 위한 세마포어 사용: 다음 예제프로그램의 세마포어의 초기값은 0으로 설정되어 있다. 자식 스레드가 semaphore.release()를 실행할 때까지, 메인 메소드의 semaphore.acquire() 실행이 중단된다. 자식 스레드는 sum의 계산이 끝난 다음에 release()를 실행함으로서, 메인 메소드에 올바른 결과값을 전달할 수 있다.

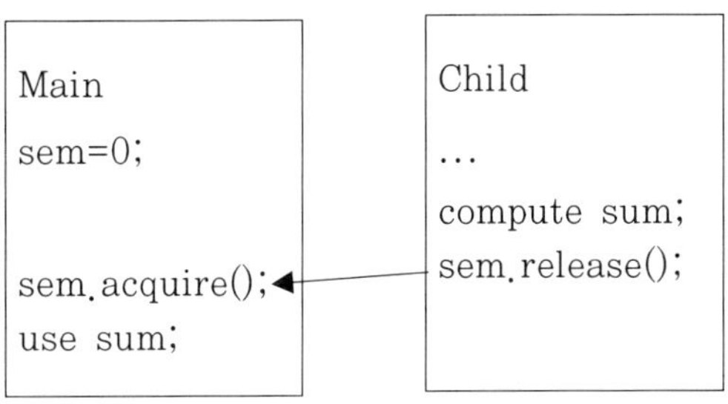

| 예제 프로그램 |

```
package p3;
import java.util.concurrent.*;
import java.util.concurrent.Semaphore;
public class SemTest3 {
   static int sum=0;
   static Semaphore sem=new Semaphore(0); // 0으로초기화
   public static void main(String[] args)
                                    throws InterruptedException {
     ExecutorService executor = Executors.newFixedThreadPool(1);
     executor.execute(new SumThread(100, sem));
     sem.acquire();  // 자식스레드의 relese()를 기다림
     System.out.println("The sum = "+sum);
        executor.shutdown();
   }
}
class SumThread implements Runnable {
      int max;
```

```
Semaphore sem;
SumThread(int m, Semaphore s){
        max = m;
        sem = s;
}
public void run(){
  try{ Thread.sleep(1000);
  }catch(Exception e){}
  for(int i=1; i<=max; i++)
        SemTest3.sum += i;
  sem.release();
}}
```

실행결과

```
The sum = 5050
```

연습문제 소스 코드의 Semaphore(0)의 값을 Semaphore(1)로 변경한 결과를 예측하시오. 실제 실행한 결과와 비교하시오.

프로그래밍 연습 자바에서 제공되는 세마포어만을(다른 동기화 클래스는 가능한 使用 禁止) 사용하여 생산자/소비자를 프로그래밍하시오.

5) CountDownLatch

스레드가 하나이상의 이벤트가 발생하기를 기다리는 경우가 있다. 이러한 경우를 처리하기 위해서, concurrent 패키지는 CountDownLatch 클래스를 제공한다.

① CountDownLatch 생성자

CountDownLatch(int num) : 기다리는 이벤트 횟수를 명시한다.

② CountDownLatch 메소드

- void await() throw InterruptedException: 원하는 수의 이벤트가 발생할 때까지 대기한다.
- void await(long wait, TimeUnit tu): 최대 대기시간을 명시한다.
- void countDown(): 이벤트가 한번 발생하였음을 알린다.

다음은 세 개의 스레드가 1부터 1000까지의 정수합을 구하는 작업을 분담한다. 각 스레드는 자신의 작업을 완료한 후에 countDown()메소드를 수행한다. CountDownLatch 객체 생성시 초기값이 3이었으므로, 세 개의 스레드가 작업을 종료하면 메인 메소드가 실행을 재개하여 결과값을 출력한다.

| 예제 프로그램 |

```
package p3;
import java.util.concurrent.CountDownLatch;
public class CountDownLatchDemo {
  public static void main(String[] args)
                                throws InterruptedException{
       CountDownLatch cdl = new CountDownLatch(3);
       System.out.println("Computing Started");
       new MySum(1,450,cdl).start();
       new MySum(451,800,cdl).start();
       new MySum(801,1000,cdl).start();
       cdl.await();
       System.out.println("Sum 1 to 1000 = "+MySum.total);
  }
}
class MySum extends Thread {
  static int total =0;
  int start, end;
  CountDownLatch cdl;
  MySum(int m, int n, CountDownLatch c){
       start = m; end = n;
       cdl = c;
  }
  public void run(){
       int sum=0;
       for(int i=start; i<=end; i++)
               sum +=i;
       total += sum;
       cdl.countDown();
  }
}
```

실행결과

```
Computing Started
Sum 1 to 1000 = 500500
```

6) Exchanger

java.util.concurrent.* 패키지 중에서 Exchanger 클래스는 두 스레드간에 데이터를 교환하기 위한 것이다. 데이터를 교환하고자 하는 두 개의 스레드가 각각 exchange() 메소드를 호출한다.
스레드간에 데이터를 교환하기 위해서는 먼저 Exchanger 객체를 선언해야 한다.
만약 문자열 데이터를 교환하고자 한다면,

```
Exchanger<String> ex = new Excnager<String>();
```

라고 선언한다. Excnager 객체에 사용할 수 있는 메소드는 exchange()이며 그 사용형식은 다음과 같다.

```
String exchange(String data) throws InterruptedException
String exchange(String data, long wait, TimeUnit m)
                    throws InterruptedException, TimeoutException
```

여기서 중요한 것은 두 개의 스레드가 하나의 Exchanger 객체를 공유하여야 데이터 교환이 가능하다는 점이다.

≫ 다음은 부모와 자식 스레드간에 데이터 교환을 하는 예제 프로그램이다. 자식 스레드가 계산한 정수합을 부모 스레드에세 전달한다.

| 예제 프로그램 |

```
package p3;
import java.util.concurrent.Exchanger;
public class ExchangeDemo2 {
  public static void main(String args[]) throws InterruptedException {
    Exchanger<Integer> exgr = new Exchanger<Integer>();
    Child p1 = new Child(exgr);
    new Thread(p1).start();
    int total = exgr.exchange(-1);
    System.out.println("Total = "+total);
  }
}
class Child implements Runnable {
  Exchanger<Integer> ex;
  Integer data;

  Child(Exchanger<Integer> c) {
    ex = c;
  }
  public void run() {
     int sum=0;
    for(int i = 1; i <=10 ; i++) sum+=i;
```

```
      try {
        data=ex.exchange(sum);
        System.out.println("₩t₩t From Parent:"+data);
      } catch(InterruptedException exc) {
        System.out.println(exc);
      }
    }
}
```

실행결과

```
Total = 55
                    From Parent:-1
```

≫ 다음은 두 개의 자식 스레드간에 데이터를 주고 받는 예제이다.

| 예제 프로그램 |

```
package p3;
import java.util.concurrent.Exchanger;
public class ExchangerDemo {
  public static void main(String args[]) {
    Exchanger<Integer> exgr = new Exchanger<Integer>();
    System.out.println("Proc1 - Proc2");
    Proc1 p1 = new Proc1(exgr);
    Proc2 p2 = new Proc2(exgr);
    new Thread(p1).start();
    new Thread(p2).start();
  }
}
class Proc1 implements Runnable {
  Exchanger<Integer> ex;
  Integer data;

  Proc1(Exchanger<Integer> c) {
    ex = c;
  }
  public void run() {
    for(int i = 1; i <=5 ; i++) {
      try {
        // Exchange a full buffer for an empty one.
```

```
        data=ex.exchange(new Integer(i));
        System.out.println("Got:"+data);
      } catch(InterruptedException exc) {
        System.out.println(exc);
      }
    }
  }
}
class Proc2 implements Runnable {
  Exchanger<Integer> ex;
  Integer data;
  Proc2(Exchanger<Integer> c) {
    ex = c;
  }
  public void run() {
    for(int j=11; j <= 15; j++) {
      try {
        // Exchange an empty buffer for a full one.
        data = ex.exchange(new Integer(j));
        System.out.println("₩tGot: " + data);
      } catch(InterruptedException exc) {
        System.out.println(exc);
      }
    }
  }
}
```

실행결과

```
Proc1 - Proc2
Got:11
                  Got: 1
Got:12
                  Got: 2
Got:13
                  Got: 3
Got:14
                  Got: 4
Got:15
                  Got: 5
```

7) Callable & Future

JDK 1.5 이전에는 run() 메소드의 반환값의 유형이 void 이므로, 스레드의 실행결과를 반환하기가 다소 어려웠다. JDK 1.5에서는 Callable 인터페이스를 구현한 객체를 실행하고 그 결과를 반환 받을 수 있다.

Callable 인터페이스는 다음과 같이 정의된다.

- **interface Callable〈Type〉**

여기서 Type는 스레드 실행결과로 반환되는 데이터의 유형을 나타낸다. Callable 인터페이스는 call() 메소드를 포함하고 있으며 그형식은 다음과 같다.

- **Type call() throws Exception**

call()는 스레드가 실행하고자하는 작업 내용을 정의한다. call() 메소드 실행 결과는 반환된다.

Future 인터페이스는 Callable 객체에 의하여 반환되는 결과값의 유형을 정의하는데 사용된다. Future 인터페이스는 다음과 같이 정의된다.

- **interface Future〈Type〉**

여기서 Type는 실행 결과의 유형을 나타낸다. 결과값을 획득하기 위해서는 Future의 get() 메소드를 호출해야 한다. 그형식은 다음과 같다.

① Type get() throws InterruptedException, ExecutionException

② Type get(long wait, TimeUnit u) throws
InterruptedException, ExecutionException, TimeoutException

≫ 다음은 Callable 구현 클래스 Sum을 정의하여, 1부터 n까지의 정수합을 계산하는 멀티 스레딩 예제 프로그램이다.

| 예제 프로그램 |

```
package p3;
import java.util.concurrent.*;
public class CallableDemo {
  public static void main(String[] args)
                                 throws Exception {
    ExecutorService es = Executors.newCachedThreadPool();
    Future<Integer> f1 = es.submit(new Sum(10));
    System.out.println("The sum ="+f1.get());
    f1 = es.submit(new Sum(100));
    System.out.println("The sum2="+f1.get());
    es.shutdown();
  }
```

```
}
class Sum implements Callable<Integer> {
	int max;
	Sum(int m){ max = m; }
	public Integer call(){
		int sum=0;
		for(int i=0;i<=max;i++)
			sum +=i;
		return sum;
	}
}
```

실행결과

```
The sum =55
The sum2=5050
```

1.7 애플릿과 스레드

자바 언어는 다중상속을 지원하지 않으므로, 애플릿에서 스레드를 사용하기 위해서는 Runnable 인터페이스를 구현해야 한다. 애플릿에서 애니메이션이나 시간의 흐름에 따라 동적으로 결과가 바뀌는 경우에는 반드시 스레드를 사용하여야 한다.

다음은 애플릿에서 스레드를 사용한 예제 프로그램이다. start() 메소드에서 새로운 스레드 th1을 생성한 후, th1.start()를 호출함으로써 run() 메소드를 실행시킨다. run() 메소드에서는 400 밀리초마다 repaint() 메소드를 호출함으로서 paint() 메소드가 실행되도록 하고 있다. repaint() 메소드는 화면을 클리어한 뒤에 paint() 메소드 호출을 요구하는 메소드이다.

≫ 이 예제 프로그램에서 중요한 사실은 애플릿을 실행시키는 메인 스레드와 스레드 th1이 하나의 프로그램 공간을 완전히 공유하고 있다는 사실을 이해하여야 한다.

❙ 예제 프로그램 ❙

```
package p4;
import java.applet.*;
import java.awt.*;
public class ThApplet extends Applet implements Runnable {
```

```
    Thread th1;
    int loc;
    public void start() {
      th1= new Thread(this);        // 스레드 th1 생성
      th1.start();
  }
  public void run() {
      try {
      for(loc=0 ; loc<25 ; loc++) {
        repaint();
        Thread.sleep(400);
        // 400 밀리초 간격으로 repaint() 25번 호출
         }
      }
      catch(Exception e) { }
  }
  public void paint(Graphics g) {
        Dimension d = getSize();
        Font font = new Font("Serif", Font.BOLD, 28);
        g.setFont(font);
        String st = "JAVA 1.6";
        g.drawString(st, 15*loc , d.height/2);
        }
  }
```

실행결과

다음은 애플릿으로 구현한 디지털 시계 예제 애플릿이다. 많은 자바 서적에서 인용하고 있는 유명한 예제 프로그램이다. 이 시계 애플릿은 매초마다 시각을 drawString() 메소드를 이용해서 새로이 그려주고 있다. 또한 사용자가 애플릿을 떠나면 스레드 변수에 null값을 넣어서 스레드 실행을 중지시키고, 다시 애플릿으로 되돌아오면 다시 스레드를 실행시키고 있다.

| 예제 프로그램 |

```
package p4;
import java.awt.*;
import java.util.Date;
import javax.swing.JApplet;
@SuppressWarnings("serial")
public class DigitalClock extends JApplet implements Runnable {
    Font aFont = new Font("TimesRoman",Font.BOLD,22);
    Date aDate;
    Thread runner;
    public void start() {
       setSize(440,100);
       runner = new Thread(this);
       runner.start();
    }
    public void stop() {
        if (runner != null) { runner = null;
        }
    }
    public void run() {
        Thread thisThread = Thread.currentThread();
        while (runner == thisThread) {
            repaint();
            try {
                Thread.sleep(1000);
            } catch (InterruptedException e) { }
    }}
    public void paint(Graphics screen) {
        aDate = new Date();
        screen.setFont(aFont);
                      super.paint(screen);
        screen.drawString("" + aDate, 24, 50);
    }
}}}
```

실행결과

프로그래밍 연습 다음은 애플릿에서 두 개의 스레드를 생성하여 실행하는 경마 프로그램이다. 두 마리의 말(스레드)은 임의의 시간만큼 sleep()한 후에 달린다. 다음 애플릿 프로그램을 각자 분석하시오. 또한 프로그램을 변경하여 말을 5마리로 변경하여 실행하시오.

┃예제 코드┃

```
package p4;
import java.awt.*;
import javax.swing.JApplet;
@SuppressWarnings("serial")
public class HorseApplet extends JApplet implements Runnable {
  Thread t1, t2;
  public int a, b, rank;
  Font font;
  String s1, s2;
public void start() {
      rank = 1;
      s1="Horse A"; s2="Horse B";
    font = new Font("Serif",Font.BOLD,24);
    setSize(540,140);
    t1= new Thread(this);
    t2= new Thread(this);
    t1.start(); t2.start();
}
public void run() {     try {
      if(Thread.currentThread()==t1)  // 현 스레드가 t1인지 체크
          for(a=0 ; a<=75 ; a++) {
              if (a==75) { s1 = s1 + " " + rank+"등"; rank++; }
            repaint();
          Thread.sleep((int)(Math.random()*1204));
       } else
```

```
            for(b=0 ; b<=75 ; b++) {
              if (b==75) { s2 = s2 + " " + rank+"등"; rank++; }
              repaint();
            Thread.sleep((int)(Math.random()*1204));
          }
        } catch(Exception e) {}
    }
    public void paint(Graphics g) {
        super.paint(g);
        Dimension d = getSize();
        g.setFont(font);
        g.drawString(s1, 5*a , d.height/2 - 20);
        g.drawString(s2, 5*b , d.height/2 + 20);
        }
    }
```

실행결과

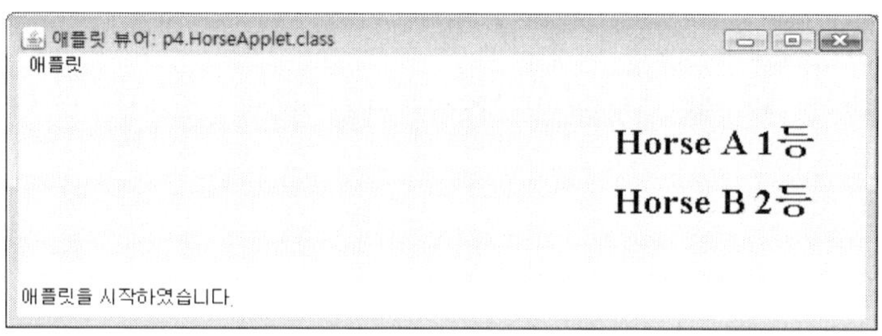

| 프로그램 분석 |

다음은 패키지 p4에 포함된 멀티 스레드 예제를 실행한 결과이다. 소스 코드를 분석하시오.

(멀티 스레드 예제 1) RandomNum.java

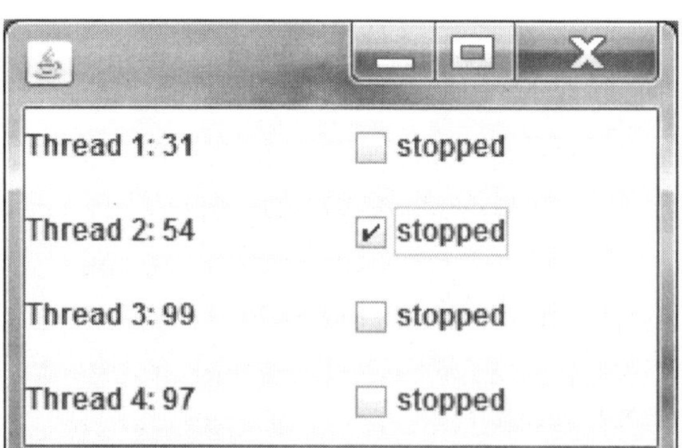

(멀티 스레드 예제 2) BounceBall.java

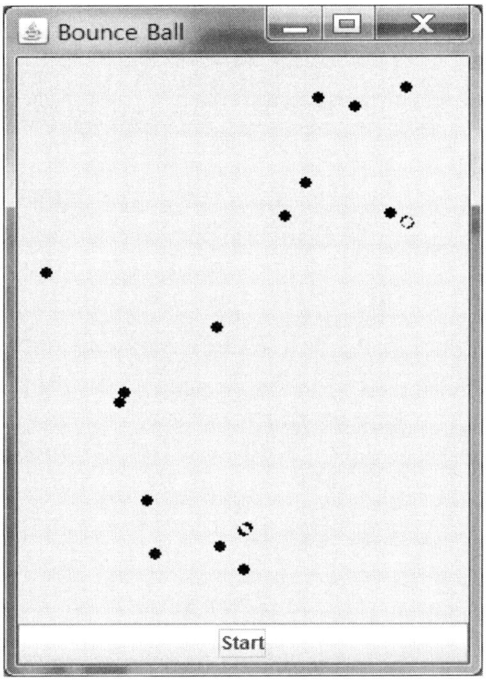

제2장

자바 기본 개념과 예제

2.1 정적 변수/메소드와 객체 변수/메소드

자바언어는 정적 변수(또는 클래스 변수)와 객체 변수의 구분이 명확하다. 변수나 메소드 선언시에 앞에 static이 붙으면, 정적 변수 또는 정적 메소드가 된다. 다음 코드를 살펴보자.

```
class Sample {
  int var1;              // 객체 변수
  static int var2;       // 정적 변수
  void method() {
    int var3;            // 지역 변수
  }
}
```

1) 객체 변수(인스턴스 변수)

클래스의 객체가 생성되어야 변수가 만들어진다. 객체가 생성되지 않으면, 사용할 수 없다. 특히 정적 메소드안에서 객체 변수를 사용하면, 객체를 먼저 선언하고, 객체명과 변수명을 같이 명시하여야 한다. 객체가 생성될 때마다 새로운 객체 변수가 생성된다.

2) 정적 변수(클래스 변수)

객체 변수와는 달리, 클래스 변수는 모든 객체가 하나의 클래스 변수를 공유한다. 클래스의 모든 객체들이 하나의 클래스 변수를 공유하므로 공유변수라고도 한다.

3) 정적 메소드

정적 메소드안에서 일반 객체 메소드를 호출할 때에도 반드시 객체명과 변수명을 같이 명시하여야 한다. 정적 메소드에서 다른 정적 메소드를 호출할 때에는 이러한 제약이 없다. 또한 정적 메소드에서는 this 키워드를 사용할 수 없다.

» 다음 예제 프로그램은 잘못된 변수접근으로 인하여 컴파일 오류가 발생한다. 적절히 컴파일 오류를 수정하시오.

| 예제 프로그램 |

```
package p0;
public class VariableTest {
```

```
  int total=0;
  int sum(int max) {
     int tot=0;
     for(int i=1;i<=max;i++)
       tot += i;
     return tot;
  }
  int getTotal(VariableTest vt){
    return total;
  }
  class MySub {
     int x, y;
  }
  public static void main(String[] m){
     int myVariable = total;  // error
     System.out.println(sum(10)); // error
     System.out.println(getTotal(this)); // error

     MySub ms = new MySub();  // why Error?
  }
}
```

≫ 앞 예제의 오류를 수정한 프로그램은 다음과 같다.

❙ 오류 수정 예제 ❙

```
package p0;
public class Corrected {
  int total=0;
  int sum(int max) {
     int tot=0;
     for(int i=1;i<=max;i++)
       tot += i;
     return tot;
  }
  int getTotal(Corrected vt){
    return total;
  }
  class MySub {
           int x, y;
```

```
    }
    public static void main(String[] m){
        Corrected o1 = new Corrected();
        int myVariable = o1.total;
        System.out.println(o1.sum(10));
        System.out.println(o1.getTotal(o1));
        MySub ms = o1.new MySub();
    }
}
```

MySub클래스는 VariableTest클래스 안에 정의되어 있고, 클래스 정의 앞에 static이 붙어 있지 않다. 즉 VariableTest 클래스의 정적 메소드 main()에서 MySub 클래스 객체를 생성하려면, 자신의 객체를 사용해야 한다.

2.2 package 이해하기

패키지는 유사한 작업을 하는 여러 클래스를 하나의 디렉토리에 묶어주는 역할을 한다. 패키지는 프로그램의 시작 부분에 다음과 같이 명시한다.

package *pack_dir1.pack_dir2;*

여기서 pack_dir1.pack_dir2 는 컴파일된 클래스 파일들이 저장될 서브디렉토리를 명시한다. 즉 classpath에 의해 정의된 시작 디렉토리의 서브 디렉토리이다. classpath가 현재 디렉토리(.)인경우를 많이 사용하므로, 다음과 같이 명시된 자바 클래스는

package *pack_dir1.pack_dir2;*

반드시 현재 디렉토리밑에 pack_dir1 밑에 pack_dir2에 저장되어야 한다. 많이 사용하는 자바 IDE인 이클립스에서는 자동으로 이를 처리해 주지만, 도스창에서는 다음과 같은 명령어를 사용한다.

```
C:>javac -d . Sample.java
```

위 명령어를 실행하면, 자동으로 패키지 디렉토리가 생성되고, 클래스 파일이 저장된다. 이렇게 컴파일이 끝난 자바 클래스를 시행시키기 위해서는 다음의 명령어를 실행한다. (현재 디렉토리를 변경하지 않고 그대로 실행한다.)

C:〉java *pack_dir1.pack_dir2.*Sample

≫ 이클립스가 아닌 IDE에서는 패키지지원이 잘 안되는 것이 있다. 매뉴얼을 읽고 설정하는 것이 필요하다.

≫ 다음은 패키지로 묶인 두 개의 자바 소스를 도스창에서 컴파일하고 실행하는 과정을 보여준다.

┃예제 프로그램: PackTest.java┃

```
package p0.sub;
import java.io.*;
public class PackTest {
  public static void main(String[] a)throws Exception{
     OtherClass oc = new OtherClass();
     oc.print();
     FileWriter fo=new FileWriter("mm2.txt");
     fo.write("Hello");
     fo.close();
  }
}
```

┃예제 프로그램: OtherClass.java┃

```
package p0.sub;
public class OtherClass {
  void print() {
     System.out.println("I'm Other Class");
}}
```

┃ 패키지된 자바 프로그램 도스창 실행하기┃

```
E:₩package〉dir
2010-07-23  오후 12:47         107 OtherClass.java
2010-07-23  오후 12:44         250 PackTest.java
               2개 파일         357 바이트
E:₩package〉javac -d . *.java
E:₩package〉dir p0₩sub
2010-07-23  오후 12:47         412 OtherClass.class
```

```
2010-07-23  오후 12:47              531 PackTest.class
               2개 파일              943 바이트
```

E:₩package>java p0.sub.PackTest

```
I'm Other Class
```

E:₩package>dir

```
2010-07-23  오후 12:48                5 mm.dat
2010-07-23  오후 12:47              107 OtherClass.java
2010-07-23  오후 12:47    <DIR>          p0
2010-07-23  오후 12:44              250 PackTest.java
               3개 파일              362 바이트
```

[프로그램 분석] 다음 자바 프로그램은 난수를 발생시켜 원주율(Π)의 근사값을 계산하는 프로그램이다. 원주율을 계산하는 원리를 밝히시오.

```
public class ComputePI {
  public static void main(String[]a){
       double x,y;
       int Max=1200000, cnt=0;
       for(int i=0; i<Max; i++){
         x=Math.random();
         y=Math.random();
         if(x*x+y*y<=1.0) cnt++;
       }
       double Pi= 4.0*cnt/Max;
       System.out.println("PI="+Pi);
}}
```

실행결과

```
PI=3.1415466666666667
```

2.3 GUI 프로그래밍 예제

많은 윈도우 프로그램들이 메뉴 기능을 포함하는 경우가 많다. 자바 Swing에서 메뉴를 생성하는 과정을 정리하면 다음과 같다.

Swing에서 메뉴 작성 과정

① 메뉴바를 생성한다.

```
JMenuBar mb = new JMenuBar();
```

② 메뉴를 생성하여 메뉴바에 부착한다.

```
JMenu fileMenu = new JMenu("File");
  mb.add(fileMenu);
```

③ 메뉴 아이템을 생성한다.

```
JMenuItem newFile = new JMenuItem("New");
JMenuItem openFile = new JMenuItem("Open", new ImageIcon("open.gif"));
                                                  // 이미지 사용시
```

④ 메뉴 아이템을 메뉴에 부착한다.

```
fileMenu.add(newFile);
fileMenu.addSeparator(); // 필요에 따라 분리선을 긋는다.
fileMenu.add(openFile);
```

⑤ 메뉴 아이템에 이벤트 리스너 등록을 한다.

```
newFile.addActionListener(actionListenerObject);
openFile.addActionListener(actionListenerObject);
```

⑥ 메뉴바를 setJMenuBar() 메소드를 사용하여 컨테이너에 부착한다.

```
frame.setJMenuBar(mb);
```

1) 문서 편집기 예제

javax.swing.* 패키지는 사용한 GUI는 AWT에 비하여 보다 화려하고 다양한 컴포넌트를 사용할 수 있게 해준다. 다음은 Swing이 제공하는 메뉴와 JFileChooser를 사용하여 작성한 문서 편집기이다.

▌프로그램 소스: v1 ▌

```
package p1.a;
import java.io.*;
import java.awt.event.*;
```

```
import javax.swing.*;

public class Editor extends JFrame implements ActionListener {
  static final long serialVersionUID=1108;
  final static int EOF = -1;

  final JFileChooser fc = new JFileChooser();
  JMenuItem new_doc, open, save, exit;
  JMenuItem copy, cut, paste;
  JTextArea ta;
  Editor() {
    super( "Simple Text Editer" );
    JMenuBar mb = new JMenuBar(); // 메뉴바 생성
    //   File 메뉴 생성
    JMenu file = new JMenu( "File" );
    file.add(new_doc = new JMenuItem( "New" ) );
    file.add(open = new JMenuItem( "Open" ) );
    file.add(save = new JMenuItem( "Save" ) );
    file.addSeparator();
    file.add(exit = new JMenuItem( "Exit",'X' ) );
    new_doc.addActionListener( this );
    open.addActionListener( this );
    save.addActionListener( this );
    exit.addActionListener( this );
    mb.add(file);
    JMenu edit = new JMenu( "Edit" );
    edit.add(copy = new JMenuItem( "Copy" ) );
    edit.add(cut = new JMenuItem( "Cut" ) );
    edit.addSeparator();
    edit.add(paste = new JMenuItem( "Paste" ) );
    copy.addActionListener( this );
    cut.addActionListener( this );
    paste.addActionListener( this );
    mb.add( edit );
    setJMenuBar( mb );
    ta = new JTextArea();
    getContentPane().add( new JScrollPane( ta ), "Center" );
    setSize( 400, 300 );
    setVisible(true);
  }
```

```
public void actionPerformed( ActionEvent e ) {
  String cmd = e.getActionCommand();
  if( cmd.equals( "New" )) ta.setText(" ");
  else if( cmd.equals( "Open" ) ) {
    int returnVal = fc.showOpenDialog( Editor.this );
    if ( returnVal == JFileChooser.APPROVE_OPTION ) {
      File file = fc.getSelectedFile();
      try{
        FileReader f = new FileReader( file );
        StringBuffer sb = new StringBuffer();
        int ch;
        while( ( ch = f.read() ) != EOF ) sb.append( (char)ch );
        f.close();
        ta.setText( sb.toString() );
      } catch( IOException IOe ){
        JDialog dialog = new JDialog( this, "Error", true );
        dialog.setVisible(true);
      }
    }}
//  Save Menu Clicked Event Handling
  else if( cmd.equals( "Save" ) ) {
    int returnVal = fc.showSaveDialog(Editor.this );
    if ( returnVal == JFileChooser.APPROVE_OPTION ) {
      File file = fc.getSelectedFile();
      try{
        FileWriter f = new FileWriter( file );
        f.write( ta.getText() );
        f.close();
      } catch( IOException IOe ){
        JDialog dialog = new JDialog( this, "Error", true );
        dialog.setVisible(true);
      }
    }
  }
  else if( cmd.equals( "Exit" ) ) System.exit( 0 );
  else if( cmd.equals( "Copy" ) ) ta.copy();
  else if( cmd.equals( "Cut" ) ) ta.cut();
  else if( cmd.equals( "Paste" ) ) ta.paste();
  repaint();
}
```

```
    public static void main( String args[] )
    {
        Editor fm = new Editor();
        fm.setDefaultCloseOperation(EXIT_ON_CLOSE);
    }
}
```

실행결과

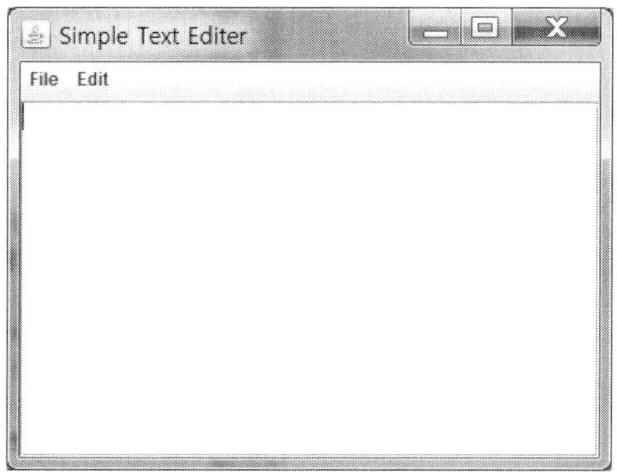

패키지 p1.b에는 추간된 기능의 문서 편집기를 구현하였다. 폰트의 크기를 조절하고, Bold/Plain체를 선택할 수 있으며, Help 메뉴가 추가되었다. p1.c.Editor에는 JComboBox, JRadioButtonMenuItem, JCheckBoxMenuItem을 사용하여 기능을 추가하였다. 각자 프로그램을 분석해보기 바란다.

JComboBox

① 생성자

- JComboBox(ComboBoxModel aMobel)
- JComboBox(Object[] items)
- JComboBox(Vector〈?〉 items)

② 메소드

- void addItemListener(ItemListener listener)
- void addItem(Object anObj)
- Object getItemAt(int index)
- int getItemCount(), int getSelectedIndex()
- Object getSelectedItem(), Object[] getSelectedObjects()
- void removeItem(Object obj), void removeItemAt(int index)

JRadioButtonMenuItem

① 생성자

- JRadioButtonMenuItem(Icon icon)
- JRadioButtonMenuItem(Icon icon, boolean selected)
- JRadioButtonMenuItem(String text)
- JRadioButtonMenuItem(String text, boolean selected)
- JRadioButtonMenuItem(String text, Icon icon)
- JRadioButtonMenuItem(String text, Icon icon, boolean selected)

② 메소드

- boolean isSelected()
- void setSelected(boolean b)
- void addItemListener(ItemListener listener)
- void setEnabled(boolean b)
- void setText(String text)

⋙ Radio 버튼으로 동작하기 위해서는 ButtonGroup 객체의 add() 메소드를 사용하여 하나의 버튼 그룹으로 묶어 주어야 한다. 동일 그룹에 속한 Radio버튼은 1개만이 선택된다는 점을 제외하고, CheckBox와 Radio 버튼의 동작은 거의 유사하다.

JCheckBoxMenuItem

① 생성자

- JCheckBoxMenuItem(Icon icon)
- JCheckBoxMenuItem(Icon icon, boolean selected)
- JCheckBoxMenuItem(String text)
- JCheckBoxMenuItem(String text, boolean selected)
- JCheckBoxMenuItem(String text, Icon icon)
- JCheckBoxMenuItem(String text, Icon icon, boolean selected)

② 메소드

- boolean getState(), void setState(boolean b)
- void addItemListener(ItemListener listener)
- void setEnabled(boolean b)
- void setText(String text)

추가된 기능의 메모장: p1.b.Editor와 p1.c.Editor의 실행결과

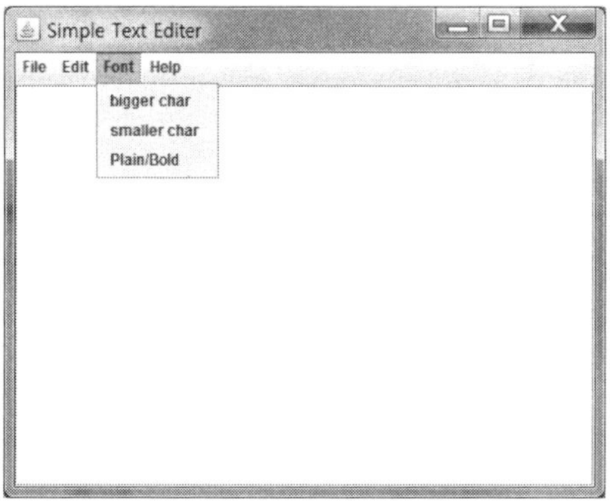

프로그래밍 연습 Run 메뉴를 만들고, Run 메뉴에 [Compile Java], [Run Java] 메뉴 아이템을 붙이고, 그 기능을 구현해보시오. 본 편집기를 사용하여 간단한 자바 소스를 입력하고 컴파일 및 실행해 보시오. 자바에서 윈도우 프로그램을 실행하기 위한 예제는 다음과 같다.

| 자바에서 윈도우 프로그램 실행 예제 |

```
package p1.c;
public class RunProcess {
  public static void main(String[]a)throws Exception{
   Process p=Runtime.getRuntime().
     exec("C:\\Windows\\notepad");
   p.waitFor();              // 종료시까지 대기
   if(p.exitValue()==0)
     System.out.println("Good Job");
   else
     System.out.println("Something Wrong");
  }
}
```

2) 계산기(Calculator) 프로그램 예제

GUI 프로그래밍에서 가장 기본적인 프로그래밍 과제중의 하나가 바로 계산기 프로그램이다. 계산기는 기본적으로 버튼으로 구성된다.

① 숫자 버튼을 눌렀을 때 : 해당 정수가 입력된다.
② 연산자 버튼을 눌렀을 때 : 계산이 수행되어 결과값이 표시된다.

패키지 cal.v1-v3의 소스 파일에 포함된 계산기는 다음 3가지 버전으로 되어 있다.

① v1 : 기본적인 계산기 GUI 컴포넌트만을 그려 넣었다. 이벤트 처리는 하지 않았음.

② v2 : 모든 숫자 버튼과 사칙 연산 버튼(+-*/)을 구현하였다.

③ v3 : 소수점 이하의 숫자를 입력하기 위해 점(.) 버튼과 계산기를 초기화하는 Reset 버튼을 추가하여 구현하였다.

❙버전1의 자바 소스 코드❙

```
package cal.v1;
import java.awt.*;
import javax.swing.*;
@SuppressWarnings("serial")
public class Calculator extends JFrame{
   static final Font bigFont = new Font("monspaced",Font.PLAIN,20);
   JTextField dispFld;
   JButton clearBtn;

   public Calculator(){
      dispFld = new JTextField("0",12);
      dispFld.setFont(bigFont);
      dispFld.setHorizontalAlignment(JTextField.RIGHT);

      clearBtn = new JButton("Clear");
      clearBtn.setFont(bigFont);

      String btnOrder = "123456789 0";
      JPanel btnPanel = new JPanel();
      btnPanel.setLayout(new GridLayout(5,3,2,2));
      String keyTop;
      JButton btn;
      for(int i=0;i<btnOrder.length();i++){
        keyTop = btnOrder.substring(i,i+1);
        btn = new JButton(keyTop);
        btn.setFont(bigFont);
        if(keyTop.equals(" "))
          btn.setEnabled(false);
        btnPanel.add(btn);
      }
      btn=new JButton("BS");
```

```
        btn.setFont(bigFont);
        btnPanel.add(btn);

        JPanel opPanel = new JPanel();
        opPanel.setLayout(new GridLayout(5,1,2,2));
        btnOrder = "+-*/=";
        for(int i=0;i<btnOrder.length();i++){
          keyTop = btnOrder.substring(i,i+1);
          btn = new JButton(keyTop);
          btn.setFont(bigFont);
          opPanel.add(btn);
        }

        JPanel clrPanel=new JPanel();
        clrPanel.add(clearBtn);

        JPanel allPanel = new JPanel();
        allPanel.setLayout(new BorderLayout(5,5));
        allPanel.add(dispFld,"North");
        allPanel.add(btnPanel,"Center");
        allPanel.add(opPanel, "East");
        allPanel.add(clrPanel,"South");
        allPanel.setBorder(BorderFactory.
                createEmptyBorder(10,10,10,10));

        setContentPane(allPanel);
        pack();
        setTitle("Simple Calculator");
        setResizable(false);
        setLocationRelativeTo(null);
    }
    public static void main(String[] a) throws Exception {
        Calculator win = new Calculator();
        win.setDefaultCloseOperation(EXIT_ON_CLOSE);
        win.setVisible(true);
    }
}
```

실행결과

프로그래밍 연습

① 다양한 데이터를 입력하여 계산기를 테스트하고, 오류를 수정하시오.

② v2와 v3는 소스코드를 사용하여 각자 실행하고 프로그램을 분석하시오. [M+], [MR], [M−], [MC] 및 기타 계산기에서 사용되는 버튼(1/X, sqrt(x) 등)을 구현하시오.

③ 연산자 우선순위를 고려한 계산기를 구현하시오.
본 계산기는 30 + 2 * 2 = 을 입력하면, (순서대로 계산한다) 64를 출력한다. 이는 실제 연산 규칙과 맞지 않는다고 생각할 수 있다. 위 계산식 입력 결과가 34가 되도록 계산기 프로그램을 수정하시오.

※ 소스 코드 중간 중간에 사용되는 printf() 문장은 예제 프로그램 작성시에 디버깅을 위해 사용된 것이다. 프로그램의 실행 오류가 발생하면, **이클립스에서 지원되는 디버거를 사용하는 것이 가장 바람직하다.** 그러나 이클립스 디버거에 익숙하지 않다면, 의심스런 코드의 중간에 printf() 출력문을 사용하는 것도 좋은 방법이라 할 수 있다.

3) 움직이는 이미지 예제

자바에서 이미지 파일을 읽어서, GUI 화면에 표시할 수 있다. 자바 언어가 기본적으로 지원해 왔던 이미지 파일의 형식은 ① GIF 파일, ② JPG 파일, ③ PNG 파일이다. 최근에 추간된 java.awt.image.BufferedImage 클래스를 사용하면, BMP 및 WBMP 파일도 처리가 가능하다.

java.awt.Image 클래스

그래픽 컨텍스트를 사용하여 이미지를 표시하는 경우에는 Image 클래스를 사용한다. 이미지 파일을 읽어서 Image 객체를 생성하는 경우에 다음 명령어를 사용한다.

Image image = Toolkit.getDefaultToolkit().getImage("*file_name*");

애플릿에서는 다음과 같이 이미지 객체를 생성할 수 있다.

Image image = getImage(getCodeBase(), "*file_name*");

이렇게 얻어진 이미지를 Swing 컴포넌트에 그리기 위해서는 paintComponent() 메소드를 정의해야 한다.

```
public void paintComponent(Graphics g) {
    g.drawImage(image, x, y, image_Observer );
}
```

여기서 x, y는 이미지가 그려지는 좌표이다. (여기서 *image_Observer*는 이미지가 그려지는 컴포넌트를 의미하며, null 또는 this로 기술하는 경우가 대부분이다.)

javax.swing.ImageIcon 클래스

ImageIcon은 자바에서 간단하게 이미지를 사용할 수 있게 해준다. ImageIcon의 생성자와 메소드는 다음과 같다.

① 생성자

- ImageIcon(Image image)
- ImageIcon(String file_name)
- ImageIcon(URL location)

② 메소드

- Image getImage()
- void setImage(Image image)
- void paintIcon(Component c, graphics g, int x, int y)
- int getIconHeight()
- int getIconWidth()

ImageIcon이 생성되면, swing에서 지원되는 컴포넌트에 붙일 수 있다.

① JLabel(Icon image)

② JButton(Icon image)

③ JButton(String text, Icon image)

툴킷에서 재원되는 단순 경고음(beep 사운드)

단순한 beep음을 원하면 다음의 명령어를 사용한다.

```
Toolkit.getDefaultToolkit().beep();
```

≫ 다음 예제 프로그램은 작은 파란 공의 이미지를 읽어서, JFrame 왼쪽 상단에 표시한다. (v2에서는 파란공을 움직이고, 벽을 만나면 반사하도록 프로그램을 수정하였다.)

| 프로그램 예제: MoveBall.java |

```
package moveBall.v1;
import java.awt.*;
import javax.swing.*;
@SuppressWarnings("serial")
public class MoveBall extends JFrame
{  public static final int WIDTH = 300;
   public static final int HEIGHT = 200;

   public MoveBall()
   {
      setTitle("Ball Drawing");
      setSize(WIDTH, HEIGHT);
      ImagePanel panel = new ImagePanel();
      add(panel);
   }
   public static void main(String[] args)
   {
      MoveBall frame = new MoveBall();
      frame.setDefaultCloseOperation(JFrame.EXIT_ON_CLOSE);
      frame.setVisible(true);
   }
}
@SuppressWarnings("serial")
class ImagePanel extends JPanel
{  private Image image;

  public ImagePanel() {
      image = Toolkit.getDefaultToolkit().getImage
         ("blue-ball.gif");
```

```
        MediaTracker tracker = new MediaTracker(this);
        tracker.addImage(image, 0);
        try { tracker.waitForID(0); }
        catch (InterruptedException exception) {}
    }
    public void paintComponent(Graphics g)
    {
        super.paintComponent(g);
        g.drawImage(image, 0, 0, null);
    }
}
```

실행결과

※ 멀티미디어 프로그래밍을 위해서는 음원과 이미지를 구해야한다. 무료 오디오 클립 사이트는 Free Audio Clips(www.freeaudioclips.com)가 많은 음원을 보유하고 있다. 무료 이미지 사이트는 (http://www.free-graphics.com/), (http://www.allfreeclipart.com/), (http://xguru.net/392/), (http://www.freegraphics.com/), (http://office.microsoft.com/en-us/images/) 등이 있다.

■ 프로그래밍 연습 ■ **MovingBall.v2의 프로그램을 수정하여, 다음 기능을 수행하도록 하시오.**

볼을 왼쪽에서 오른쪽으로 움직이도록 하시오. 화면 오른편에 방망이를 그리고 키보드를 누르면 방망이가 휘둘러 지도록 하시오. 날아오는 볼을 적절히 맞추면 반사하도록 프로그램하시오. 볼의 속도와 방향은 랜덤해야 한다.

4) 타이핑 게임 예제

다음은 멀티 스레딩을 사용한 한글 타이핑 연습 예제 프로그램이다. (본 예제 프로그램은 http://cafe.naver.com/javacircle의 자료실의 프로그램을 기반으로 수정한 것임) 프로그램을 실행해 보고, 각자 분석해보자. 첨부된 소스 파일에는 세가지 버전이 있다.

① typingGame.v1은 임의로 발생한 가수이름이 하나씩 내려오는 기능을 수행한다.
② v2에서는 하단에 타이핑한 내용을 입력할 수 있으며, 만일 가수이름과 동일하게 입력되면 이름이 지워지면서 점수가 올라간다.
③ v3에서는 단순한 사운드 기능이 추가되었으며, 게임 종료시에 화면에 "Game End !!"를 출력한다.

사운드 플레이

자바에서 지원되는 오디오 파일의 형태는 WAV, AU, RMF, AIFF, MIDI 등이다. 사운드 파일을 플레이 하려면 java.applet.AudioClip 인터페이스를 구현한 객체를 사용한다. 오디오 플레이를 위한 기본 코드 형식은 다음과 같다.

```
URL url = appObj.class.getResource( “오디오파일” );
AudioClip sound = Applet.newAudioClip(url);
if (sound != null) sound.play();
```

▌예제 프로그램: v3 ▌

```
package typingGame.v3;
import java.util.*;
import java.applet.*; //
import java.awt.*;
import java.awt.event.*;
import javax.swing.*;
import javax.swing.border.BevelBorder;
@SuppressWarnings("serial")
public class TypingGame extends JFrame implements ActionListener
{
    final int FRAME_WIDTH = 450;
    final int FRAME_HEIGHT = 360;
    int SCREEN_WIDTH, SCREEN_HEIGHT;
    AudioClip dieSnd=null, goodSnd=null; //

    int delay_Value = 300;   // 단어 낙하 속도
    int interval = 2 * 1000; // 단어 생성 간격
```

```
int level = 1,score = 0, life = 2;
boolean isPlaying = false;

WordGenerator wg = null; // 단어를 생성 쓰레드
WordDropper wm = null;   // 단어 드로핑 쓰레드

FontMetrics fm; // 화면의 글자 길이를 구하는데 사용
String[] data = {"유리","한가인","브룩실즈","몬로","김태희","윤은혜","윤아",
                "태연","혜선","정희","미희","난숙"};

Vector<Word> words = new Vector<Word>();
JPanel pScore = new JPanel(new GridLayout(1,3));
JLabel lbLevel = new JLabel("Level: "+level, JLabel.CENTER);
JLabel lbScore = new JLabel("Score: "+score, JLabel.CENTER);
JLabel lbLife = new JLabel("Life: "+life, JLabel.CENTER);
MyPanel screen = new MyPanel();
JTextField nameFld = new JTextField();//

public void loadSound(){  //
    goodSnd = Applet.newAudioClip(
                TypingGame.class.getResource("good.au"));
  dieSnd = Applet.newAudioClip(
                TypingGame.class.getResource("die.au"));
}
class Word {
    String name;
    int x,y,step;
    Word(String word) {
       this.name = word;
       this.step = 6;
       int nameWidth = fm.stringWidth(word);
       x = (int)(Math.random() * (SCREEN_WIDTH-nameWidth));
    }
    public String toString() {  return name; }
} // Word
TypingGame() {
   super("Typing Game v1.0");
   loadSound();//
   pScore.setBackground(Color.YELLOW);
```

```
        pScore.add(lbLevel);
        pScore.add(lbScore);
        pScore.add(lbLife);
        pScore.setBorder(new BevelBorder(BevelBorder.RAISED));
        add(pScore, "North");
        add(screen, "Center");
        add(nameFld, "South");
        nameFld.addActionListener(this);//

        setBounds(300, 200, FRAME_WIDTH, FRAME_HEIGHT);
        setResizable(false);
        setVisible(true);

        SCREEN_WIDTH = screen.getWidth();
        SCREEN_HEIGHT = screen.getHeight();
        fm = getFontMetrics(getFont());
     }
     public void repaint() {
         super.repaint();
         screen.repaint();
    }
    public void delay(int millis) {
       try {
          Thread.sleep(millis);
       } catch(Exception e) {}
    }
    public void words_start(){
          wg = new WordGenerator();
         wg.start();

         wm = new WordDropper();
         wm.start();
    }
    public static void main(String[] args) {
       TypingGame win = new TypingGame();
       win.isPlaying = true;
       win.setDefaultCloseOperation(EXIT_ON_CLOSE);
       win.words_start();
    }
    class WordDropper extends Thread {
```

```
    public void run() {
    Word word=null;
      while(isPlaying) {
        delay(delay_Value);
        for(int i=0; i < words.size();i++) {
          word = (Word)words.get(i);
          word.y += word.step;
          if(word.y >= SCREEN_HEIGHT) {
            word.y = SCREEN_HEIGHT;
            words.remove(word);
            life--;                                   //
            lbLife.setText("Life: "+life);//
            dieSnd.play();
            break;
          }
        }
        repaint();
        if(life<=0){isPlaying=false; return;}//
      }
}}
class WordGenerator extends Thread {
  public void run() {
    while(isPlaying) {
      int rand = (int)(Math.random()*data.length);
      Word word = new Word(data[rand]);
      words.add(word);
      delay(interval);
    }
  }
}
class MyPanel extends JPanel {
    Word word=null;
   public void clear() {
     Graphics g = getGraphics();
     g.clearRect(0, 0, FRAME_WIDTH, FRAME_HEIGHT);
   }
   public void paint(Graphics g) {
     clear();
     for(int i=0; i < words.size(); i++) {
       word = words.get(i);
```

```
            g.drawString(word.name, word.x, word.y);
        }
    }}
    public void actionPerformed(ActionEvent arg0) {//added
        String name=nameFld.getText().trim();
        nameFld.setText("");
        if(!isPlaying) return;
      for(int i=0; i<words.size(); i++)
        if(words.get(i).toString().startsWith(name)){
          words.remove(i);
          score += name.length()*50;
          lbScore.setText("Score: "+score);
          if (score>level*1000) { level++;
            lbLevel.setText("Level: "+level);
            delay_Value -= level*15;
            interval -= level*15;
            goodSnd.play();
          } else Toolkit.getDefaultToolkit().beep();
        }
      repaint();
}}
```

v3의 실행결과

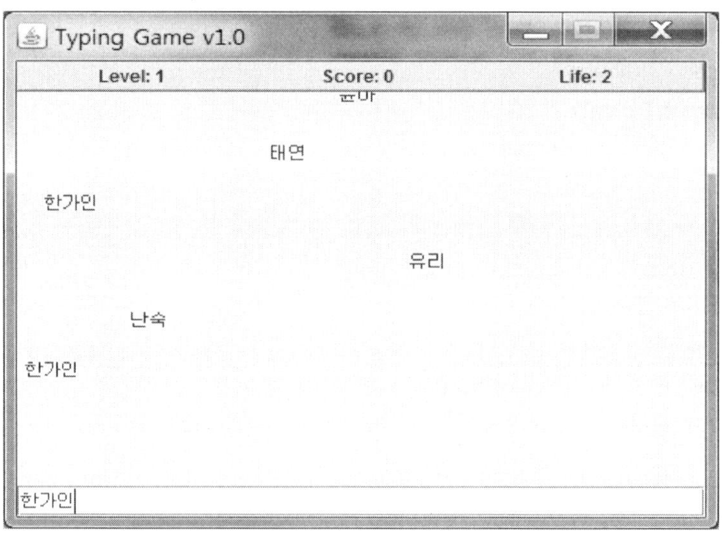

2.4 File I/O 예제 및 기타 예제 프로그램

Java의 입출력 기본은 스트림이다. 스트림은 데이터의 연속적인 흐름을 의미하며, 데이터 소스(source)와 데이터 목적지(destination)를 가지고 있다. 자바의 스트림은 ① 바이트 스트림, ② 문자 스트림 2가지로 구분된다.

① **바이트 스트림** : 바이트(8bit) 단위로 데이터를 전송하는 스트림이며, 주로 이진 데이터를 읽고 쓰는데 사용된다. (InputStream, OutputStream)

② **문자 스트림** : 자바의 문자는 16bit로 표현하는 유니코드 기반이다. 16비트 유니코드 문자 데이터를 전송하는 스트림이다. (Reader, Writer)

≫ 문자 스트림과 바이트 스트림간의 변환이 필요한 경우가 있다. 그런 경우에는 다음 클래스를 사용한다.

① InputStreamReader : 바이트 입력 스트림 → 문자 입력 스트림

② InputStreamWriter : 바이트 출력 스트림 → 문자 출력 스트림

다음은 키보드 스트림(문자스트림)을 문자 스트림으로 변경하는 예제 코드이다.

```
Reader rd = InputStreamReader(system.in);
```

- 다음은 본 예제에서 사용되는 파일 입출력 스트림의 생성자와 지원 메소드를 간단히 정리한 것이다.

파일 입출력 스트림

① FileInputStream(File file), FileInputStream(String fileName)

② FileOutputStream(File file), FileOutputStream(String fileName)
FileOutputStream(String, boolean append)

| 표 2-1 | 파일 입력 스트림에서 지원되는 메소드

메소드	설명
int avaiable()	남아있는 바이트 크기를 반환
void close()	스트림 닫기
FileChannel getChannel()	파일 입력 스트림과 연관된 파일 채널반환
int read()	1바이트 읽어 반환
int read(byte[] b)	최대 b.length 바이트를 읽어 배열에 저장
int read(byte[] b, int off, int len)	최대 len 바이트를 읽어 배열에 저장
skip(long n)	n 바이트를 스킵

ㅣ표 2-2ㅣ 파일 출력 스트림에서 지원되는 메소드

메소드	설명
int flush()	데이터 목적지로 데이터 강제 전송
void close()	스트림 닫기
void write(byte b)	1바이트를 데이터 목적지에 쓴다.
void write(byte[] b)	바이트 배열 b[]를 목적지에 쓴다.
void write(byte[] b, int off, int len)	len 바이트를 읽어 목적지에 쓴다.
void write(int b)	1바이트를 목적지에 쓴다.

1) 파일 복사 프로그램

자바 프로그램에서 파일입출력을 하기 위해서는 java.io.* 패키지를 import하여야 한다. 다음은 파일을 복사하는 기능을 수행하는 예제 프로그램이다. 키보드로부터 사용자 입력을 받아 들이기 위해서 java.util.Scanner 클래스를 사용하였다.

JDK 1.5 이전에서 키보드 사용자 입력을 받아 들이기 위해서는 다음과 같은 명령어를 사용하였다. (BufferedReader 클래스에서 지원하는 readLine() 메소드를 사용한다.)

```
BufferedReader br=new BufferedReader(new
                    InputStreamReader(System.in));
String str=br.readLine();
```

그러나 JDK1.5에서는 Scanner 클래스가 지원되어 다음과 같이 간편하게 되었다.

```
Scanner in = new Scanner(System.in);
String in=in.nextLine();
```

ㅣ프로그램 소스ㅣ

```
package p2;
import java.io.*;
import java.util.Scanner;
public class FileCopy {
  public static void main(String[] args) throws Exception {
    Scanner in = new Scanner(System.in);
    System.out.print("Orignal File:");
```

```
    File from_file = new File(in.nextLine());
    System.out.print("Copyed File:");
    File to_file = new File(in.nextLine());

    if (to_file.isDirectory())
      to_file = new File(to_file, from_file.getName());
    if (!from_file.exists())
      abort("no such source file: " + from_file);
    else if (!from_file.isFile())
      abort("can't copy directory: " + to_file);

    FileInputStream from = new FileInputStream(from_file);
    FileOutputStream to = new FileOutputStream(to_file);

    byte[] buffer = new byte[(int) from_file.length()];

    from.read(buffer, 0, buffer.length);
    to.write(buffer, 0, buffer.length);
    to.flush(); to.close(); from.close();
    System.out.println("File: "+from_file+" is copyed.");
  }
  private static void abort(String msg) {
    System.out.println(msg);
    System.exit(0);
  }
}
```

| 이클립스 실행시 주의사항 |

자바 프로젝트 생성시에 지정한 시작 디렉토리에 원본 파일을 가져다 놓아야 한다. 일반 도스창에서 실행할 때에는 실행 클래스 파일과 동일한 디렉토리에 원본 파일을 가져다 놓아야 한다.

프로그래밍 연습 **파일을 이동시키는 FileMove.java를 작성하시오. (File 클래스의 delete() 메소드를 사용하여 원본 파일을 삭제한다.)**

[HomeWork]

- 와일드카드를 사용하여 소스 파일 여럿을 명시하고, 명시된 파일들을 동시에 복사하는 기능을 추가하시오. (예: java FileCopy *.java sub → 모든 자바 소스 파일을 서브 디렉토리 sub에 복사한다.)

2) New IO (NIO) 사용 예제

JDK 1.4부터 지원하기 시작한 NIO는 채널에 기반한 IO 연산을 지원한다. NIO시스템은 buffer와 channel에 기반을 두고 있다. Buffer와 Channel에 대해 간단히 설명하면 다음과 같다.

① buffer : channel로부터 받은 데이터를 저장하거나, channel로 전송할 데이터를 보관한다.
② channel : 소켓이나 파일과 같은 입출력 데이터 소스와 연결되어, 데이터를 전송하거나 수신할 수 있다.

여기서는 nio를 이해하기 위한 단순한 예제를 소개한다. 일반적인 IO와 그다지 다르지 않다.

Java ❙ NIO 사용 영문텍스트 파일 읽기 ❙

```
package p2;
import java.io.*;
import java.nio.ByteBuffer;
import java.nio.channels.FileChannel;

public class NIOChannelRead {
  public static void main(String[] a)throws IOException {

      FileInputStream
      f_in = new FileInputStream("mm.txt");
      FileChannel fChan = f_in.getChannel();
      int size = (int) fChan.size(); // Get file's size.

      // Allocate a ByteBuffer
      ByteBuffer mBuf = ByteBuffer.allocate(size);
      fChan.read(mBuf);        // file contents -> mBuf
      mBuf.rewind();           // file_pointer = 0

      // Read bytes from the buffer.
      for(int i=0; i < size; i++)
        System.out.print((char)mBuf.get());

      System.out.println();
      fChan.close(); f_in.close();
  }
}
```

실행결과

```
Hello?
This is an original file to test a Java copy programm.
I hope It works fine.
Kim
???? ???? ?????????? ??????????.
```

바이트 단위로 읽어서 문자형으로 형변환하였으므로, 영문이 아닌 한글은 제대로 처리되지 않았다.

다음은 MappedByteBuffer객체를 파일에 매핑시키는 예제이다. 프로그래머는 ByeBuffer(매핑된) 객체에서 데이터를 읽음으로 파일의 내용을 읽을 수 있다. 이렇게 함으로서, File IO의 복잡성이 배열(ByteBuffer 객체)에 접근하는 것으로 단순해진다.

Mapped file을 사용 텍스트파일 읽기

```
package p2;
import java.io.*;
import java.nio.*;
import java.nio.channels.*;

public class MappingChannel{
  public static void main(String args[])
        throws Exception {

    FileInputStream fi=new FileInputStream("mm.txt");
    FileChannel fc = fi.getChannel();
      long size = fc.size();
    // Map the file into a buffer.
    MappedByteBuffer mBuf =
      fc.map(FileChannel.MapMode.READ_ONLY,0,size);

      // Read bytes from the buffer.
      for(int i=0; i < size; i++)
        System.out.print((char)mBuf.get());

      fc.close(); fi.close();
  }
}
```

[NIO 프로그램 실행]

프로그램 소스 파일에는 CharNIO.java, NIOChannelWrite.java, MappedChannel Write.java이 있으므로 각자 실행하고 결과를 확인하기 바람.

3) Reflection 소개

java.lang.Reflection은 자바 프로그램을 사용하여 클래스를 분석할 수 있도록 해준다. 분석을 원하는 클래스의 인스턴스를 사용하여, 클래스의 공개된 필드(변수), 생성자 메소드, 일반 메소드에 대한 정보를 얻을 수 있다.

| Reflection예제: ReflectionTest.java |

```
package p2;
import java.lang.reflect.*;
public class ReflectionTest {
@SuppressWarnings("unchecked")
public static void main(String args[]) {
    try {
      Simple a = new Simple();
      Class c = a.getClass();

      System.out.println("Constructors:");
      Constructor constructors[] = c.getConstructors();
      for(int i = 0; i < constructors.length; i++) {
        System.out.println(" " + constructors[i]);
      }
      System.out.println("Fields:");
      Field fields[] = c.getFields();
      for(int i = 0; i < fields.length; i++) {
        System.out.println(" " + fields[i]);
      }
      System.out.println("Methods:");
      Method m[] = c.getMethods();
      for(int i = 0; i < m.length; i++) {
        System.out.println(" " + m[i]);
      }
      System.out.println("Public Methods:");
      Method methods[] = c.getDeclaredMethods();
      for(int i = 0; i < methods.length; i++) {
```

```
            int modifiers = methods[i].getModifiers();
            if(Modifier.isPublic(modifiers)) {
              System.out.println(" " + methods[i].getName());
            }
          }
        }
        catch(Exception e) {
          System.out.println("Exception: " + e);
        }
      }
    }
    class Simple {
      public int objVar=0;
      static int classVar;
      public Simple(){
        this(1);
      }
      public Simple(int x){
        objVar=x;
      }
      public int a1() {
       return 0;
      }
      protected void a2() {
      }
    }
```

실행결과

```
Constructors:
 public p2.Simple()
 public p2.Simple(int)
Fields:
 public int p2.Simple.objVar
Methods:
 public int p2.Simple.a1()
 public final native void java.lang.Object.wait(long) throws java.lang.InterruptedException
 public final void java.lang.Object.wait() throws java.lang.InterruptedException
 public final void java.lang.Object.wait(long,int) throws java.lang.InterruptedException
```

```
  public boolean java.lang.Object.equals(java.lang.Object)
  public java.lang.String java.lang.Object.toString()
  public native int java.lang.Object.hashCode()
  public final native java.lang.Class java.lang.Object.getClass()
  public final native void java.lang.Object.notify()
  public final native void java.lang.Object.notifyAll()
Public Methods:
  a1
```

4) Timer 클래스

일정 주기로 특정 메소드를 호출하고 싶다면, Timer클래스를 사용하면 간단하게 구현할 수 있다. javax.swing.Timer는 원하는 주기마다 액션 이벤트를 발생시키고, 이벤트 처리 객체를 등록할 수 있다. Timer 클래스의 생성자는 다음과 같다.

Timer(int *delay*, ActionListener *listener*)

생성된 Timer 객체는 정수값으로 명시된 delay 밀리초 마다 액션 이벤트를 발생시키는 데 사용된다. 발생된 액션 이벤트는 생성시 명시된 listener 객체의 actionPerformed() 메소드에서 처리된다. Timer 객체를 생성하고, 실행시키는 코드는 다음과 같다.

```
Timer t=new Timer(1000, listener);
t.start(); // 1초마다 액션 이벤트 발생 및 처리 시작
```

▶ 다음은 Timer 클래스를 사용하는 간단한 예제 프로그램이다. 1995년 $10,000에서 시작하여 임의의 정수가 더해진다. 2008년까지 $20000를 넘어서면, 축하 메시지가 출력된다.

| 프로그램 소스 |

```
package p2;
import java.awt.*;
import java.awt.event.*;
import java.util.Random;
import javax.swing.*;
/* interface TimerListener {
   void timeElapsed(Timer t);
}*/
```

```
@SuppressWarnings("serial")
public class TimerTest extends JFrame
                              implements ActionListener
{   int year=1995, income=10000;
    boolean oddOnly;
    Random rand = new Random();
    JLabel timeLabel, incomeLabel;
    JButton startBtn;
    JPanel jp = new JPanel();
    Font bigFont = new Font("Dialog",Font.PLAIN,68);
    Font smallFont= new Font("Dialog",Font.PLAIN,20);
    Timer timer=null;  //
    public TimerTest(){
      timeLabel=new JLabel(""+year,JLabel.CENTER);
      timeLabel.setFont(bigFont);
      incomeLabel=new JLabel("Income = $"+income,JLabel.RIGHT);
      incomeLabel.setFont(smallFont);
      startBtn= new JButton("Start");
      startBtn.setFont(smallFont);
      startBtn.addActionListener(this);
      add(timeLabel,"Center");
      jp.setLayout(new GridLayout(1,2,10,2));
      jp.add(incomeLabel);
      jp.add(startBtn);
      add(jp,"South");

      timer = new Timer(380,this);//
    }
   public void actionPerformed(ActionEvent e) {
     if (e.getSource()==startBtn){
        year=1995; income=10000; oddOnly=true;
        timeLabel.setText(""+year);
         timeLabel.setFont(bigFont);
        timer.start();
        startBtn.setEnabled(false);
        return;
     }
     if(year<=2007) {
        income += rand.nextInt(750);
        incomeLabel.setText("Income = $"+income);
```

```
            if(oddOnly==false) {
             oddOnly=true;
             return;
            }
            oddOnly=false;
          Toolkit.getDefaultToolkit().beep();
          timeLabel.setText(""+(++year));
      } else{
        startBtn.setEnabled(true);
        timeLabel.setFont(smallFont);
        if(income>=20000)
          timeLabel.setText("Korea became a developed country.");
        else
          timeLabel.setText("You have to wait another 10 years");
      }
    }
    public static void main(String[]a){
      TimerTest tt = new TimerTest();
      tt.setSize(400,250);
      tt.setTitle("can be GDP $20,000");
      tt.setDefaultCloseOperation(EXIT_ON_CLOSE);
      tt.setVisible(true);
    }
}
```

실행결과

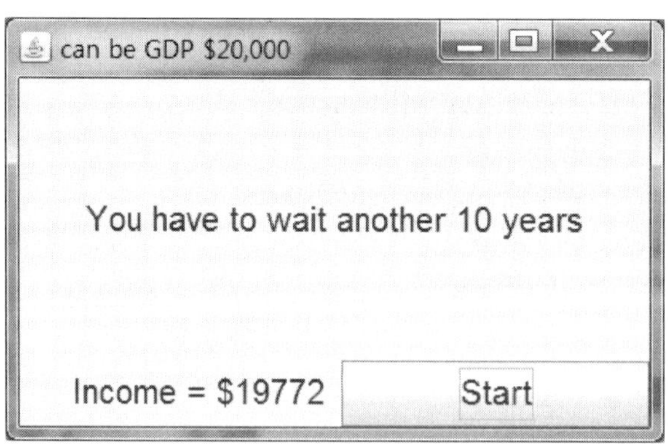

Calendar 클래스 - 날자/시간 출력

| 예제 프로그램 |

```
package p3;
import java.util.Calendar;
public class GetDateTime {
  public static void main(String[] args) {
   Calendar cal = Calendar.getInstance();
   System.out.printf("Year :%d₩n",cal.get(Calendar.YEAR));
   System.out.printf("Month:%d₩n",cal.get(Calendar.MONTH)+1); // 1월=0
   System.out.printf("Date=%d₩n",cal.get(Calendar.DATE));
   System.out.printf("Day Week=%d₩n",cal.get(Calendar.DAY_OF_WEEK));
         // 일요일=1
   System.out.printf("Hour=%d₩n",cal.get(Calendar.HOUR));
   System.out.printf("Hour(24)=%d₩n",cal.get(Calendar.HOUR_OF_DAY));
   System.out.printf("Min=%d₩n",cal.get(Calendar.MINUTE));
   System.out.printf("Second=%d₩n",cal.get(Calendar.SECOND));
   System.out.printf("Mil_sec=%d₩n",cal.get(Calendar.MILLISECOND));
  }
}
```

실행결과

```
Year :2010
Month:8
Date=8
Day Week=1
Hour=0
Hour(24)=12
Min=23
Second=15
Mil_sec=671
```

» 소스코드에는 PrintMonth.java가 포함되어있다. 이 예제 프로그램은 원하는 해와 달을 키보드로 타이핑하면, 달력이 출력된다.

5) Strike-ball game

컴퓨터는 각자리수가 서로 다른 3자리 정수(각 자리수는 0이 제외된 1부터9사이)를 발생시킨다. 프로그램 게이머는 3자리수 정수를 입력하면, 컴퓨터는 자신이 발생시킨 정수와 비교하여 다음과 같은 메시지를 알려준다.

① Strike: 숫자와 위치가 일치하는 경우

예 123 과 426은 1 스트라이크가 된다. (2가 스트라이크)

② Ball: 숫자는 맞으나 위치가 일치하지 않는 경우

예 123 과 215는 2 볼이된다. (1과 2는 숫자는 맞으나 위치가 틀리다.)

컴퓨터 게이머는 컴퓨터가 준 힌트를 참조로 다른 3자리 정수를 입력한다. 만일 3자리수가 아닌 정수를 입력한다든지 2자리 이상 동일한 숫자를 입력하면, 재입력을 요구한다. 3 스트라이크가 되면 게임이 종료된다.

| 프로그램 소스 |

```
package p2;
import java.util.*;
public class StrikeBall {
  static int myNum;
  public static int getNumber() {
        Random rd = new Random();
        int m1, m2, m3;
        m1 = rd.nextInt(9)+1;
        do { m2 = rd.nextInt(9)+1; } while(m1==m2);
         do { m3 = rd.nextInt(9)+1; } while(m1==m3 || m2==m3);
         myNum = (m1*100 + m2*10 + m3);
         return  myNum;
  }
    public static boolean formatOK(int num){
        int n1 = (int) num / 100;
        int n2 = ((int) num / 10) %10;
        int n3 =  num % 10;

        return (n1 != n2 && n2 != n3 && n1!= n3);
  }
  public static String check(int number, int guess) {
        int strikes=0, balls=0;
        int[] n=new int[3], m=new int[3];
        for(int i=0; i<3; i++) {
           n[i] = number % 10;
           m[i] = guess  % 10;
```

```
            number = (int) number/10;
            guess  = (int) guess / 10;
        }
         for(int i=0; i<3; i++) {
              if(n[i]==m[i]) strikes++;
              for(int j=0; j<3; j++)
                    if(n[i]==m[j] && i!=j) balls++;
         }
         if (strikes==3) {
           return "Congratulations!!!!!\n";
         } else
        return "-> "+strikes+" strikes, "+balls+" balls";
    }
    public static void main(String[] args) throws Exception {
      int cnt, num;
      String ans;
      Scanner sc;
      while(true){
        sc= new Scanner(System.in); // what if this line up 2 lines?
        System.out.print("Do you want play? (Y/N):");
        ans=sc.nextLine();
        if(ans.startsWith("N")||ans.startsWith("n")) break;
        myNum = getNumber();
        cnt=1;
//      System.out.println("My num:"+myNum);
        for(;;){
          do {
           System.out.print("#"+cnt+" your guess:");
            num=sc.nextInt();
          }while((num<123)||(num>987)||!formatOK(num));
          ans=check(num,myNum);
          cnt++;
          System.out.println(ans);
          if(ans.startsWith("Cong")) break;
        }
      }
      System.out.println("So Long!!");
    }}
```

실행결과

```
Do you want play? (Y/N):y
#1 your guess:123
-> 0 strikes, 1 balls
#2 your guess:345
-> 0 strikes, 0 balls
#3 your guess:567
-> 0 strikes, 1 balls
#4 your guess:789
-> 2 strikes, 0 balls
#5 your guess:719
Congratulations!!!!!

Do you want play? (Y/N):
```

■ **프로그래밍 과제** ■ 텍스트에 기반하고 있는 이러한 종류의 게임에 대해서 조사해보시오. 게임규칙을 명확하게 정의하고, 컴퓨터를 사용하여 구현하시오.

제3장
소켓 프로그래밍

자바 언어는 네트워크 프로그래밍에 필요한 다양한 클래스를 지원하고 있다. 소켓은 분산 프로그래밍을 위한 중요한 요소이며, 자바 시스템은 소켓 클래스를 제공하고 있다. 자바 프로그램에서 소켓을 사용하기 위해서는 먼저 import java.net.*; 문을 사용하여 네트워크 관련 클래스를 수입하여야 한다.

3.1 IP 주소와 Port

네트워크 프로그래밍을 하기위해서는 상대방 컴퓨터와 통신 포트에 대한 정보를 알수 있어야 한다. 인터넷에 연결되어 데이터 교환이 가능한 컴퓨터 시스템을 호스트라고 부르며, 모든 호스트는 IP 주소를 가진다. IP 주소는 4 바이트로 구성되며, 모든 호스트는 유일한 IP를 가진다. 인터넷에 연결하기 위해서 모든 호스트는 유일한 IP를 할당받아야 하며, 인터넷상에 유통되는 모든 메시지는 IP를 사용하여 목적지로 이동한다.

IP는 0부터 255사이의 정수 4개로 구성되기 때문에 사람이 기억하기는 쉽지 않다. IP는 사용이 불편하므로, 사람이 기억하기 쉬운 이름을 등록하여 사용하는데 이를 도메인 이름이라고 한다. 예를 들어, www.hansung.ac.kr은 한성대학교의 도메인 이름이다. 도메인 이름은 사람에게는 편리하지만 컴퓨터가 이를 처리하기 위해서는 먼저 IP 주소로 변경해야 한다. 도메인 이름을 IP로 변경해주는 시스템을 DNS(Domain Name Server)라고 한다. 인터넷에 연결된 모든 호스트들은 DNS에 접속할 수 있어야한다.

IP주소는 인터넷에 연결된 호스트 시스템을 결정한다. 한 호스트에는 여러 개의 포트가 있어, 여러 개의 프로세스가 동시에 데이터를 주고받을 수 있다. 만일 IP주소만을 가지고 통신을 한다면, 하나의 프로세스만이 통신 가능하므로 불편할 것이다. 즉 포트는 컴퓨터내의 여러 통신 프로세스 중에서 원하는 프로세스에게만 전달하기 위한 번호이다. 포트 번호는 16비트로 표현되기 때문에 0부터 65525까지의 포트 번호가 가능하다. 0부터 1023까지의 포트 번호는 시스템만이 사용하도록 예약되어 있으며, 사용자는 1024부터 65535까지의 포트를 자유롭게 사용할 수 있다.

인터넷 통신을 위해서 포트번호도 IP 주소와 함께 반드시 명시하여야 하지만, 통신 프로토콜에 따라 기본 포트 번호를 가지고 있으므로 생략이 가능하다. 다음은 주요 인터넷 프로토콜이 사용하는 기본 포트 번호를 정리한 것이다.

| 표 3-1 | 주요 프로토콜의 기본 포트

프로토콜	포트 번호
echo	7
ftp	21
telnet	23
smtp	25
DNS	42
Bootstrap 서버	67
Bootstrap 클라이언트	68
gopher	70
finger	79
http	80

그러므로 우리가 홈페이지를 액세스할 때, http://www.knu.ac.kr 이라고 명시하는 것은 묵시적으로 80 포트를 사용하므로 http://www.knu.ac.kr:80 이라고 표시하는 것과 동일하다. 자바에서는 인터넷 주소 클래스, TCP 통신을 위한 소켓 클래스, UDP 통신을 위한 소켓 클래스 등 풍부한 네트워킹 기능을 지원한다. 다음 절부터 간단히 살펴보기로 한다.

3.2 InetAddress 클래스

InetAddress 클래스는 자바 프로그래머에게 IP 주소에 관련된 메소드를 지원하여 준다. 그러므로 InetAddress 객체를 사용하면 IP 주소와 관련된 다양한 연산을 손쉽게 할 수 있다. InetAddress 클래스의 생성자와 메소드를 정리하면 다음과 같다.

- 생성자

InetAddress 클래스의 생성자는 없다. 객체를 만들기 위해서는 클래스 정적 메소드인 getByName(), getLocalHost(), getAllByName()을 사용하여야 한다.

InetAddress 클래스에서 지원되는 메소드를 정리하면 다음과 같다.

| 표 3-2 | InetAddress 클래스의 메소드

메소드	설명
static InetAddress getLocalHost() throws UnknownHostException	로컬 컴퓨터를 나타내는 InetAddress객체를 반환
static InetAddress getByName(String name) thorws UnknownHostException	name으로 명시된 컴퓨터를 나타내는 InetAddress 객체를 반환
InetAddress[] getAllByName(String name) thorws UnknownHostException	name으로 명시된 모든 컴퓨터를 나타내는 InetAddress 배열을 반환
boolean equals(InetAddress adr)	두 객체가 동일하면 true, 아니면 false를 반환
byte[] getAddress()	32비트 IP주소를 나타내는 4 바이트 배열 반환
String getHostAddress()	현 객체의 주소 정보를 문자열 반환
String getHostName()	현 객체의 컴퓨터 이름을 반환
String toString()	IP 주소를 문자열로 반환한다.

≫ 다음은 InetAddress 클래스를 설명하기 위한 간단한 예제 프로그램이다. 실행 결과는 로컬 호스트의 IP와 검색엔진 naver 사이트에 대한 정보를 출력한다.

| 예제 프로그램 |

```
package p1;
import java.net.*;
public class InetDemo{
   public static void main(String a[]) throws Exception{
                    InetAddress ia;

                    ia= InetAddress.getLocalHost();
                    System.out.println("LocalHost의 IP 주소: "
                       + ia.getHostAddress());

                    ia = InetAddress.getByName("www.naver.com");
                    System.out.println("naver의 IP 주소: " + ia.getHostAddress());
                    System.out.println("naver의 호스트 이름: " + ia.getHostName());
   }
}
```

실행결과

```
C:₩JAVA₩newED₩ch16>java InetDemo
LocalHost의 IP 주소: 128.134.168.158
naver의 IP 주소: 211.218.150.200
naver의 호스트 이름: www.naver.com
```

코딩 연습 **한성대학교 홈페이지의 도메인 이름 "www.hansung.ac.kr"의 IP 주소를 알아보시오. 그와 반대로 한성대학교 홈페이지의 IP 주소를 입력하여, 도메인 이름을 알아낼 수 있는지 알아보시오.**

InetAddress.getAllByName() 메소드 예제

일부 인터넷 도메인 이름은 두개 이상의 IP로 번역된다. 이러한 경우에 getAllByName() 메소드를 사용하면 대응되는 모든 IP를 포함하는 배열을 반환한다. 이 메소드의 사용 예는 다음과 같다.

```
InetAddress[] addr = InetAddress.getAllByName("www.naver.com");
```

≫위 코드를 사용한 예제 프로그램은 다음과 같다. (주석처리된 다른 사이트도 테스트해보기 바랍니다.)

| 예제 프로그램 |

```
import java.net.*;
class AllAddress {
  public static void main (String[] args) {
    try {
      String domain =
//              "www.yahoo.com";
                "www.naver.com";
//         "www.google.com";
      InetAddress[] addresses =
     InetAddress.getAllByName(domain);
      for (int i = 0; i < addresses.length; i++) {
        System.out.println(addresses[i]);
      }
      System.out.println("----- one name ----");
      System.out.println(InetAddress.getByName(domain));
    }
    catch (UnknownHostException e) {
      System.out.println("No DNS found");
    }
  }
}
```

실행결과

```
www.naver.com/61.247.208.7
www.naver.com/222.122.84.200
www.naver.com/222.122.84.250
www.naver.com/61.247.208.6
----- one name ----
www.naver.com/61.247.208.7
계속하려면 아무 키나 누르십시오 . . .
```

3.3 URL 클래스

URL(Uniform Resource Locator)는 원래 WWW 상에 존재하는 자원의 위치를 표시하기 위한 것이다. URL은 프로토콜, 호스트 ID, 포트, 디렉토리, 파일로 구성된다. 자바의 URL 클래스는 인터넷 자원 주소를 나타내는 URL을 편리하게 사용할 수 있게 해준다. URL 클래스는 다음과 같은 생성자를 가진다.

- 생성자
  ① URL(String protocol, String host, int port, String file)
   throws MalformedURLException
  ② URL(String protocol, String host, String file)
   throws MalformedURLException
  ③ URL(String urlString) throws MalformedURLException

URL 클래스에서 지원되는 메소드를 정리하면 다음과 같다.

| 표 3-3 | URL 클래스의 메소드

메소드	설 명
String getFile()	URL의 파일 이름을 반환
String getHost()	URL의 호스트 이름을 반환
String getProtocol()	URL의 프로토콜을 반환
String toRef()	URL의 참조를 반환
String toString()	URL을 나타내는 문자열을 반환
Object getContent()	URL이 가리키는 객체를 반환
URLConnection openConnection() throws IOException	지정된 URL과 접속후 URLConnection 객체를 반환
InputStream openStream() throws IOException	지정된 URL과 접속후 InputStream 객체를 반환

다음은 URL 클래스를 설명하기 위한 예제 프로그램이다. 예제 프로그램을 실행시킨 후, 하단의 텍스트 필드에 URL을 입력하면 텍스트 영역에 URL 정보를 출력한다.

| 예제 프로그램 |

```
package p1;
import java.net.*;
class URLDemo {
  public static void main(String args[]) throws MalformedURLException {
    URL hp = new URL("http://www.hansung.ac.kr/index.jsp");

    System.out.println("Protocol: " + hp.getProtocol());
    System.out.println("Port: " + hp.getPort());
    System.out.println("Host: " + hp.getHost());
    System.out.println("File: " + hp.getFile());
    System.out.println("Ext:" + hp.toExternalForm());
  }
}
```

실행결과

```
Protocol: http
Port: -1
Host: www.hansung.ac.kr
File: /index.jsp
Ext:http://www.hansung.ac.kr/index.jsp
```

URL에서 데이터 읽기

URL 객체는 일반적으로 원격 컴퓨터의 자원 객체를 가리킨다. 자바의 URL 클래스에서 URL 객체가 가리키는 자원 객체에서 스트림을 읽어 오기 위해서는 openStream() 메소드를 사용한다.

```
try {
  int ch;
  URL url = new URL("http://www.naver.com");
  InputStream in = url.openStream();
  while((ch = in.read()) != -1) System.out.print(ch);
} catch(IOException e) {
  // IOException 처리
}
```

3.4 URLConnection

URLConnection 클래스는 URL이 명시하는 자원에 접속한 후, 원격 자원에 대한 정보를 손쉽게 알아볼 수 있는 여러 가지 메소드를 지원하는 클래스이다. 그러므로 URLConnection 클래스는 URL 클래스보다 더 많은 서버 관련 메소드를 지원한다. URLConnection을 사용하여 서버와 연결을 하기 위해서는 다음과 같은 절차를 필요로 한다.

① URL 클래스를 사용하여 연결하고자하는 원격자원의 URL객체를 생성
② 연결에 필요한 여러 파라메터를 설정
③ URL객체의 openConnection() 메소드를 이용해서 원격 자원과 연결
④ URLConnection 클래스의 다양한 메소드 사용

URLConnection 객체를 생성하기 위해서는 생성자를 사용하거나 URL객체의 openConnection() 메소드를 사용하여야 한다. URLConnection 클래스 생성자는 다음 하나만을 지원한다.

- 생성자

① protected URLConnection(URL url)
- 접근 제한자가 protected이므로 URLConnection 클래스를 확장한 서브클래스에서만 호출 가능하다.

다음은 URLConnectin 클래스에서 지원되는 메소드를 정리한 것이다.

① URL getURL()
- URLConnection 객체의 URL을 반환한다.

② int getContentLength()
- 연결된 문서의 길이를 반환한다.

③ String getContentType()
- 연결된 문서의 타입을 반환한다.

④ long getDate()
- header date 항목의 값을 반환한다.

⑤ long getExpiration()
- 헤더의 expires 항목 값을 반환한다.

⑥ long getLastModified()
- 해당 문서의 마지막 수정 날짜를 반환한다.

⑦ InputStream getInputStream() throws IOException
- 연결된 문서를 읽기 위한 InputStream객체를 반환

⑧ OutputStream getOutputStream() thorws IOException
  - 연결된 문서에 출력하기 위한 OutputStream객체를 반환
⑨ String getHeaderField(int n)
  - n 번째 헤더 항목을 얻는다. (시작은 0부터)
⑩ String getHeaderField(String name)
  - 주어진 헤더에 해당되는 필드값을 얻는다.
⑪ String getHeaderFieldKey(int n)
  - n 번째 헤더 항목의 키를 반환한다.

⋙ 다음은 간단한 URLConnection 클래스 예제 프로그램이다. 하단의 텍스트 필드에 URL을 입력하면 입력된 URL에 대한 정보와 URL 파일 내용을 텍스트 영역에 출력한다.

| 예제 프로그램 |

```
package p1;
import java.net.*;
import java.io.*;
import java.util.Date;
public class UCDemo
{ public static void main(String args[]) throws Exception {
    int c;
    URL hp = new URL("http://www.prenhall.com");
    URLConnection hpCon = hp.openConnection();
    // get date
    long d = hpCon.getDate();
    System.out.println("Date: " + new Date(d));
     // get content type
    System.out.println("Content-Type: " + hpCon.getContentType());
     // get expiration date
    d = hpCon.getExpiration();
    System.out.println("Expires: " + new Date(d));
     // get last-modified date
    d = hpCon.getLastModified();
    System.out.println("Last-Modified: " + new Date(d));
     // get content length
    int len = hpCon.getContentLength();
    if(len == -1)
```

```
        System.out.println("Content length unavailable.");
      else
        System.out.println("Content-Length: " + len);
      if(len != 0) {
        System.out.println("=== Content ===");
        InputStream input = hpCon.getInputStream();
        int i = len;
        while (((c = input.read()) != -1)) {
          System.out.print((char) c);
        }
        input.close();
      }
    }
  }
```

실행결과

```
packageDate: Wed Jun 30 23:30:04 KST 2010
Content-Type: text/html
Expires: Thu Jan 01 09:00:00 KST 1970
Last-Modified: Tue Jun 10 08:03:02 KST 2003
Content-Length: 327
=== Content ===
<HTML><HEAD>
<META HTTP-EQUIV="Refresh"
CONTENT="0; URL=http://vig.prenhall.com/">
</HEAD><BODY></BODY></HTML>
<!-- -------------------->
<!-- Caught you peeking! -->
<!-- -------------------->
```

⋙ 요즘 웹사이트는 HTML문서를 읽는 것으로부터 보호되는 경우가 있다. Prenhall.com 사이트에서도 HTML문서를 읽어 오는 것이 허용되지 않았음

3.5 TCP Socket

Socket이란 컴퓨터 네트워크 통신 프로그램을 위한 소프트웨어 메커니즘을 나타낸다. 소켓은 네트워크 통신에 대한 세부사항을 감추어 주고, 메시지 교환을 위한 고급 메소드를 지원한다. 그러므로 프로그래머가 소켓을 사용하면 통신 프로그램을 간단하게 작성할 수 있다. 다음 그림은 소켓을 통해서 두 원격 프로세스가 데이터를 주고받는 것을 나타낸 것이다. 네트워크 통신에 관한 세부 사항은 소켓을 구현한 시스템 프로그래머가 담당하고, 응용 프로그래머에게는 감추어진다. 프로세스 A와 B가 데이터 x를 송수신하기 위해서는 먼저 소켓을 설정한 후에, 프로세스 A는 소켓에 데이터 x를 쓰고, 프로세스 B는 소켓에서 데이터 읽기를 실행하면 된다.

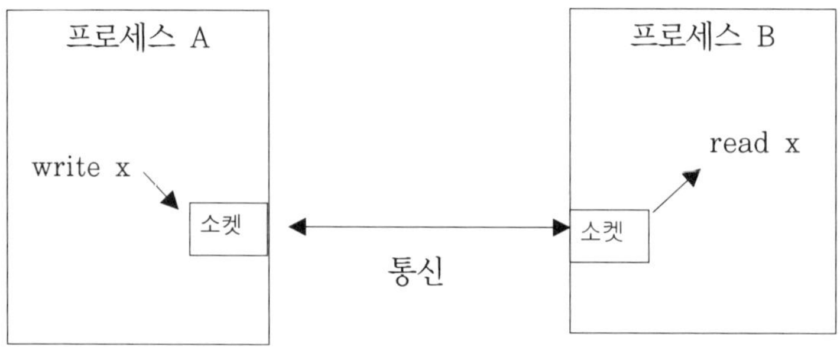

| 그림 3-1 | 소켓 프로그램의 예

자바의 소켓은 객체화되어 있어서 기존 시스템의 소켓과 비교할 때 생성과 설정이 간편하다. 특히 자바 소켓은 플랫폼에 무관하게 생성하여 사용할 수 있으며, 다양한 고급 메소드를 지원한다는 특징이 있다. 또한 자바의 소켓은 기존의 시스템과는 달리 TCP 프로토콜만을 지원하며, UDP 프로토콜을 사용하기 위해서는 별도의 데이터그램 소켓(DatagramSocket)을 사용해야 한다.

3.5.1 TCP와 UDP

TCP와 UDP는 TCP/IP 프로토콜의 전송방식을 나타낸다. 여기서 TCP와 UDP를 간단히 비교 설명하면 다음과 같다.

① TCP

TCP는 연결성 통신 방식을 의미한다. 데이터를 송수신하고자 하는 호스트간에 먼저 가상 연결선을 구성한 다음 데이터를 전송하는 것이다. TCP는 일상생활의 전화 통신과 비슷하다. 전화를 거는 사람은 먼저 다이얼을 돌려 수신자를 결정한다. 수신자가 전화를 받아 서로의 신원을 확인하면 데이터를 주고 받게된다. 더 이상 송수신할 데이터가 없으면 전화를 끊어 연결을 끊게 된다. TCP 전송방식의 특징은 다음과 같다.

- 신뢰성이 높은 프로토콜이다.
- 전송 채널을 설정해야 하므로 짧은 메시지 전송시 오버헤드가 크다.
- 동일한 경로를 통해 전송되므로 전송된 메시지 순서가 송신측과 항상 일치한다.
- 데이터를 전송하지 않아도 채널이 유지되므로 전송라인이 낭비될 수 있다.

② UDP

UDP는 비연결성 통신 방식이다. 전송하고자하는 데이터를 일정 크기의 패킷으로 나누어 전송한다. 전송채널을 확립하지 않기 때문에 모든 패킷은 목적지 정보를 포함하여야 한다.

- 신뢰성이 낮은 프로토콜이다.
- 전송되는 메시지의 순서와 수신되는 메시지의 순서가 일치하지 않을 가능성이 있다. 메시지 순서를 다시 맞추어야 하는 불편함이 있다.
- 모든 메시지에 목적지를 명시하여야 한다.
- 각 메시지는 통신라인의 busy여부에 따라 다른 경로를 통해 전송될 수 있다. TCP와 비교해서 전송라인의 효율이 좋다.
- 통신 채널을 설정하는 오버헤드가 없다.

↘ 소켓을 사용한 클라이언트-서버간의 접속 순서

소켓은 일반 소켓과 서버소켓으로 구분된다. 서버 소켓은 네트워크 상에서 자신에게 오는 요청을 기다린다. 만일 클라이언트 측에서 접속 요구가 있으면, 새로운 소켓을 생성해서 클라이언트와 통신을 하게된다. 이러한 절차를 간단히 기술하면 다음과 같다.

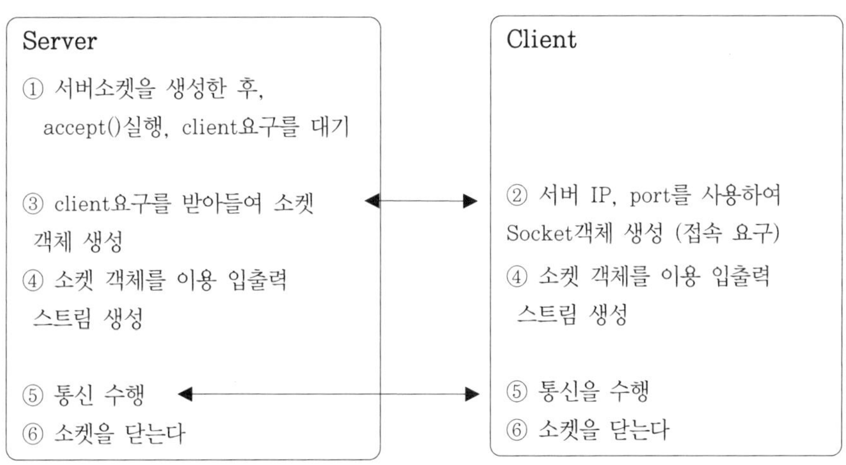

| 그림 3-2 | 클라이언트 서버 접속 절차

3.5.2 ServerSocket 클래스

ServerSocket 클래스는 통신 서버에서 생성하는 소켓이다. ServerSocket은 클라이언트로부터 접속 요구를 기다리고 있다가, 접속 요구가 있을 경우 새로운 통신 소켓을 생성하는 일을 한다.

≫ 서버소켓에서는 클라이언트의 접속에 대기하므로, 클라이언트의 정보를 설정할 수 없다. 다만 클라이언트가 접속할 포트번호는 명시하여야 한다.

ServerSocket 클래스의 생성자는 다음과 같다.

- 생성자
  ① ServerSocket(int port)
  - 주어진 포트를 사용하는 서버소켓을 생성한다.
  ② ServerSocket(int port, int backlog)
  - 주어진 포트와 입력 버퍼의 크기를 사용하는 서버소켓을 생성한다.
  ③ ServerSocket(int port, int backlog, InetAddress bindAddr)
  - bindAddr은 서버의 주소가 두 개 이상인 경우에 서버소켓이 사용할 인터넷 주소를 명시한 것이다.

다음은 ServerSocket 클래스에서 지원되는 메소드를 정리한 것이다.

| 표 3-4 | ServerSocket 클래스의 주요 메소드

메소드	설 명
Socket accpet() throws IOException	정해진 포트로 클라이언트의 접속요구가 있을시 새로운 소켓을 생성 반환한다.
void close() throws IOException	서버소켓을 닫는다.
InetAddress getInetAddress()	서버소켓이 사용중인 인터넷주소를 반환
SocketAddress getLocalSocketAddress()	서버소켓의 로컬 소켓 주소를 반환한다.
int getLocalPort()	서버소켓이 사용중인 포트를 반환한다.
protected void implAccept(Socket s)	ServerSocket의 서브클래스에서 accept()를 오버라이드하여 Socket의 서브클래스 반환시킴
void close()	소켓을 닫음
void setSoTimeout(int timeout)	Socket Time out을 설정 (단위는 밀리초)

서버 소켓은 accept() 메소드를 수행함으로써 클라이언트의 요청에 따라 실제 통신을 수행할 소켓을 생성하여 반환한다. ServerSocket 객체는 클라이언트와 통신할 소켓을 생성하며, 실제 통신은 서버 소켓이 아니라 생성된 소켓을 통해 이루어진다.

3.5.3 Socket 클래스

TCP 방식을 사용해서 통신을 하기 위해서는 Socket 클래스 객체를 생성해야 한다. Socket 클래스는 클라이언트와 서버간에 실질적인 통신 메소드를 지원하고 있다. Socket 클래스의 생성자는 다음과 같다.

- 생성자
  ① Socket(String host, int port) throws IOException, UnknownHostException
    - 소켓을 생성하고 주어진 host와 port에 접속한다. 접속이 안 이루어지는 경우 IOException이 발생한다.
  ② Socket(InetAddress address, int port) throws IOException
    - 소켓을 생성하고 주어진 address와 port에 접속한다. 접속이 안 이루어지는 경우 IOException이 발생한다.
  ③ Socket(SocketImpl impl) throws SocketException
    - 사용자 명시 SocketImpl 클래스의 Socket 객체 생성
  ④ Socket()
    - 연결 안된 소켓을 생성

다음은 Socket 클래스에서 지원되는 메소드를 정리한 것이다.

| 표 3-5 | Socket 클래스의 주요 메소드

메소드	설 명
InputStream getInputStream() throws IOException	현 소켓의 InputStream 객체를 생성하여 반환
OutputStream getOutputStream() throws IOException	현 소켓의 OutputStream 객체를 생성 반환
void close() throws IOException	현 소켓을 닫는다.
InetAddress getInetAddress()	원격 호스트의 인터넷주소를 반환한다.
InetAddress getLocalAddress()	로컬 호스트의 인터넷주소를 반환한다.
int getPort()	원격 호스트의 포트를 반환한다.
int getLocalPort()	로컬 호스트의 포트를 반환한다.
void connect(SocketAddress target) throws IOException	목적지에 현 소켓을 연결한다.
void connect(SocketAddress target, int timeout) throws IOException	timeout 밀리초 안에 목적지에 현 소켓을 연결

»» 다음은 Socket의 메소드 사용 예제 프로그램이다. 여기서 주의할 것은 원격 서버의 포트와 로컬 호스트의 포트번호가 동일하지 않다는 점이다.

| 예제 프로그램 |

```
import java.net.*;
import java.io.*;

public class SocketInfo {
  public static void main(String[] args) {
      try {
        Socket sock = new Socket(args[0], 80);
        System.out.println("Remote Addr: " + sock.getInetAddress());
        System.out.println("Remote port: " + sock.getPort());
        System.out.println("Local Addr : " + sock.getLocalAddress());
        System.out.println("Local port  : " + sock.getLocalPort());
      }
      catch (UnknownHostException e) {
        System.err.println("UnKnown Host : " + args[0]);
      }
      catch (SocketException e) {
        System.err.println("Socket Exception " + e);
      }
      catch (IOException e) {
      }
    }
}
```

실행결과

```
Remote Addr: www.hansung.ac.kr/128.134.165.1
Remote port: 80
Local Addr : /211.48.44.82
Local port  : 2447
```

? 위의 실형결과에서는 Local port가 2247로 출력되었다. 원격 포트와 로컬포트가 다른 이유는 무엇인가?

답 시스템이 1024번이후의 사용가능한 로컬 시스템의 포트를 임의로 선택한 것임.

하나의 소켓를 사용하여 동시에 입력 스트림과 출력 스트림 객체를 생성하는 것이 가능하다. 입출력 객체를 생성한 후에는 스트림 입출력 객체에 적용할 수 있는 모든 메소드를 사용할 수 있다. 그러므로 자바의 네트워크 프로그래밍을 위해서는 먼저 입출력 스트림을 이해하는 것이 필요하다.

Telnet과 통신하는 소켓 프로그램

윈도우를 포함하는 대부분의 운영체제에서 지원하는 유틸리티 telnet은 원격 컴퓨터에 텍스트 명령어를 전송하고 그 결과값을 반환하는 기능을 수행한다. telnet은 소켓 통신을 하므로, 자바 소켓 프로그램과 연동할 수 있다.

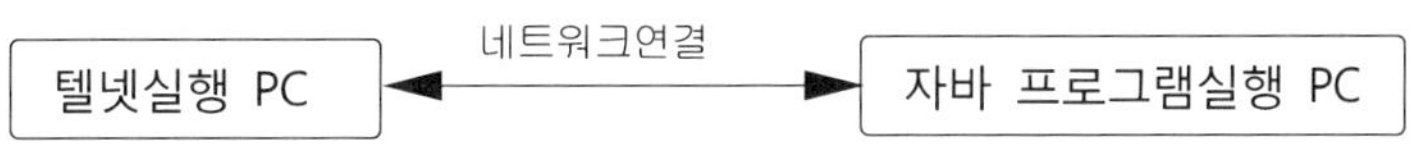

| 예제 프로그램 |

```
package p2;
import java.io.*;
import java.net.*;
public class TelnetDemo {
 public static void main(String[] a)
                  throws Exception {
   ServerSocket ss = new ServerSocket(4400);
   Socket s=ss.accept();
   BufferedReader in = new BufferedReader(new
    InputStreamReader(s.getInputStream()));
   PrintWriter pw =
    new PrintWriter(s.getOutputStream());
   System.out.println("Connected:"+s);
   String msg=in.readLine();
   pw.println(msg); pw.flush();
   while(!msg.equals("end")){
      System.out.println(msg);
      msg = in.readLine();
   }
 }
}
```

실행결과

① 자바 프로그램을 먼저 실행한다.
Connected:Socket[addr=/211.47.90.2,port=64755,localport=4400]
kim
lee
park
② 도스창을 열고 다음을 입력한다.
C:₩>telnet 211.47.90.2 4400 (서버의 IP주소와 4400을 명시)
kim
lee
park
end

3.5.4 단순 메시지 전송 예제

다음은 TCP 소켓을 설명하기 위한 예제 프로그램이다. 여기서는 클라이언트와 서버가 모두 자바로 작성되어 문자열을 전송한다. 서버 프로그램을 먼저 실행한 후에 클라이언트 프로그램을 실행하여야 한다. 클라이언트 프로그램을 실행할 때 명령행 인자로 서버의 IP 주소나 도메인이름을 명시해야 한다.

| 예제 프로그램 |

1) 서버 예제 코드
앞에서 사용한 TelnetDemo.java를 실행한다.

2) 클라이언트 예제 코드

```
package p2;
import java.io.*;
import java.net.*;
public class SimpleMsg {
  public static void main(String[] arg)
                        throws IOException {
                BufferedReader in = new BufferedReader(new
                        InputStreamReader(System.in));
                System.out.print("Key in IP = ");
                String msg, ip = in.readLine();
                Socket s = new Socket(ip,4400);
                System.out.println("Server connected:"+s);
```

```
            PrintWriter pw =
              new PrintWriter(s.getOutputStream());
            do{
              System.out.print("Message: ");
              msg=in.readLine();
              pw.write(msg+"₩n"); pw.flush();
            }while(!msg.equals("end"));

    }
}
```

실행결과

1) 서버 측 실행 결과

```
Connected:Socket[addr=/211.47.90.2,port=64755,localport=4400]
kim
lee
park
```

2) 클라이언트 측 실행 결과

```
Key in IP = 211.48.44.81
Server connected:Socket[addr=/211.47.90.2,port=4400,localport=64775]
Message: kim
Message: lee
Message: park
Message: end
```

프로그래밍 연습 여러 사람이 한사람에게 메시지를 전송할 수 있도록 TelnetDemo.java를 수정하시오. (SimpleMsg.java는 그대로 사용함) 여기서는 멀티 스레딩을 사용하여야 한다.

❙ 예제 프로그램 ❙

```
package p2;
import java.io.*;
import java.net.*;
public class AcceptMulti extends Thread {
  Socket sk;
```

```
    public AcceptMulti(Socket so){
      sk=so;
    }
    public static void main(String[] a)
        throws Exception {
      ServerSocket ss = new ServerSocket(4400);
      while(true) {
        Socket so=ss.accept();
        System.out.println("Connected:"+so);
        new AcceptMulti(so).start();
      }
    }
    public void run(){
     try {
        BufferedReader in = new BufferedReader(new
          InputStreamReader(sk.getInputStream()));
        PrintWriter pw =
           new PrintWriter(sk.getOutputStream());
        String msg=in.readLine();
        pw.println(msg); pw.flush();
        while(!msg.equals("end")){
        System.out.println(msg);
        msg = in.readLine();
      }}catch(IOException ex){
         System.out.println(ex);
         System.exit(-1);
      }}
  }
```

- 실행방법
  - 수신측에서 AcceptMulti.java를 실행하고, 다수의 컴퓨터에서 Telnet이나 SimpleMsg.java를 실행한다. (실행시에는 수신컴퓨터의 IP와 포트번호 4400을 명시해야 한다.)
  - 수신측에서 멀티 스레딩을 해야 하는 이유는 TCP 소켓은 1:1 통신이 가능하므로, 수신측에서는 메시지를 송신하는 프로세스의 수와 동일한 수의 스레드를 생성하여 1:1로 메시지를 수신하여 화면에 출력한다.

3.5.5 파일 송수신 예제

자바에서 파일 입출력 프로그래밍과 소켓 프로그래밍은 스트리밍 기술을 사용하므로, 실제 데이터를 송수신하는 코딩은 매우 비슷하다. 여기서 소개하는 예제는 파일 스트림과 소켓을 이용하여 파일을 송수신하는 프로그램이다. 파일이름을 먼저 송신한 다음, 파일 내용을 전송한다. 매우 단순한 프로그램이지만, 모든 종류의 파일을 송수신할 수 있다.

※ ObejctInputStream, ObjectOutputStream 객체의 readUTF(), writeUTF()메소드는 유니코드 문자열을 송수신할 때 사용하는 메소드이다.

파일 수신 코드 : FileReceiver.java

```
package p2;
import java.io.*;
import java.net.*;
public class FileReceiver implements Runnable {
  Socket s;
  public FileReceiver(Socket s){
                    this.s = s;
  }
  public static void main(String[] args) throws Exception {
                    ServerSocket ss = new ServerSocket(8888);
                    while(true){
                      Socket s = ss.accept();
                      System.out.println("Client Connected"+":");
                      new Thread(new FileReceiver(s)).start();
                    }
  }
  public void run() {
                   DataInputStream r;
                   DataOutputStream w;
                   try {
                     r = new DataInputStream(s.getInputStream());
                     String fn = r.readUTF();
                     System.out.println("File: "+fn+" receiving");
                     w=new DataOutputStream(new FileOutputStream(fn));
                     try {
                                    while(true) w.writeChar(r.readChar());
                     }catch(EOFException e){
                                    System.out.println("EOF");
```

```
        }
        System.out.println("File Transfer End");
        r.close();
        w.close();
    } catch(IOException exp) {}
  }
}
```

| 파일 송신 코드 : FileSender.java |

```
import java.io.*;
import java.net.*;
class FileSender {
  public static void main(String[] args) throws Exception {
    if(args.length < 2) {
       System.out.println("Specify Server IP & File Name");
       System.exit(1);
    }
    Socket s=new Socket(args[0], 8888);
    DataOutputStream w =
        new DataOutputStream(s.getOutputStream());
    DataInputStream r =
        new DataInputStream(new FileInputStream(args[1]));
    w.writeUTF(args[1]);
    try {
        while( true)  w.writeChar(r.readChar());
    } catch(EOFException exp) { }
    System.out.println("File Transfer End");
    r.close();
    w.close();
}}
```

실행결과

① **파일 수신측**

```
C:₩JAVA₩test₩server>java FileReceiver
Client Connected
File: 08.jpg receiving
EOF
File Transfer End
```

```
C:₩JAVA₩test₩server>
```

② **파일 송신측**

```
C:₩JAVA₩test>java FileSender localhost 08.jpg
File Transfer End
C:₩JAVA₩test>
```

3.6 자바 시스템 클래스 객체의 송수신

소켓을 통해서 데이터를 전송하는 것은 파일에 데이터를 저장하는 것과 매우 유사하다. 클래스가 정의될 때, java.io.Serializable 인터페이스를 구현(implements)을 명시하였다면, 그 객체는 파일에 저장하는 것이 가능하며, TCP 소켓을 통해 원격 프로세스에 전송할 수 있다. 다음은 java.util.Date 객체를 TCP 소켓을 통해서 송수신하는 간단한 예제이다. Date 클래스도 Serializable 인터페이스를 구현하고 있으므로 TCP 소켓을 통해 송수신이 가능하다.

다음 예제는 ObjectOutputStream, ObjectInputStream 객체의 writeObject(), readObject() 메소드를 사용하여 객체를 송수신하는 예제 프로그램이다.

3.6.1 Date 객체 송수신 예제 프로그램

| 예제 코드 : ReceiveDate.java |

```
import java.io.*;
import java.net.*;
import java.util.Date;

public class ReceiveDate {
  public static void main(String args[]) throws Exception {

    ServerSocket ss =new ServerSocket(7788);
    Socket sock = ss.accept();
    ObjectInputStream is =
        new ObjectInputStream(sock.getInputStream());
    Date date = (Date) is.readObject();
    System.out.println("Today is "+date);
    is.close();
```

```
    sock.close();
  }
}
```

| 예제 코드 : SendDate.java |

```
import java.io.*;
import java.net.*;
import java.util.Date;

public class SendDate {

  public static void main(String args[]) throws Exception {
    String ip=null;
    if (args.length==0) ip="localhost"; else ip=args[0];

    Socket sock = new Socket(ip, 7788);
    ObjectOutputStream os =
        new ObjectOutputStream(sock.getOutputStream());
    Date date = new Date();
    os.writeObject(date);
    os.flush();
    os.close();
    sock.close();
    System.out.println("We have sent a Date");
  }
}
```

실행결과

ReceiveDate가 서버 소켓을 포함하고 있으므로, 먼저 실행되어야 한다. SendDate 실행 컴퓨터와 ReceiveDate 실행 컴퓨터가 서로 다르다면, 실행시 ReceiveDate 실행 컴퓨터의 IP 또는 도메인 주소를 명시해야 한다.

1) 서버 소켓 측

```
E:₩test>java ReceiveDate
Today is Wed Jan 23 14:15:47 KST 2002
```

2) 클라이언트 측

```
E:₩test>java SendDate 127.0.0.1
We have sent a Date
```

3.6.2 자바 제공 유틸리티: Serialver

앞의 예제에서 사용한 Date는 Serializable 인터페이스를 구현한 클래스이지만, 자바가 제공하는 모든 클래스들이 Serializable 인터페이스를 구현하고 있는 것은 아니다. 그러므로 자바의 객체를 파일에 저장하거나 소켓으로 전송하는 프로그램을 작성할 때에는 그 클래스가 Serializable 인터페이스를 구현하고 있는지 확인할 필요가 있다. 이를 위해서 JDK에서 제공되는 유틸리티 "serialver"를 사용할 수 있다.

```
C:₩java>serialver -show
```

위의 명령어를 입력하면, 다음과 같은 프레임이 표시되고, 검사를 원하는 클래스의 이름(경로 포함)을 입력하고 [show] 버튼을 클릭한다. 다음은 Date 클래스를 입력한 결과 Date 클래스의 serialVersionUID값이 출력되었음을 보여준다.

다음은 java.awt.Graphics 클래스를 입력한 결과이다. Graphics 클래스는 Serializable인터페이스를 구현하고 있지 않음을 알 수 있다.

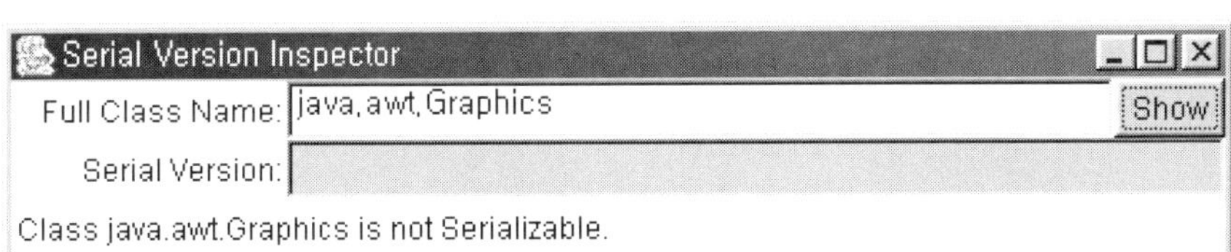

3.6.3 프로그래머 정의 객체의 송수신

프로그래머가 정의한 객체를 소켓을 통해 전송하려면, 클래스를 정의할 때 Serializable 인터페이스를 구현하여야 한다. 예를 들어 프로그래머가 Person이라는 클래스를 다음과 같이 정의하였다고 가정한다.

```
class Person {
    // 정의 내용은 생략
}
```

위의 Person 클래스의 객체를 소켓으로 전송하기 위해서는 다음과 같이 변경되어야 한다. 새롭게 구현되어야 하는 메소드는 없다.

```
class Person implements Serializable {
    // 정의 내용은 동일
}
```

⋙ 다음은 TCP 소켓을 통하여 Person 객체를 송수신하는 간단한 예제이다. SendPerson 클래스가 서버 소켓을 포함하고 있으므로 먼저 실행하여야 한다. GetPerson 클래스를 실행할 때 명령행 인자로서 SendPerson이 실행되고 있는 컴퓨터의 IP나 도메인 이름을 명시해야 한다. 이를 생략하면, 두 프로그램이 동일한 컴퓨터에서 실행되는 것으로 간주한다.

| SendPerson.java |

```
package p3;
import java.io.*;
import java.net.*;
class Person implements Serializable {
    static final long serialVersionUID=1122339L;
    String name;
    int id;
     Person(String name, int id) {
        this.name = name;
        this.id = id;
    }
    public String toString() {
        String s = name + " " + id;
        return s;
    }
}
public class SendPerson {
    public static void main(String args[]) {
      Person p[] = new Person[3];
      p[0] = new Person("Kim", 7);
      p[1] = new Person("Lee", 8);
      p[2] = new Person("Park", 12);
      try {
```

```
      Socket s=null;
      if(args.length>0)s=new Socket(args[0],7788);
      else s=new Socket("localhost",7788);

      ObjectOutputStream os =
         new ObjectOutputStream(s.getOutputStream());
      for(int i=0; i<3; i++)  os.writeObject(p[i]);
      os.close();
      System.out.println("3 Person Sent");
    } catch (Exception e) { e.printStackTrace(); }
  }
}
[ReceviePerson.java]
package p3;
import java.io.*;
import java.net.*;
public class ReceivePerson {
  public static void main(String args[]) {
    Person p[] = new Person[3];
    try {
      ServerSocket ss=new ServerSocket(7788);
      Socket sock = ss.accept();

      ObjectInputStream is =
         new ObjectInputStream(sock.getInputStream());

      for(int i=0; i<3; i++)
       p[i] = (Person) is.readObject();
      is.close();
      System.out.println("Three Person received");
      for(int i=0; i<3; i++) System.out.println(p[i]);
    } catch (Exception e) { e.printStackTrace(); }
  }
}
```

실행과정 및 결과

1) 서버 소켓 측

```
E:₩test>java SendPerson 127.0.0.1
3 Person Sent
```

2) 클라이언트 측

```
E:₩test>java ReceivePerson
Three Person received
Kim 7
Lee 8
Park 12
```

| HomeWork 네트워크 주소록 프로그램 |

다음은 네트워크를 통해 Student 클래스의 객체를 송수신하며, 전화번호를 저장/검색하는 에제 프로그램이다. 다음 프로그램을 실행하고, 전화번호를 서버측 파일에 저장하도록 수정하시오. (서버측에서 주기적으로 전화번호부의 변경사항을 체크하고, 변경이 발생하면 파일에 저장하도록 한다. 서버가 실행을 재개할 경우 파일에 저장되었던 기존 전화번호의 내용을 읽어오도록 한다.)

| Student 클래스와 Constants 인터페이스의 정의 |

```
package p3;
import java.io.Serializable;
interface Constants {
                    final int SAVE=1, FIND=2, END=3;
                    final int FOUND=4, NOTFOUND=5;
}
class Student implements Constants,Serializable {
  private static final long serialVersionUID = 41579L;
  String name, telephone;
  int enterYr, control=0;
  public Student(String name, int year,
                        String telephone)
  {                 this.name = name;
    this.enterYr = year;
    this.telephone = telephone;
  }
  public Student(String name, int year,
```

```
                        String telephone, int control){
                    this(name,year,telephone);
                    this.control=control;
    }
    public String toString(){
                    return name+":"+enterYr+":"+telephone;
    }
}
```

| StudentClient.java 파일 |

```
package p3;
import java.io.*;
import java.awt.*;
import java.awt.event.*;
import javax.swing.*;
import java.net.Socket;
@SuppressWarnings("serial")
public class StudentClient extends JFrame
        implements ActionListener,Constants {
  JTextField ipField = new JTextField("127.0.0.1",20);
  JTextField nameField = new JTextField(20);
  JTextField yearField = new JTextField(20);
  JTextField telField  = new JTextField(20);
  JButton connB = new JButton("Connect Server");
  JButton saveB = new JButton("Save");
  JButton findB = new JButton("Find");
  JButton clearB = new JButton("Clear");
  ObjectInputStream ois = null;
  ObjectOutputStream oos = null;
  Socket socket=null;
  Student stud = null;
  public StudentClient(){
    super("Student Network Client");
    initForm();
    setSize(340,180);
    setVisible(true);
    setDefaultCloseOperation(EXIT_ON_CLOSE);
    connB.addActionListener(this);
```

```
        saveB.addActionListener(this);
        findB.addActionListener(this);
        clearB.addActionListener(this);
    }
    public void initForm(){
        JPanel p1 = new JPanel();
        p1.setLayout(new GridLayout(5,1));
        p1.add(new JLabel("Server IP :",JLabel.RIGHT));
        p1.add(new JLabel("Name :",JLabel.RIGHT));
        p1.add(new JLabel("입학년도 :",JLabel.RIGHT));
        p1.add(new JLabel("Telephone :",JLabel.RIGHT));
        p1.add(new JLabel("- buttons -"));
        add(p1,"West");

        JPanel p2 = new JPanel();
        p2.setLayout(new GridLayout(1,2));
        p2.add(ipField);
        p2.add(connB);

        JPanel p22 = new JPanel();
        p22.setLayout(new GridLayout(1,3));
        p22.add(findB); p22.add(saveB); p22.add(clearB);

        JPanel p3 = new JPanel();
        p3.setLayout(new GridLayout(5,1));
        p3.add(p2);
        p3.add(nameField);
        p3.add(yearField);
        p3.add(telField);
        p3.add(p22);
        add(p3,"Center");
    }
      public static void main(String[] a){
        new StudentClient();
      }
    public void actionPerformed(ActionEvent e){
    try {
      if(e.getSource()==connB){
        socket = new Socket(ipField.getText().trim(),7890);
        connB.setText("Connected");
```

```
    connB.setEnabled(false);
    return;
  } else if(e.getSource()==clearB) {
      nameField.setText("");
      yearField.setText("");
      telField.setText("");
  } else if (socket==null) return;
    else if(e.getSource()==saveB){
      String name = nameField.getText().trim();
      int enter =
         Integer.parseInt(yearField.getText().trim());
      String tel = telField.getText().trim();
      stud=new Student(name,enter,tel,SAVE);
      if(oos==null)
      { oos = new ObjectOutputStream(socket.getOutputStream());
        ois = new ObjectInputStream(socket.getInputStream());
      }
      oos.writeObject(stud); oos.flush();
      nameField.setText("");  yearField.setText("");
      telField.setText("");
      return;
  } else if(e.getSource()==findB){
      if(oos==null)
      { oos = new ObjectOutputStream(socket.getOutputStream());
        ois = new ObjectInputStream(socket.getInputStream());
      }
      String name = nameField.getText().trim();
      yearField.setText("");
      telField.setText("");
      stud=new Student(name,0,"",FIND);
      oos.writeObject(stud); oos.flush();
      Student stud2 = (Student)ois.readObject();
      System.out.println("Found from: "+stud2); // 4 debug
      if(stud2.control==FOUND){
       nameField.setText(stud2.name);
       yearField.setText(""+stud2.enterYr);
       telField.setText(stud2.telephone);
      } else nameField.setText("Not Found");
  }
}catch(Exception ex){
```

```
        System.out.println("Error:"+ex);
        System.exit(-1);
    }
    }
}
```

| StudentServer.java 파일 |

```
package p3;
import java.io.*;
import java.net.*;
import java.util.concurrent.*;
public class StudentServer extends Thread implements Constants {
  ObjectOutputStream toClient;
  ObjectInputStream fromClient;
  Socket s=null;
  Semaphore sem = null;
  static int cnt=-1;
  static Student[] students = new Student[100];
  public StudentServer(Socket s, Semaphore sem)throws Exception{
   this.s=s; this.sem = sem;
  }
  public void run(){
   try {
     fromClient = new ObjectInputStream(s.getInputStream());
     toClient = new ObjectOutputStream(s.getOutputStream());
     Student st=null;
     while(true){
      st=(Student)fromClient.readObject();
      switch(st.control){
        case FIND:
         String name = st.name;
         try { sem.acquire();
           for(int i=0; i<=cnt; i++) {
             if(students[i].name.startsWith(name)){
               System.out.println("Found:"+students[i]);//4 debug
             students[i].control=FOUND;
             toClient.writeObject(students[i]);
             toClient.flush();
```

```
            break;
            }
          }
         }catch(InterruptedException ep) {
           }finally{
            sem.release();
           }
        Student tmp = new Student("",0,"",NOTFOUND);
        toClient.writeObject(tmp);
        toClient.flush();
        break;
       case SAVE:
        try {
          sem.acquire();
          students[++cnt]=st;
        }catch(InterruptedException ee){
          System.out.println(ee);
        }finally{
          sem.release();
        }
        for(int i=0; i<=cnt; i++)       // 4 debug
          System.out.println(students[i]);
        break;
    }
   }
}catch(Exception e){
    System.out.println(e+":"+s);
    try {
      toClient.close(); fromClient.close();
    }catch(Exception exp){}
    return;
}
}
public static void main(String[] args)
        throws Exception
{      ServerSocket sSocket = new ServerSocket(7890);
     Semaphore sem = new Semaphore(1);
     System.out.println("Student Server Ready");
     while(true){
    Socket s = sSocket.accept();
```

```
            new StudentServer(s, sem).start();
            System.out.println("Accepted: "+s);
            }
        }
    }
```

실행결과

1. 클라이언트 실행

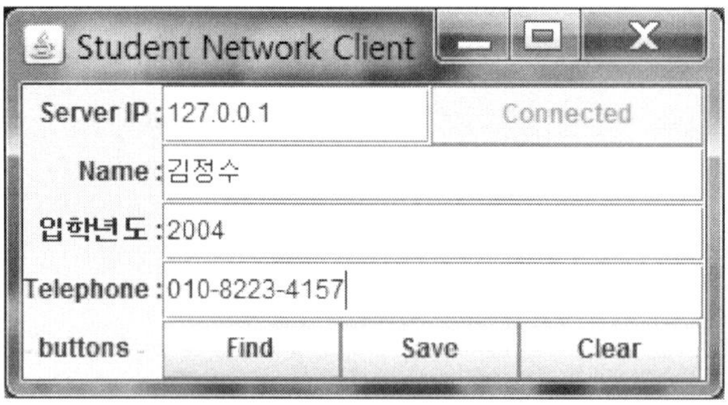

2. 서버 실행

Student Server Ready
Accepted: Socket[addr=/127.0.0.1,port=50661,localport=7890]
김정수:2004:010-8223-4157
Accepted: Socket[addr=/127.0.0.1,port=50663,localport=7890]
김정수:2004:010-8223-4157
김정훈:2009:010-222-4444

※ 서버에서 검색한 객체를 클라이언트에게 전송하여, 클라이언트가 객체를 읽어오는 부분에 bug가 있음. 각자 원인을 분석해보기 바람.

3.6.4 간단한 웹 서버 프로그램

HTTP 프로토콜은 웹에서 가장 많이 사용되는 프로토콜이다. 웹 브라우저가 특정 사이트의 홈페이지를 접속하기 위해서는 URL을 명시하여야 한다. 웹 브라우저와 웹 서버 사이의 HTTP 통신은 TCP/IP 기반으로 클라이언트가 요청하고 서버가 응답함으로써 완료된다.

1) HTTP 요청

웹 클라이언트가 서버에게 전송하는 메시지의 첫째 라인은 매우 중요하며, 다음의 정보를 포함하고 있다.

① GET/POST 방식의 선택

② 접속하고자하는 리소스의 경로명과 파일이름
③ HTTP 프로토콜의 버전

클라이언트 메시지의 첫째 라인의 예

```
① GET / HTTP/1.1 [CR LF]                               // default 페이지 전송 요구
② GET /index.html HTTP/1.1 [CR LF]                     // index.html 문서 요구
③ GET /MyPage/index.html HTTP/1.1 [CR LF]              // /MyPage/index.html 문서 요구
④ POST /cgi-bin/score.cgi HTTP/1.1 [CR LF]             // /cgi-bin/score.cgi 실행 결과 요구
```

웹 클라이언트의 요청에는 웹 브라우저, 클라이언트 도메인, 사용 언어, 문자 셋, 코딩 형식, 수식 가능 파일 형식에 관한 정보를 포함한다. 다음은 웹 클라이언트의 요청 메시지의 예이다.

웹 클라이언트의 요청 메시지 예

```
GET / HTTP/1.1
Accept: image/gif, image/x-xbitmap, image/jpeg, image/pjpeg, */*
Accept-Language: ko
Accept-Encoding: gzip, deflate
User-Agent: Mozilla/4.0 (compatible; MSIE 5.5; Windows 98; Win 9x 4.90)
Host: ikim.hansung.ac.kr:8000
Connection: Keep-Alive
```

2) HTTP 응답

웹 서버가 클라이언트 요구에 응답하는 메시지로서, HTTP 응답 부분의 시작 형식은 다음과 같다.

[응답 형식]

HTTP/*protocol-version response-code* [CR LF]
[LF]
HTML_Document

[실제 예]

```
HTTP/1.1 200 OK [CRLF]
[LF]
<html><body><h1>Hello! HTTP</h1></body></html>
```

다음은 단순한 웹 서버 예제이다. 이 예제를 실행하고, 웹 브라우저로 접속하면, 서버 측에서는 HTTP 요청 내용을 출력하고, 웹 브라우저에는 Hello 메시지를 표시한다. 실행시에 명령행 인자로서 웹서비스 포트를 지정할 수 있다. 명시하지 않으면, 기본값인 8000번 포트로 접속요구를 받는다. 컴퓨터 시스템이

이미 선점하여 사용하고 있는 포트를 지정하는 경우에는 실행 오류가 발생한다. 이 경우 사용하지 않는 다른 포트 번호를 명시하여야 한다.

| 소스 코드 |

```
package p3;
import java.net.*;
import java.io.*;
public class MyWebServer {
  public static void main(String[] args) {
    int port = 8000;
    try {
      port = Integer.parseInt(args[0]);
    }
    catch (Exception e) { }
    try {
      ServerSocket server = new ServerSocket(port);
      System.out.println("My Web Server is Ready");
      int count = 0;
      while (true) {
        count++;
        Socket conn = server.accept();
        try {
          System.out.println("HTTP Req.: " + conn);
          BufferedReader in = new BufferedReader(new
             InputStreamReader(conn.getInputStream()));

          try { int cnt  =1;
            while (cnt <= 7) {
              String str = in.readLine();
              System.out.println(cnt+":"+str);
              cnt++;
            }
          } catch (SocketException e) {}
             catch (IOException e) { System.err.println(e); }

          Thread  outThread =
              new OutputThread(conn.getOutputStream(), count);
          outThread.start();
```

```
          try {
            outThread.join();
          } catch (InterruptedException e) { }
          } catch (IOException e) { System.err.println(e); }

        finally {
          try {
            if (conn != null) conn.close();
          }
          catch (IOException e) {}
        }
      }}
    catch (IOException e) {
      e.printStackTrace();
    }
  }}
class OutputThread extends Thread {
  Writer out;
  int cnt;
  public OutputThread(OutputStream out, int num) {
    this.out = new OutputStreamWriter(out);
    cnt = num;
  }
  public void run() {
    try {
        String[] line = {"HTTP/1.0 200 OK₩r₩n",
              "₩n",
              "<html><body><h1>Hello! HTTP "+cnt+"</h1></body></html>"
        };
        for(int i=0; i<line.length; i++) out.write(line[i]);
        out.flush();
      } catch (IOException e) { System.out.println(e); }
    try {
          out.close();
    } catch (IOException e) { System.out.println(e); }
  }
}
```

실행결과

① 서버측 실행 (포트를 8000으로 지정)

```
E:₩newBook₩add₩ch02>java MyWebServer
My Web Server is Ready
HTTP Req.: Socket[addr=/128.134.168.158,port=1661,localport=8000]
1:GET / HTTP/1.1
2:Accept: */*
3:Accept-Language: ko
4:Accept-Encoding: gzip, deflate
5:User-Agent: Mozilla/4.0 (compatible; MSIE 6.0; Windows 98; YIE6)
6:Host: ikim.hansung.ac.kr:8000
7:Connection: Keep-Alive
```

② 클라이언트측 실행결과

프로그래밍 연습 **앞의 예제를 변경하여, 아침에 웹 서버를 접속하면 "Hello! Good Morning!"을 출력하고 오후에 웹 서버를 접속하면 "Hello! Good Afternoon!"을 출력하며, 저녁 6시 이후에는 "Hello! Good evening!"을 출력하도록 한다.**

≫ 프로그래밍 힌트

- Calendar.getInstance()를 사용하면 Calendar 객체 생성한다.
- java.util.Calendar 클래스의 메소드 get() 메소드를 사용하면 24시간 단위로 표시된 시각을 반환한다. int calendarObj.get(Calendar.HOUR_OF_DAY)
- http://java.sun.com 사이트를 접속한 다음, Calendar를 검색 창에 입력하여 검색한다. 어떠한 생성자와 메소드가 지원되는 지 반드시 살펴보도록 한다.

3.6.5 컴퓨터시스템의 사용 중인 포트 체크

다음은 ServerSocket의 생성자를 사용하여 컴퓨터 시스템에서 사용 중인 포트 번호를 출력한다. 생성자 ServerSocket(port_number) 실행할 때, 이미 port_number가 사용 중이라면, IOException이 발생한다. 많은 포트가 사용 중이라는 것은 컴퓨터 시스템의 많은 응용 프로그램이 외부와 통신을 하고 있다는 증거이다.

| 프로그램 소스 |

```
import java.io.*;
import java.net.*;

public class PortCheck {
  public static void main(String[] args){
                  ServerSocket ss=null;
                  for(int n=1; n<=65535; n++)
                    try {
                    if(n%5000==0) System.out.println("n="+n);
                      ss=new ServerSocket(n);
                      ss.close();
                    } catch(IOException e) {
                      System.out.println(n+"번 포트가 사용중임");
                    }
  }
}
```

실행결과

```
80번 포트가 사용중임
135번 포트가 사용중임
445번 포트가 사용중임
1028번 포트가 사용중임
1050번 포트가 사용중임
1057번 포트가 사용중임
1059번 포트가 사용중임
1060번 포트가 사용중임
n=5000
8000번 포트가 사용중임
n=10000
```

```
n=15000
n=20000
n=25000
n=30000
n=35000
n=40000
n=45000
n=50000
51103번 포트가 사용중임
n=55000
n=60000
n=65000
```

3.7 채팅 프로그램

소켓 프로그램의 가장 중요한 응용 분야는 채팅 프로그램과 파일을 송수신하는 프로그램이다. 이절에서는 채팅 프로그램에 구조에 대해서 알아보기로 한다.

3.7.1 일대일 채팅 프로그램

채팅 클라이언트 프로그램은 기본적으로 멀티스레딩 프로그램이다. 기본적으로 두개의 스레드가 필요하다. 하나의 스레드는 사용자의 키보드 입력을 받아서 상대방에게 전송하는 일을 한다. 다른 스레드는 상대방으로부터 전송받은 메시지를 화면에 출력하는 일을 한다. 1:1 채팅 프로그램은 다음과 같이 실행한다.

① 서버와 클라이언트가 접속하여 통신 소켓을 생성한다.
② 생성된 소켓을 사용하여 데이터 입출력 스트림을 만든다.
③ 스레드를 생성하고, 상대방으로부터 받은 메시지를 화면에 출력시킨다.
④ 메인스레드는 텍스트필드에서 메시지를 입력받아 이벤트 처리(상대방에 전송)한다.

Java ▌채팅 서버 프로그램▐

```
package p4;
import java.io.*;
import java.net.*;
import java.awt.*;
```

```
import java.awt.event.*;
import javax.swing.*;
import javax.swing.border.*;

class ServerTest22 extends JFrame implements Runnable, ActionListener
{ JTextField tf = new JTextField();
   JTextArea ta = new JTextArea();
   private static final long serialVersionUID = 11113L;
   ServerSocket ss;
   Socket s;
   DataOutputStream w;
   DataInputStream r;
   int len;

   public ServerTest22() {
     super("Server Socket Chatter");

     setLayout(new BorderLayout());
     tf.setBorder(new TitledBorder("Enter Message"));
     tf.addActionListener(this);

     add(tf, BorderLayout.SOUTH);
     add(new JScrollPane(ta), BorderLayout.CENTER);
     setLocation(200, 200);
     setSize(400, 250);
     setVisible(true);
     setDefaultCloseOperation(EXIT_ON_CLOSE);
     try {
       ss = new ServerSocket(8888);
       s = ss.accept();
       ta.append("A client connented₩n");

       w = new DataOutputStream(s.getOutputStream());
       r = new DataInputStream(s.getInputStream());

       Thread t = new Thread(this);
       t.start();
     } catch(Exception e) {}
   }
   public void run() {
```

```
        while(true) {
            try {
                String tmp = r.readUTF();
                 ta.append("msg: "+ tmp +"₩n");
                 len = ta.getText().length();
                 ta.setCaretPosition(len);
              } catch(Exception ex) {}
        }
    }
    public void actionPerformed(ActionEvent e) {
      try {
          w.writeUTF(tf.getText());
          ta.append("I: "+tf.getText()+"₩n");
          w.flush();
      } catch(Exception ex) { }
      tf.setText("");
    }
    public static void main( String args[] )
    {
       ServerTest22 fm = new ServerTest22();
    }}
```

▌1:1 채팅 클라이언트 프로그램▐

```
package p4;
import java.io.*;
import java.net.*;
import java.awt.*;
import java.awt.event.*;
import javax.swing.*;
import javax.swing.border.*;

class ClientTest22 extends JFrame implements Runnable, ActionListener
{  JTextField tf = new JTextField();
   JTextArea ta = new JTextArea();
   private static final long serialVersionUID = 11112L;
   static String ip;
   Socket s;
   DataOutputStream w;
   DataInputStream r;
```

```
int len;
public ClientTest22() {
  super("Client Chatter");
  setLayout(new BorderLayout());

  tf.setBorder(new TitledBorder("Enter Message"));
  tf.addActionListener(this);

  add(tf, BorderLayout.SOUTH);
  add(new JScrollPane(ta), BorderLayout.CENTER);

  setLocation(200, 200);
  setSize(400, 250);
  setVisible(true);
  try {
    s =  new Socket(ip, 8888);
    ta.append("The Server connented₩n");

    w = new DataOutputStream(s.getOutputStream());
    r = new DataInputStream(s.getInputStream());

    Thread t = new Thread(this);
    t.start();
  } catch(Exception e) {}
}
public void run() {
   while(true) {
      try {
        String tmp = r.readUTF();
         ta.append("msg: "+ tmp +"₩n");
         len = ta.getText().length();
         ta.setCaretPosition(len);
      } catch(Exception ex) {}
  }
}
public void actionPerformed(ActionEvent e) {
  try {
     w.writeUTF(tf.getText());
     ta.append("I: "+tf.getText()+"₩n");
     w.flush();
```

```
    } catch(Exception ex) { }
    tf.setText("");
  }
  public static void main( String args[] )
  {
    if(args.length==0) ip="127.0.0.1"; else ip=args[0];
     ClientTest22 fm = new ClientTest22();
     fm.setDefaultCloseOperation(EXIT_ON_CLOSE);
  }}
```

실행결과

3.7.2 Vector 사용 멀티 캐스팅 예제

일반적인 다자간 채팅 프로그램은 하나의 멀티캐스팅 서버와 다수의 채팅 클라이언트가 필요하다. 여기서 멀티캐스팅 서버는 클라이언트에게서 받은 메시지를 모든 클라이언트에게 전송하는 일을 한다. 멀티캐스팅 서버가 접속된 모든 클라이언트의 정보를 저장하는데 사용하는 것이 바로 java.util.Vector이다.

채팅 서버를 다루기 전에 먼저 간단한 Date Server 예제 프로그램을 소개한다. 다음은 Vector를 사용하여 Date객체를 접속한 모든 클라이언트에게 전송해주는 역할을 한다. 다음 Date Server가 하는 일을 정리하면 다음과 같다.

① 서버 소켓과 벡터를 생성한다. 자식 스레드를 생성한다.
② 자식 스레드는 1초마다 벡터의 모든 클라이언트에게 Date객체 전송한다.
③ 메인 스레드는 클라이언트의 접속을 기다린다. 새롭게 접속한 클라이언트 정보를 벡터에 저장하고, 새로운 클라이언트의 접속을 기다리는 무한 루프를 실행한다.

| DateServer 프로그램 |

```
package p4;
import java.io.*;
import java.net.*;
import java.util.*;
public class DateServer extends Thread {
   Vector<ObjectOutputStream> vec = null;
   public DateServer(Vector<ObjectOutputStream> vec){
      this.vec = vec;
   }
   public void run(){
    while(true) {
      Date d=new Date();
      Enumeration<ObjectOutputStream> en = vec.elements();
      ObjectOutputStream oos=null;
      try {
        while(en.hasMoreElements()){
          oos = en.nextElement();
          oos.writeObject(d);
          oos.flush();
        }
        Thread.sleep(1000);
      }catch(Exception e){
//         System.out.println(e);  // (1)
//         vec.removeElement(oos); // (2)
      }
    }
   }
   public static void main(String[] args) throws Exception {
    int port =7788;
    ServerSocket ss = new ServerSocket(port);
    Vector<ObjectOutputStream> vec =
              new Vector<ObjectOutputStream>(5);
    new DateServer(vec).start();
    System.out.println("Server Ready");
    while(true){
      Socket s = ss.accept();
      System.out.println("Accepted from "+s);
      vec.addElement(
```

```
        new ObjectOutputStream(s.getOutputStream()));
    }
}}
```

| DateClient 프로그램 |

```
import java.io.*;
import java.net.*;
import java.util.*;
public class DateClient {
  public static void main(String[] args)throws Exception {
            int port = 7788;
            Socket s=null;
            if(args.length>0)
              s = new Socket(args[0], port);
            else
              s = new Socket("127.0.0.1",port);
            ObjectInputStream ois =
              new ObjectInputStream(s.getInputStream());
            while(true){
              Date d=(Date) ois.readObject();
              System.out.println(d.toString());
            }
  }
}
```

실행결과

① 서버 실행 결과

```
Server Ready
Accepted from Socket[addr=/127.0.0.1,port=1870,localport=7788]
```

② 클라이언트 실행 결과

```
Sat Sep 22 00:14:58 KST 2007
Sat Sep 22 00:14:59 KST 2007
Sat Sep 22 00:15:00 KST 2007
Sat Sep 22 00:15:01 KST 2007
......
```

프로그래밍 실습

① **위의 실행결과가 나오는 중간에, 실행중인 Dateclient 클라이언트 프로그램 하나를 강제로 중단시킨다. 그리고 클라이언트를 다시 실행시키면, 실행결과가 어떻게 되겠는가?**

》 잘 동작하지 않는다. 통신불량으로 예외가 발생하므로, 백터의 다음 소켓으로 제어가 넘어가지 않는다.

② **서버를 중단시키고 주석 처리된 (1) 라인의 주석 표시를 삭제하고, ①번을 다시 실행하여 보시오. 잘 동작하지 않는 이유를 설명할 수 있는가?**

③ **서버를 중단시키고 주석 처리된 (1), (2) 라인의 주석 표시를 삭제하고, ①번을 다시 실행하여보시오.**

》 (1),(2) 라인의 기능은 일부 클라이언트가 통신 불량에 빠졌을 때에도 서버의 기능을 계속적으로 수행하기 위한 것이다. 중단된 클라이언트의 정보를 벡터에서 삭제하므로 더 이상 Exception이 발생하지 않으므로, 정상 동작한다.

》 채팅참여자가 여러 명인 경우에, 한 사용자가 통신 불량에 빠질 수 있으므로, 이를 적절히 처리하여야 한다.

3.7.3 채팅 예제 프로그램

가장 일반적인 채팅 프로그램의 구조를 살펴보기로 한다. 다음 채팅 예제는 채팅서버(ChatS2.java)와 채팅클라이언트(ChatC2.java)로 구성된다. 채팅 서버(ChatS2)를 먼저 실행시키고, 채팅 클라이언트(ChatC2)에 서버의 IP와 대화명을 입력하면 서버와 접속된다. 채팅 서버는 클라이언트가 접속할 때마다, 스레드 객체를 생성하여 실행시킨다. 접속할 때마다 생성되는 스레드 객체(Chatter 객체)는 통신 소켓에 대한 정보를 담고 있다. 스레드 객체는 모두 벡터에 저장되어, 채팅 메시지를 broadcasting하는데 사용된다.

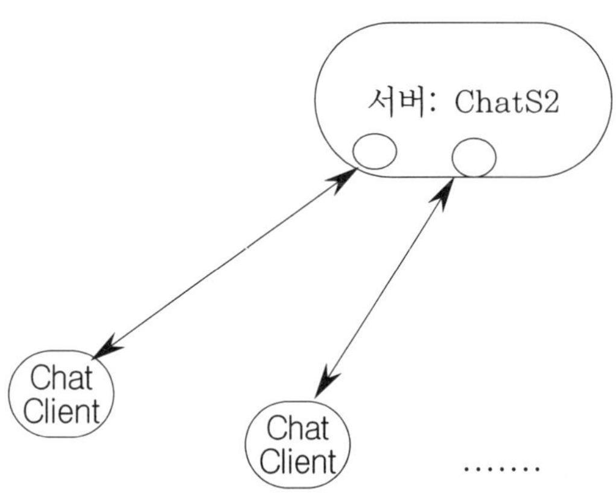

클라이언트가 서버에 접속하면, 가장 먼저 채팅에 사용할 이름을 전송한다. 이는 채팅 ID로 사용되므로 다른 사람과는 반드시 구분되어야 한다.

① 채팅 시작

- 채팅 서버는 "/p"+이름을 모든 클라이언트에게 전송하여 새로운 참가자를 등록하도록 한다. 서버는 관련 스레드 객체를 Vector에 저장해서, 메시지를 broadcasting 하도록 한다.

② 채팅

- 채팅 서버는 클라이언트의 메시지를 [이름]+메시지로 변경하여 모든 클라이언트에게 broadcasting 한다. 클라이언트는 이 메시지를 받아서, 텍스트영역에 그대로 출력한다.

③ 채팅 종료

- 종료 버튼을 누르면, 클라이언트는 서버에게 "/q"를 전송한다. 채팅 서버는 이를 "/q"+이름으로 변경하여 모든 클라이언트에게 전송한다. 클라이언트 채팅참가자가 떠났음을 알리는 메시지를 출력한다. 채팅 서버는 Vector(변수명: vc)에서, 관련 스레드객체를 삭제한다.

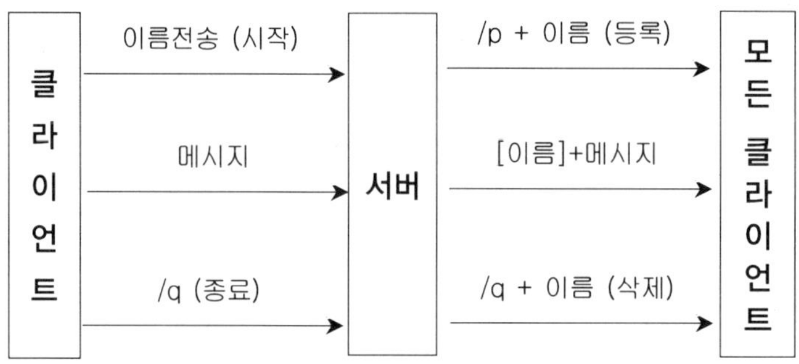

▌채팅 서버 : ChatS2.java ▌

```
import java.io.*;
import java.net.*;
import java.util.*;
public class ChatS2 {
 private ServerSocket ss;
 private Socket soc;
 private Vector<Chatter> vc = new Vector<Chatter>();
 public ChatS2(){
   try{
     ss = new ServerSocket(12345);
     System.out.println("Server Ready...");
   }catch(IOException ee){
     System.err.println("포트가 이미 사용중");
     System.exit(1);
   }
```

```
    }
    public void execute(){
        while(true){
            try{
                soc = ss.accept();
                Chatter chat = new Chatter(soc);
                chat.start();
                System.out.println("접속자:" + chat.getNickName()
                                        + " : " + soc);
                Chatter user=null;
                for(int i = 0; i < vc.size(); i++){
                    user = vc.elementAt(i);
                    user.getOut().write(("/p"
                            + chat.getNickName() + "₩n"));
                    String message = "*** " + chat.getNickName()
                                + "님께서 입장하셨습니다. ***";
                    user.getOut().write((message + "₩n"));
                    user.getOut().flush();
                }
                vc.add(chat);
                for(int i = 0; i < vc.size(); i++){
                    user = vc.elementAt(i);
                    chat.getOut().write(("/p"
                        + user.getNickName() + "₩n"));
                    chat.getOut().flush();
                }
            }catch(IOException ee){
                System.err.println("accept에러 : " + ee);
            }
        }
    }
    class Chatter extends Thread{
        private Socket socket;
        private OutputStreamWriter out;
        private BufferedReader in;
        private String nickname;
        public Chatter(Socket s){
```

```
        socket = s;
        try{
            out = new OutputStreamWriter(socket.getOutputStream());
            in = new BufferedReader(new InputStreamReader(
                                socket.getInputStream()));
            nickname = in.readLine();
        }catch(IOException ee){}
    }
    public void run(){
        String str = null;
        while(true){
            try{
                str = in.readLine();
            }catch(IOException ee){}
            if(str == null){
                continue;
            }
            if(str.charAt(0) == '/'){
                if(str.charAt(1) == 'q'){
                    for(int i = 0; i < vc.size(); i++){
                            Chatter user = vc.elementAt(i);
                            if(user.getNickName().equals(nickname)){
                                    vc.removeElementAt(i);
                                    break;
                            }
                    }
                    for(int i = 0; i < vc.size(); i++){
                            Chatter user = vc.elementAt(i);
                            String sss = "/q" + nickname;
                            try{
                                    user.getOut().write((sss + "₩n"));
                                    user.getOut().flush();
                            }catch(IOException ee){}
                    }
                    break;
                }
            }
```

```
        else{
          for(int i = 0; i < vc.size(); i++){
            Chatter user = vc.elementAt(i);
            String message = "["+nickname + "] " + str;
            try{
//                   System.out.println(i+":"+vc.size()+"mesg:"+message);
                user.getOut().write((message + "₩n"));
                user.getOut().flush();
            }catch(IOException ee){
                // insert some code for fault-tolerance  ① //
            }
          }
    }}}
    public String getNickName(){
      return nickname;
    }
    public OutputStreamWriter getOut(){
      return out;
    }
  }
  public static void main(String[] ar){
    ChatS2 cs =new ChatS2();
    cs.execute();
  }
}
```

▌채팅 클라이언트 : ChatC2.java ▌

```
import java.io.*;
import java.net.*;
import java.awt.*;
import java.awt.event.*;

class ChatC2 extends Frame implements ActionListener, Runnable{
 final static long serialVersionUID=12348938;
 private Label iplb = new Label("서버 IP :", Label.RIGHT);
 private TextField iptf = new TextField("127.0.0.1");
```

```
private Label namelb = new Label("대화명 : ", Label.RIGHT);
private TextField nametf = new TextField();
private TextArea viewta = new TextArea();
private Label talklb = new Label("대화 : ", Label.RIGHT);
private TextField talktf = new TextField();
private Button disconnbt = new Button("끝내기");

private Socket soc;
private OutputStream out;
private BufferedReader in;
private Thread currentTh;

public ChatC2(String str){
   super(str);
   this.init();
   this.start();
   this.pack();
   this.setVisible(true);
}
public void init(){
   this.setLayout(new BorderLayout());
   Panel p = new Panel(new BorderLayout());  //중앙부
   Panel p1 = new Panel(new BorderLayout());//우측부
   this.add("Center", p);
   this.add("East", p1);

   Panel p_1 = new Panel(new GridLayout(1,4));
   p_1.add(iplb);
   p_1.add(iptf);
   p_1.add(namelb);
   p_1.add( nametf);
   p.add("North", p_1);
   viewta.setFont(new Font("Serif",Font.BOLD,14));
   p.add("Center", viewta);
   viewta.setEditable(false);
   Panel p_2 = new Panel(new BorderLayout());
   p_2.add("West", talklb);
   p_2.add("Center", talktf);
   p_2.add("East", disconnbt);
```

```
    p.add("South", p_2);
}
public void start(){
    nametf.addActionListener(this);
    talktf.addActionListener(this);
    disconnbt.addActionListener(this);
}
public void actionPerformed(ActionEvent e){
    if(e.getSource() == nametf )
    {
        String str = nametf.getText().trim();
        if(str == null || str.length() == 0){
            nametf.setText("");
            nametf.requestFocus();
            viewta.setText("이름 입력하세요.");
            return;
        }
        try{
            InetAddress ia = InetAddress.getByName(iptf.getText());
            soc = new Socket(ia, 12345);
            out = soc.getOutputStream();
            in = new BufferedReader(new
                InputStreamReader(soc.getInputStream()));
            out.write((str + "₩n").getBytes());
            currentTh = new Thread(this);
            currentTh.start();
        }catch(IOException ee){
            viewta.setText("서버와 통신 불가능");
            return;
        }
    }
    if(e.getSource() == talktf )
    {
        String message = talktf.getText().trim();
        if(message == null || message.length() == 0){
            talktf.setText("");
            talktf.requestFocus();
            return;
        }
```

```
            try{  out.write((message + "₩n").getBytes());
            }catch(IOException ee){}
            talktf.setText("");
            talktf.requestFocus();
        }
        if(e.getSource() == disconnbt){
            currentTh.interrupt();
            try{
                out.write(("/q" + "₩n").getBytes());
            }catch(IOException ee){}
                System.exit(0);
        }
    }
    public void run(){
        nametf.setEnabled(false);
        talktf.requestFocus();
        viewta.setText("*** 반갑습니다. ***₩n");
        String str = null;
        while(true){
            try{
                str = in.readLine();
            }catch(IOException ee){}
            if(str == null)    continue;
            if(str.charAt(0) == '/'){
                if(str.charAt(1) == 'q'){
                    String name = str.substring(2);
                    viewta.append("# " + name + "님 퇴장하셨습니다. ₩n");
                }
            }
            else    viewta.append(str + "₩n");
        }
    }
    public static void main(String[] ar){
        new ChatC2("채팅 클라이언트");
    }
}
```

실행결과

① 서버의 도스창

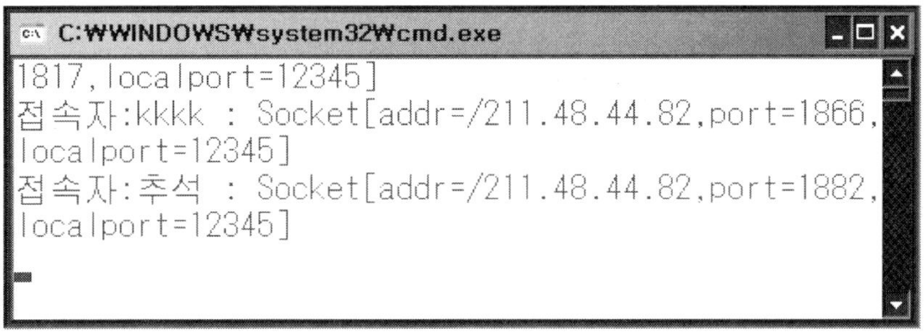

② 채팅 클라이언트

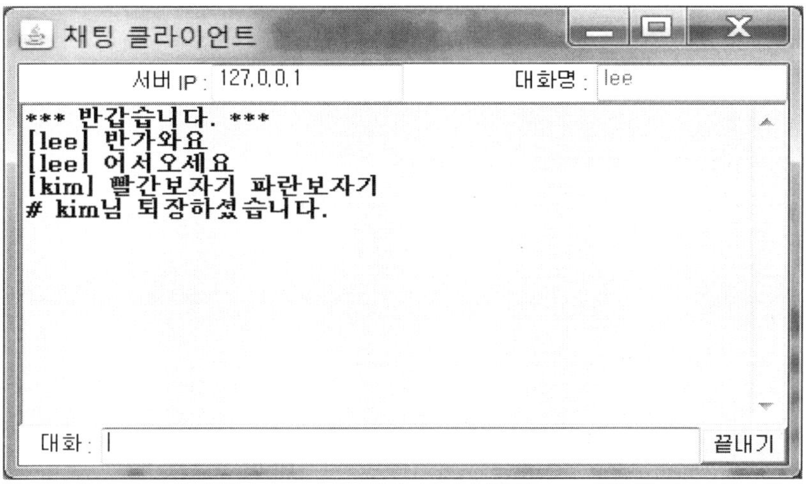

3.7.4 네트워크 장애에 견디는 코드 추가

물리적으로 떨어진 여러 컴퓨터 간에 통신이 이루어지면, 일부 컴퓨터에서 네트워크 연결이 불안해지는 수가 많다. 특히 채팅 참가자가 늘어나면 소켓 연결이 불안해지고 채팅 서버가 제대로 동작하지 못할 가능성이 높아진다. 이러한 네트워크 장애에 대비하기 위해서 다음 코드를 채팅 서버에 추가한다. 소켓 연결이 나빠진 채팅 참가자에게 계속 메시지를 전송하는 것이 아니라, Vector에서 삭제하고, "/q+이름"을 broadcasting 한다.(/q+이름을 전송받은 클라이언트는 명단에서 이름을 삭제한다.) 그리고 연결이 나빠진 채팅 참가자를 담당했던 스레드를 중단시킨다.

프로그래밍 실습

① 앞의 채팅 예제에서, 채팅 클라이언트를 강제로 종료시킨다.

② 그 이후 채팅이 정상적으로 이루어지는지 살펴본다.

③ 프로그램을 중단시키고, 다음 코드를 서버 코드에 추가시킨다.(① 부분)

④ 채팅 예제를 다시 실행시키고, 채팅 클라이언트를 강제로 종료시키고 장애가 발생하는지 알아본다.
⑤ 추가된 소스 코드를 분석해 본다.

ChatS2.java의 ① 부분에 추가할 코드

```
// added for fault tolerance
System.out.println("Error in "+user.getNickName());
vc.remove(user);
System.out.println(user.getNickName()+" removed"
        +"vc.size() ="+vc.size());
String del = "/q"+user.getNickName()+"₩n";
System.out.print(del);
try {
  for(int n=0; n<vc.size(); n++) {
   Chatter tmp = vc.elementAt(n);
   System.out.println("Nick="+tmp.getNickName());
   tmp.getOut().write(del);
   tmp.getOut().flush();
}}catch(IOException exp){
     System.out.println("another exp "+exp);
}
System.out.println(nickname+" : "+user.getNickName());
if(nickname.equals(user.getNickName()))
    return;
// end code for fault tolerance
```

3.7.5 채팅자 명단 나열, 밀담 전송 기능 추가

채팅 클라이언트에 채팅자 명단과 채팅 인원을 표시하고, 원하는 사람에게만 메시지를 전송하는 밀담기능을 기능을 추가하였다.

① 채팅자 명단과 채팅인원 표시기능 추가
- 채팅 서버에 추가된 기능은 없다. 기존과 같이 채팅자가 새로 들어오면 "/p+이름"을 채팅자가 나가면 "q+이름"을 모든 클라이언트에게 전송한다.
- 채팅 클라이언트에서 새로 들어온 사람의 이름을 List에 추가하고, 인원수를 표시한다. 대화를 떠난 사람을 List에서 삭제하고, 표시 인원수를 감소시킨다.

② 밀담 전송 기능

- 밀담 전송을 나타내는 Radio 버튼이 표시되었다면, "/w" + 이름 + message를 채팅 서버에 전송한다.
- 채팅 서버는 "[이름(밀담)] " + message를 1명에게만 전송한다.

③ 통신 불량

- 통신 불량 상태인 사용자가 있다면, 서버는 "/x"+ 이름을 모든 클라이언트에게 전송한다. 통신 불량상태인 사용자의 정보를 Vector에서 삭제하고, 이 사용자(통신 불량상태)의 메시지를 broadcasting 하는 스레드의 실행을 중단시킨다.

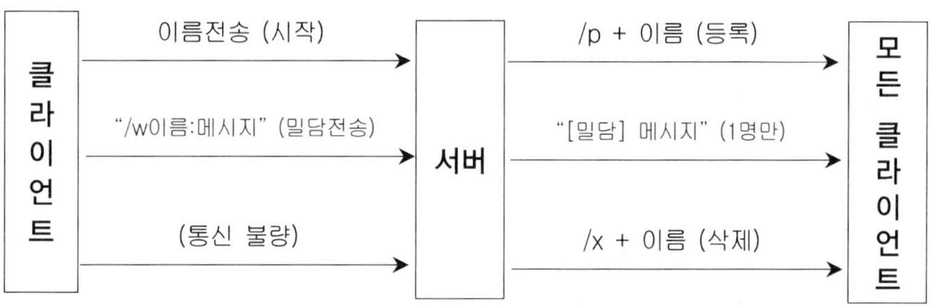

| 채팅 서버 : ChatS3.java |

```
package p4;
import java.io.*;
import java.net.*;
import java.util.*;
public class ChatS3 {
 private ServerSocket ss;
 private Socket soc;
 private Vector<Chatter> vc = new Vector<Chatter>();
 public ChatS3(){
  try{
    ss = new ServerSocket(15001);
    System.out.println("Server Ready...");
  }catch(IOException ee){
    System.err.println("포트가 이미 사용중");
    System.exit(1);
  }
 }
 public void execute(){
  while(true){
    try{
```

```
        soc = ss.accept();
        Chatter chat = new Chatter(soc);
        chat.start();
        System.out.println("접속자:" + chat.getNickName()
                                   + " : " + soc);
        Chatter user=null;
        for(int i = 0; i < vc.size(); i++){
          user = vc.elementAt(i);
          user.getOut().write(("/p"
                + chat.getNickName() + "₩n"));
          String message = "*** " + chat.getNickName()
                            + "님께서 입장하셨습니다. ***";
          user.getOut().write((message + "₩n"));
          user.getOut().flush();
        }
        vc.add(chat);
        for(int i = 0; i < vc.size(); i++){
          user = vc.elementAt(i);
          chat.getOut().write(("/p"
              + user.getNickName() + "₩n"));
          chat.getOut().flush();
        }
      }catch(IOException ee){
        System.err.println("accept에러 : " + ee);
      }
    }
  }
class Chatter extends Thread{
  private Socket socket;
  private OutputStreamWriter out;
  private BufferedReader in;
  private String nickname;
  public Chatter(Socket s){
    socket = s;
    try{
      out = new OutputStreamWriter(socket.getOutputStream());
      in = new BufferedReader(new InputStreamReader(
                                   socket.getInputStream()));
      nickname = in.readLine();
    }catch(IOException ee){}
  }
  public void run(){
    String str = null;
```

```
while(true){
  try{
    str = in.readLine();
  }catch(IOException ee){}
  if(str == null){
    continue;
  }
  if(str.charAt(0) == '/'){
  if(str.charAt(1) == 'w'){
      String name = str.substring(2, str.indexOf(":"));
      String msg = str.substring(str.indexOf(":") + 1);
      for(int i = 0; i < vc.size(); i++){
        Chatter user = vc.elementAt(i);
        if(user.getNickName().equals(name)){
          String secret = "["+nickname+ "(밀담)] " + msg;
          try{
            user.getOut().write((secret +"₩n"));
            user.getOut().flush();
            out.write((secret +"₩n"));
            out.flush();
          }catch(IOException ee){}
        }
      }
    }
    else
    if(str.charAt(1) == 'q'){
      for(int i = 0; i < vc.size(); i++){
        Chatter user = vc.elementAt(i);
        if(user.getNickName().equals(nickname)){
          vc.removeElementAt(i);
          break;
        }
      }
      for(int i = 0; i < vc.size(); i++){
        Chatter user = vc.clementAt(i);
        String sss = "/q" + nickname;
        try{
          user.getOut().write((sss + "₩n"));
          user.getOut().flush();
        }catch(IOException ee){}
      }
      break;
    }
```

```
      }
      else{
        for(int i = 0; i < vc.size(); i++){
          Chatter user = vc.elementAt(i);
          String message = "["+nickname + "] " + str;
          try{
            System.out.println(i+":"+vc.size()+" mesg:"+message);
            user.getOut().write((message + "₩n"));
            user.getOut().flush();
          }catch(IOException ee){  // added for fault tolerance
            System.out.println("Error in "+user.getNickName());
            vc.remove(user);
            System.out.println(user.getNickName()+" removed"
                  +"vc.size() ="+vc.size());
            String del = "/x"+user.getNickName()+"₩n";
            System.out.print(del);
            try {
              for(int n=0; n<vc.size(); n++) {
               Chatter tmp = vc.elementAt(n);
               System.out.println("Nick="+tmp.getNickName());
               tmp.getOut().write(del);
               tmp.getOut().flush();
            }}catch(IOException exp){
                System.out.println("another exp "+exp);
            }
            System.out.println(nickname+" : "+user.getNickName());
            if(nickname.equals(user.getNickName()))
               return;  // end code for fault tolerance
          }
        }
      }
    }
  }
  public String getNickName(){
    return nickname;
  }
  public OutputStreamWriter getOut(){
    return out;
  }
}
public static void main(String[] ar){
  ChatS3 cs =new ChatS3();
  cs.execute();
```

```
  }
}
```

| 채팅 클라이언트: ChatC3.java |

```
package p4;
import java.io.*;
import java.net.*;
import java.awt.*;
import java.awt.event.*;

class ChatC3 extends Frame
            implements ActionListener, Runnable{
  final static long serialVersionUID=12348938;
  private Label iplb = new Label("서버 IP :", Label.RIGHT);
  private TextField iptf = new TextField("127.0.0.1");
  private Label namelb = new Label("대화명 : ", Label.RIGHT);
  private TextField nametf = new TextField();

  private TextArea viewta = new TextArea();
  private Label talklb = new Label("대화 : ", Label.RIGHT);
  private TextField talktf = new TextField();
  private Label inwonlb = new Label("인원 : ", Label.RIGHT);
  private Label inwonlb1 = new Label("0", Label.CENTER);
  private Label inwonlb2 = new Label("명", Label.LEFT);
  private List inwonli = new List(5, false);
  private CheckboxGroup cg = new CheckboxGroup();
  private Checkbox hidecb = new Checkbox("밀담 전송", cg, false);
  private Checkbox voidcb = new Checkbox("밀담 해제", cg, true);
  private Button disconnbt = new Button("끝내기");

  private Socket soc=null;
  private OutputStream out;
  private BufferedReader in;
  private Thread currentTh;

  public ChatC3(String str){
    super(str);
    set_Screen();

    nametf.addActionListener(this);
    talktf.addActionListener(this);
```

```
        disconnbt.addActionListener(this);

        setSize(520,300);
        setVisible(true);
    }
    public void set_Screen(){
        this.setLayout(new BorderLayout());
        Panel p = new Panel(new BorderLayout());
        Panel p1 = new Panel(new BorderLayout());
        this.add("Center", p);
        this.add("East", p1);

        Panel p_1 = new Panel(new GridLayout(1,4));
        p_1.add(iplb);
        p_1.add(iptf);
        p_1.add(namelb);
        p_1.add( nametf);

        p.add("North", p_1);
        viewta.setFont(new Font("Serif",Font.BOLD,14));
        p.add("Center", viewta);
        viewta.setEditable(false);
        Panel p_2 = new Panel(new BorderLayout());
        p_2.add("West", talklb);
        p_2.add("Center", talktf);
        p_2.add("East", disconnbt);
        p.add("South", p_2);

        Panel p1_1 = new Panel(new FlowLayout());
        p1_1.add(inwonlb);
        p1_1.add(inwonlb1);
        p1_1.add(inwonlb2);
        p1.add("North", p1_1);
        p1.add("Center", inwonli);
        Panel p1_2 = new Panel(new BorderLayout());
        Panel p1_2_1 = new Panel(new GridLayout(2, 1));
        p1_2_1.add(hidecb);
        p1_2_1.add(voidcb);
        p1_2.add("Center", p1_2_1);
        Panel p1_2_2 = new Panel(new FlowLayout(FlowLayout.RIGHT));
        p1_2_2.add(disconnbt);
        p1_2.add("South", p1_2_2);
        p1.add("South", p1_2);
```

```
}
public void actionPerformed(ActionEvent e){
  if(e.getSource() == nametf){
    String str = nametf.getText().trim();
    if(str == null || str.length() == 0){
      nametf.setText("");
      nametf.requestFocus();
      viewta.setText("이름을 입력하세요.");
      return;
    }
    try{
      InetAddress ia = InetAddress.getByName(iptf.getText());
      soc = new Socket(ia, 15001);
      out = soc.getOutputStream();
      in = new BufferedReader(new InputStreamReader
                                          (soc.getInputStream()));
      out.write((str + "₩n").getBytes());
      currentTh = new Thread(this);
      currentTh.start();
    }catch(IOException ee){
      viewta.setText("서버와 통신 불가능");
      return;
    }
  }
  if(e.getSource() == talktf
  ){
    String message = talktf.getText().trim();
    if(message == null || message.length() == 0){
      talktf.setText("");
      talktf.requestFocus();
      return;
    }
    if(hidecb.getState() == true){
      String user =
        (inwonli.getSelectedItem()).trim();
      String mymessage = "/w" + user + ":" + message;
      try{
        out.write((mymessage + "₩n").getBytes());
      }catch(IOException ee){}
    }
    else{
      try{
        out.write((message + "₩n").getBytes());
```

```
            }catch(IOException ee){}
        }
        talktf.setText("");
        talktf.requestFocus();
    }
    else
      if(e.getSource() == disconnbt){
          if(soc==null) System.exit(0);
        try{
            out.write(("/q" + "₩n").getBytes());
        }catch(IOException ee){}
          System.exit(0);
    }
}
public void run(){
    nametf.setEnabled(false);
    talktf.requestFocus();
    viewta.setText("*** 반갑습니다. ***₩n");
    String str = null;
    while(true){
        try{
            str = in.readLine();
        }catch(IOException ee){}
        if(str == null){
            continue;
        }
        if(str.charAt(0) == '/'){
            if(str.charAt(1) == 'p'){
                String name = str.substring(2);
                name = name.trim();
                inwonli.add(name);
                int xx = Integer.parseInt(inwonlb1.getText().trim());
                xx++;
                inwonlb1.setText(String.valueOf(xx));
            }
            else
            if(str.charAt(1) == 'q' || str.charAt(1)=='x'){
                String name = str.substring(2);
                for(int i = 0; i < inwonli.getItemCount(); i++){
                    String tmp1 = inwonli.getItem(i);
                    tmp1 = tmp1.trim();
                    if(tmp1.equals(name)){
                            inwonli.remove(i);
```

```
                    break;
                }
            }
            int xx = Integer.parseInt(inwonlb1.getText().trim());
            xx--;
            inwonlb1.setText(String.valueOf(xx));
            if(str.charAt(1)=='q')
               viewta.append("# " + name + "님 퇴장하셨습니다. ₩n");
            else
              viewta.append("# " + name + "님 통신 불통 입니다. ₩n");
          }
        }
        else{
          viewta.append(str + "₩n");
        }
      }
    }
    public static void main(String[] ar){
       new ChatC3("채팅 클라이언트");
    }
  }
```

실행결과

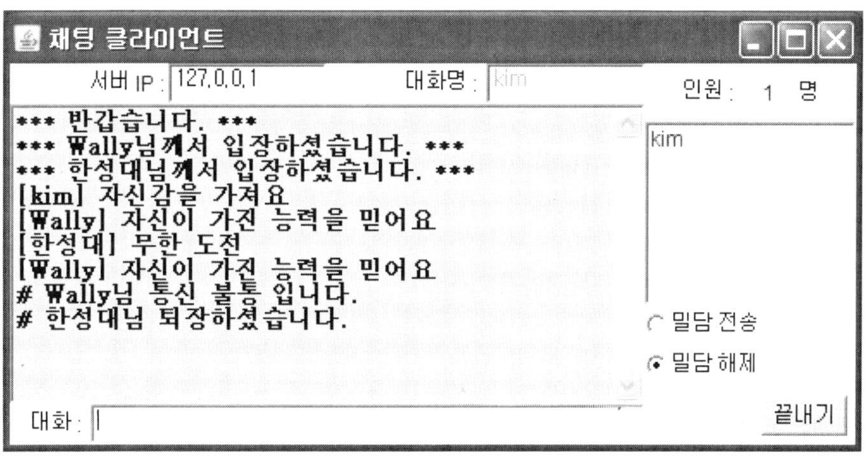

프로그래밍 연습 **중복 채팅명 제거**

다음 코드는 대화명 입력시에 기존의 채팅 참가자와 동일한 이름이 있을 경우, 적절한 조치를 취한다. 다음 코드를 적절히 입력한 다음 실행하시오.

1) 서버측의 Chatter 클래스 생성자 부분

```
public Chatter(Socket s){
      socket = s;
      Chatter user;
      try{
              out = new OutputStreamWriter(socket.getOutputStream());
              in = new BufferedReader(new InputStreamReader(
                                      socket.getInputStream()));
//                      nickname = in.readLine();
// Duplicated nickname check start here
              boolean unique = true;
              while(true) {
System.out.println("이름 중복 체크루틴");                    // 4 debug
                nickname = in.readLine();
                for(int i=0; i<vc.sizc(); i++) {
                  user=vc.elementAt(i);
                  if(nickname.equals(user.getNickName())){
System.out.println("dupldated nickname");  // 4 debug
                      out.write(":reject₩n");
                      out.flush();
                      unique=false;
                      break;
                  }
                }
                if(unique==true) break;
                else unique=true;
              }
              out.write(":accept₩n");
              out.flush();
// Duplicated nickname check end here
      }catch(IOException ee){}
   }
```

2) 클라이언트: ActionPerformed 메소드 부분

```
      try{
              InetAddress ia = InetAddress.getByName(iptf.getText());
// duplicated nickname check start here
```

```
            if(soc==null)
            {   soc = new Socket(ia, 15001);
                    out = soc.getOutputStream();
                    in = new BufferedReader(new InputStreamReader
                                                    (soc.getInputStream()));
                    iptf.setEnabled(false);
            }
            out.write((name + "₩n").getBytes());

            String answer=in.readLine();
System.out.println("answer="+answer);          // 4 debug
            if (answer.startsWith(":reject")) {
              viewta.append(name+": 이름중복: 다른이름을 사용하세요₩n");
              nametf.setText("");
              return;
            }
// duplicated nickname check end here
            currentTh = new Thread(this);
            currentTh.start();
        }catch(IOException ee){
            viewta.setText("서버와 통신 불가능");
            return;
        }
    }
```

실행결과

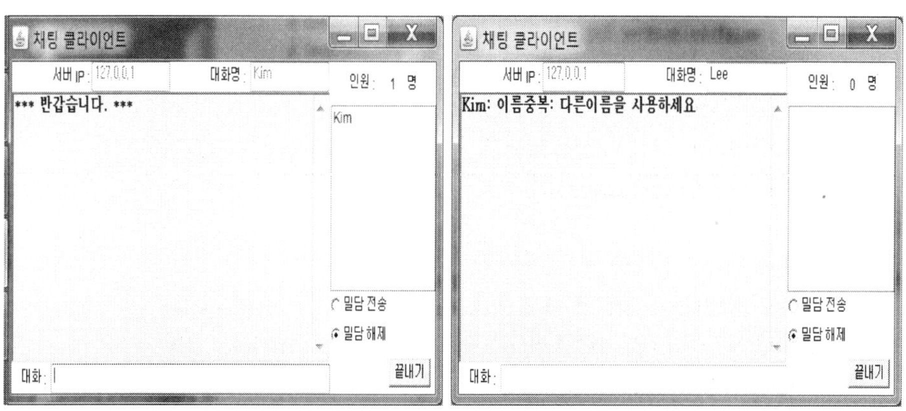

네트워크 틱택토(Tic-Tac-Toe) 게임

다음은 swing으로 작성한 stand-alone Tic-Tac-Toe 게임이다. Tic Tac Toe는 3 x 3 크기의 보드에 O과 X를 번갈아 가면서 두어 어느쪽이든 3개의 돌이 직선이 되면 이기는 게임이다. 우리나라의 오목과 매우 유사하나, 돌을 놓은 위치가 다르고 보드의 크기가 매우 작은 점이 특징이다.

| 예제 프로그램 |

```
package p5.sub1;
import java.awt.Color;
import java.awt.Graphics;
import java.awt.GridLayout;
import java.awt.event.MouseEvent;
import java.awt.event.MouseListener;
import javax.swing.*;
import javax.swing.border.LineBorder;
@SuppressWarnings("serial")
public class Cell extends JPanel
        implements MouseListener {
  int row, column;
  char token = 'B';
  static char myToken='O';
  public Cell(int r, int c){
    row = r; column = c;
    setBorder(new LineBorder(Color.black,1));
    addMouseListener(this);
  }
  protected void paintComponent(Graphics g){
    super.paintComponent(g);
      if (token == 'X') {
        g.setColor(Color.red);
          g.fillOval(10, 10, getWidth() - 20, getHeight() - 20);
          g.setColor(Color.black);
        }
        else if (token == 'O'){
          g.setColor(Color.green);
          g.fillOval(10, 10, getWidth() - 20, getHeight() - 20);
          g.setColor(Color.black);
        }
  }
```

```
 public static void main(String args[]){
  final int ROW=3, COL=3;
  Cell[][] cell = new Cell[ROW][COL];
  JFrame fr = new JFrame("Tic Tac Toe Client");
  fr.setSize(320+(ROW-3)*50,300+(COL-3)*50);
  JPanel p1 = new JPanel();
     p1.setLayout(new GridLayout(ROW,COL));
     for(int x=0; x<ROW; x++)
       for(int y=0; y<COL; y++){
         p1.add(cell[x][y]=new Cell(x,y));
       }
     fr.add(p1,"Center");
  fr.setDefaultCloseOperation(JFrame.EXIT_ON_CLOSE);
  fr.setVisible(true);
  }
public void mouseClicked(MouseEvent me) {
  if(token=='B') {
  token=myToken;
  if(myToken=='O') myToken='X';
  else myToken='O';
  repaint();
  }
}
@Override
public void mouseEntered(MouseEvent arg0){}
@Override
public void mouseExited(MouseEvent arg0){}
@Override
public void mousePressed(MouseEvent arg0){}
@Override
public void mouseReleased(MouseEvent arg0){}
}
```

실행결과

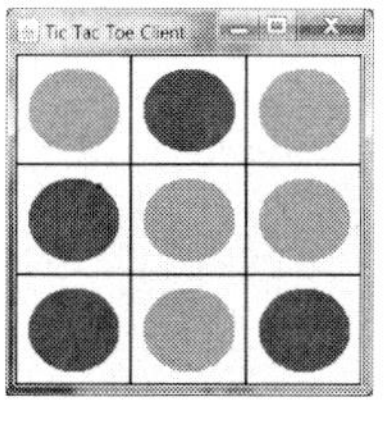

p5.sub2의 TestWon.java는 두 플레이어중에서 어느 선수가 이겼는지를 판별하는 프로그램이다. 특히 틱-택-토우가 3X3의 좁은 보드였는데, 이를 m * n 사이즈로 확장하였다. TestWon.java 프로그램에는 세 개의 정적 상수가 있는데 COL은 보드 컬럼의 수를, ROW는 보드 줄수를, WIN_LENGTH는 승리에 필요한 길이를 나타낸다. ROW, COL, WIN_LENGTH를 변경함으로서, 게임 속성을 변경할 수 있다.

| TestWon.java |

```
package p5.sub2;
public class TestWon {
  final static int COL=4, ROW=4, WIN_LENGTH=3;
  public static void main(String[] a){
    char[][] cell={
    {'O','O','X','O'},
    {'X','X','O','X'},
    {'O','O','X','O'},
    {'X','X','O','O'}
    };
    System.out.println("is X won? "+isWon('X',cell));
  }
  static boolean isWon(char mark, char[][] cell){
        int count;
        for(int i=0; i<ROW; i++)
        for(int j=0; j<=COL-WIN_LENGTH;j++)
        { count=0;
          for(int k=j; k<j+WIN_LENGTH; k++)
          if(cell[i][k]==mark) count++;
          if (count==WIN_LENGTH) return true;
        }
        for(int i=0; i<COL; i++)
        for(int j=0;j<=ROW-WIN_LENGTH;j++) {
          count=0;
          for(int k=j; k<j+WIN_LENGTH;k++)
             if(cell[k][i]==mark) count++;
          if (count==WIN_LENGTH) return true;
        }
        for(int i=0; i<=COL-WIN_LENGTH; i++)
        for(int j=0; j<=ROW-WIN_LENGTH; j++){
          count=0;
          for(int m=i,n=j,cnt=0;cnt<WIN_LENGTH;cnt++,m++,n++)
```

```
            if(cell[m][n]==mark) count++;
          if (count==WIN_LENGTH) return true;
        }
        for(int i=WIN_LENGTH-1;i<ROW;i++)
        for(int j=0;j<=COL-WIN_LENGTH; j++) {
          count=0;
          for(int m=i,n=j,cnt=0;cnt<WIN_LENGTH;cnt++,m--,n++)
          {   if(cell[m][n]==mark) count++;
              System.out.printf("%d:%d=%d₩n",m,n,count);
          }
          if (count==WIN_LENGTH) return true;
        }
        return false;
    }
}
```

실행결과는 다음 보드에서 X 마크가 연속 3개가 나열되었으며, true를 아니면 false를 표시한다. 실행결과는 맨아래줄 둘째칸부터 대각선 오른쪽으로 연속 세 개의 X마크가 있으므로, true가 된다.

```
{'O','O','X','O'},
{'X','X','O','X'},
{'O','O','X','O'},
{'X','X','O','O'}
```

p5.sub2 패키지와 p5.sub3 패키지에는 TicTacToe 클라이언트와 서버 프로그램이 작성되어 있으므로, 실행하여 보기 바란다. (서버를 먼저 실행시킨 후,클라이언트는 2개를 실행한다.)

틱택토는 원래 3*3이므로 너무 단순하다. p5.sub3 패키지의 TicTacServer.java와 TicTacClient.java는 틱택토를 5개 의 돌이 직선이 되면 승리하도록 변경하였다. 네트워크 플레이가 가능하며, 프로그램이 누가 승리하였는지 판단하여 준다. 실행한 결과는 다음 그림과 같다. 보드의 크기를 크게하여, 오목과 같이 5개의 돌이 직선을 이루면 승리하게 된다.

실행결과

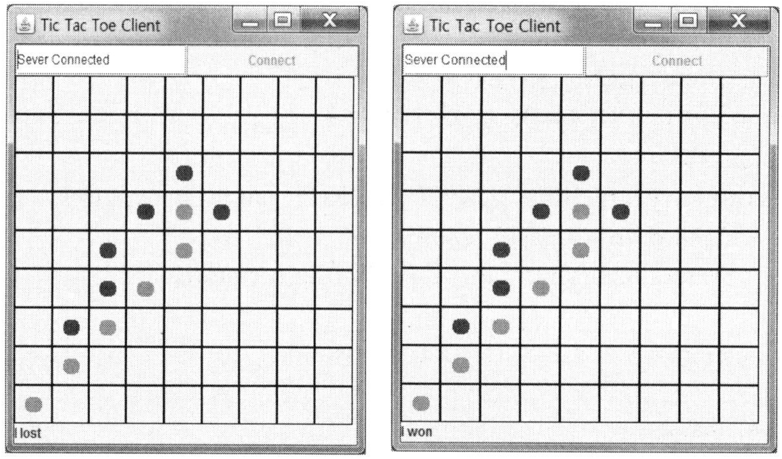

Tic Tac Toe 프로그램 설명 (p5.sub3 패키지)

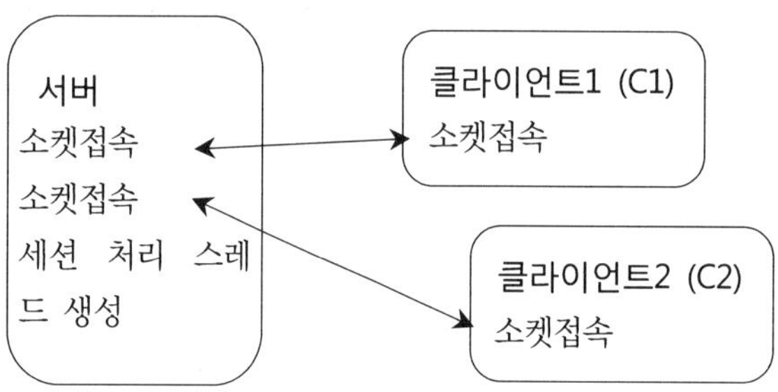

1) Tic-Tac-Toe 서버의 기능

소켓 프로그래밍을 위해서는 클라이언트와 서버간에 명확한 동작 시나리오를 정의하는 것이 필수적이다. p5.sub3의 틱-택-토 서버와 클라이언트의 기능을 설명하면 다음과 같다.

① 클라이언트의 접속을 기다림 첫 번째 접속한 클라이언트에게 PLAYER1(정수값)을 전송하고, 두 번째 접속한 클라이언트에게는 PLAYER2(정수값)을 전송함
  - 보드 상태 저장 배열 cell[][] 초기화

② C1에게 플레이 시작을 명함: out1.writeInt(CONTINUE)

③ C1 플레이 좌표 정보 입수 분석
  - C1이 승리하였는지 체크, 승리시 메시지 전송
  - 돌을 더 놓을수 없게 되었다면, 무승부 전송
  - 앞의 두상태가 아니면, C2에게 플레이를 명함.

④ C2 플레이 좌표 정보 입수 분석

- C2이 승리하였는지 체크, 승리시 메시지 전송
- 돌을 더 놓을수 없게 되었다면, 무승부 전송
- 앞의 두상태가 아니면, C1에게 플레이를 명함.
- ③으로 되돌아감

2) 클라이언트의 기능

① m*n개의 셀(각 셀은 JPanel)로 구성된 보드를 그림

② 각 셀은 마우스 이벤트 처리를 위해, MouseListener에 등록

③ 서버와 접속 후, 서버로부터 플레이어 번호(player변수에 저장됨)를 받음. 플레이어 번호는 자신이 첫 번째 플레이어('X')인지, 두 번째 플레이어('O')인지 구분함.

≫ 여기서 player 변수값에 따라 PLAYER1이면 ④를 반복 실행. 아니면 ⑤를 반복 실행한다.

④ PLAYER1은 ④를 반복 실행한다.

- player 변수값이 PLAYER1이면(첫번째 플레이어 인 경우) 자신이 둘차례이다. (소스: p5.sub3.TicTacClient.java의 86번 라인)
- waiting 변수 false가 될 때까지 기다렸다가, (rowSel, colSel)값을 서버에 전송한다. rowSel, colSel의 값은 사용자가 클릭한 cell에 대한 정보이다.
- waiting 변수값은 보드를 클릭하여 움직임을 표시하여야 true로 변환된다. 이 변환부분은 mouseClicked(MouseEvent e) 메소드에 명시되어 있다.(동일 소스: 165번 라인)
- 서버로부터 플레이 상태 정보를 얻는다. P1이 승리/ P2가 승리하였다/ 비겼다(draw)의 메시지가 수신되면 적절한 메시지를 출력하고 continuePlay를 false로 설정한다. continuePlay가 false로 설정되면, 더 이상 서버로 메시지를 전송하지 않는다.
- 만일 게임이 종료되지 않았으면, 상대방 움직임 정보를 수신하여 화면에 표시한다.

⑤ PLAYER2는 ⑤를 반복 실행한다.

- 서버로부터 플레이 상태 정보를 얻는다. P1이 승리/ P2가 승리하였다/ 비겼다(draw)의 메시지가 수신되면 적절한 메시지를 출력하고 continuePlay를 false로 설정한다. continuePlay가 false로 설정되면, 더 이상 서버로 메시지를 전송하지 않는다.
- 만일 게임이 종료되지 않았으면, 상대방 움직임 정보를 수신하여 화면에 표시한다.
- waiting 변수 false가 될 때까지 기다렸다가, (rowSel, colSel)값을 서버에 전송한다. rowSel, colSel의 값은 사용자가 클릭한 cell에 대한 정보이다.
- waiting 변수값은 보드를 클릭하여 움직임을 표시하여야 true로 변환된다.

※ 네트워크 프로그램은 기존의 stand-alone 프로그램에 비해 프로그래밍하기가 매우 어렵다. 특히 오류를 발견하고, 수정하는 디버깅은 더욱 어렵다. 많은 프로그래밍 경험이 필요하다.

프로그래밍 연습

- Tic-Tac-Toe 프로그램에 다음 기능을 추가하여 구현해보시오.

① 시간 제한 기능
② 복기 기능
③ 관전자 기능, 채팅 기능
④ 무르기 기능
⑤ 기타 부족한 기능

※ 소스코드의 Chap3 디렉토리의 connect4.v4 패키지의 Conn4.java 프로그램은 Connect four게임을 stand-alone 형태로 작성한 것이다. 이를 네트워크 플레이가 가능하도록 변경해 보시오.

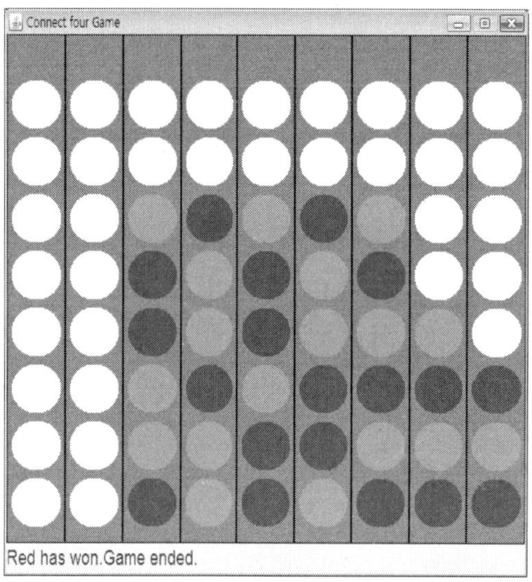

3.8 UDP(User Datagram Protocol)

자바의 Socket, ServerSocket 클래스는 TCP 전송방식을 지원하며, DatagramSocket은 UDP 전송방식을 지원한다. TCP 소켓은 상호 연결된 상태를 유지하며 통신을 하므로 높은 신뢰성을 유지한다. 그러나 적은 데이터의 전송에는 오버헤드(overhead)가 너무 많다. UDP는 TCP에 비해 신뢰성은 다소 떨어지지만 연결을 설정하지 않으며, 네트워크 트래픽에 따라 각 패킷이 다른 경로를 사용할 수 있으므로 네트워크 사용 효율이 높다고 하겠다. 특히 TCP 전송과는 달리 UDP 전송에서는 전송한 메시지가 수신되었는지, 수신 소켓이 준비가 되어 있는지를 전혀 체크하지 않는다. 그러므로 송신측에서는 전송한 메시지가 수신되었는지 알 수 없다.

3.8.1 DatagramPacket

자바의 Socket 클래스는 TCP 프로토콜만을 지원하므로, UDP 통신을 하기 위해서는 DatagramPacket, DatagramSocket 클래스를 사용하여야 한다. UDP에서는 데이터를 패킷단위로 전송하므로 사용자는 먼저 데이터를 패킷단위로 나누어 담아야 한다. 자바의 DatagramPacket 클래스가 이러한 작업을 가능하도록 해준다. 즉 자바 프로그래머는 DatagramPacket 클래스를 사용하여 데이터를 패킷으로 만든 후에 DatagramSocket을 통해 전송하게 된다. DatagramPacket 클래스의 생성자는 다음과 같다.

- 생성자
  ① DatagramPacket(byte[] buffer, int size)
     - 주어진 크기의 버퍼를 가진 수신용 DatagramPacket을 생성.
  ② DatagramPacket(byte[] buffer, int size, InetAddress ia, int port)
     - 주어진 크기의 버퍼, IP주소, 포트번호를 가진 송신용 DatagramPacket 생성.
  ③ DatagramPacket(byte[] buffer, int offset, int size, InetAddress ia, int port)
     - 주어진 시작위치 및 크기의 버퍼, IP주소, 포트번호를 가진 송신용 패킷생성

DatagramPacket 클래스에서 지원되는 메소드를 정리하면 다음과 같다.

| 표 3-6 | DatagramPacket의 메소드

메소드	설 명
InetAddress getAddress()	데이터를 전송할 컴퓨터 주소반환
byte[] getData()	패킷데이터를 바이트배열로 반환
int getLength()	패킷의 바이트 수를 반환
int getPort()	포트 번호를 반환
int getOffset()	데이터의 offset 반환
void setAddress(InetAddress ia)	주어진 인터넷 주소로 설정
void setData(byte buf[])	buf의 내용을 패킷의 데이터로 설정
void setLength(int size)	패킷의 크기를 바이트 단위 size로 설정
void setPort(int port)	패킷의 포트 번호를 설정

❙ 데이터 그램 패킷 정보 출력 예제

❙ DatagramPacketShow.java ❙

```
package p6;
import java.net.*;
public class DatagramPacketShow {
   public static void printInfo(DatagramPacket dp) {
      System.out.println("InetAddress = " + dp.getAddress());
      System.out.println("soc-address = " + dp.getSocketAddress());
      System.out.println("data = " + new String(dp.getData()));
      System.out.println("data length = " + dp.getLength());
      System.out.println("data offset = " + dp.getOffset());
      System.out.println("port = " +
               dp.getPort());dp.getSocketAddress();
   }
   public static void main(String[] ar){
      byte[] data = "데이터 그램 패킷, 반가와요.".getBytes();
      DatagramPacket dp = null;
      InetAddress ia = null;
      InetSocketAddress isa = null;
      try{
      ia = InetAddress.getByName("www.hansung.ac.kr");
      isa = new InetSocketAddress(ia,7788);
      }catch(UnknownHostException ee){}
      try{
// 다음 2줄 중에 한줄을 선택하여 (주석 변경 필요) 실행
//       dp = new DatagramPacket(data, data.length, isa);
         dp = new DatagramPacket(data, 7, data.length-7, isa);

      }catch(SocketException ee){}
      printInfo(dp);
      dp.setData("Hello! Datagram Packet.".getBytes());
      dp.setPort(9909);
      try {
         dp.setAddress(InetAddress.getByName("www.naver.com"));
      } catch(UnknownHostException ee){}
```

```
        printInfo(dp);
    }
}
```

실행결과

```
InetAddress = www.hansung.ac.kr/128.134.165.1
soc-address = www.hansung.ac.kr/128.134.165.1:7788
data = 데이터 그램 패킷. 반가와요.
data length = 20
data offset = 7
port = 7788
InetAddress = www.naver.com/222.122.84.250
soc-address = www.naver.com/222.122.84.250:9909
data = Hello! Datagram Packet.
data length = 23
data offset = 0
port = 9909
```

3.8.2 DatagramSocket

DatagramSocket 클래스는 데이터그램 패킷을 전송하거나 수신하기 위한 소켓 기능을 제공하는 클래스이다. DatagramSocket 클래스는 다음과 같은 생성자를 가진다.

- 생성자

① DatagramSocket()

- 사용가능한 포트 중 하나를 사용하는 데이터그램 소켓을 생성한다.

② DatagramSocket(int port)

- 주어진 포트를 사용하는 데이터그램 소켓을 생성한다.

③ DatagramSocket(int port, InetAddress ia)

- 주어진 포트와 IP 주소를 사용하는 데이터그램 소켓을 생성한다.

다음은 DatagramSocket 클래스에서 지원되는 주요 메소드를 정리한 것이다.

| 표 3-7 | DatagramSocket 클래스의 주요 메소드

메소드	설 명
void receive(DatagramPacket o)	데이터그램 패킷을 전송받는다.
voic bind(SocketAddress addr) throws SocketException	특정 주소와 포트에 바인딩한다.
void connect(InetAddress addr, int port) IllegalArgumentExeption, SecurityException	특정 주소와 포트에 연결한다.
void connect(SocketAddress addr) throws SocketException	특정 주소와 포트에 연결한다.
void disconnect()	연결 종료
void setSoTimeout(int timeout)	최대 대기시간 밀리초 설정
void setSendBufferSize(int size)	전송 버퍼의 크기 설정
void send(DatagramPacket p)	데이터그램 패킷을 전송한디.
int getLocalPort()	소켓의 지역 포트를 반환한다.
int getPort()	소켓의 원격 포트를 반환한다.
InetAddress getInetAddress()	소켓이 연결된 IP 주소를 반환
InetAddress getLocalAddress()	소켓의 지역 IP 주소를 반환.
voic close()	데이터그램 소켓을 닫는다.

▌데이터 그램 소켓 정보 출력 예제

▌DatagramSocketShow.java ▌

```
import java.net.*;
public class DatagramSocketShow {
  public static void printInfo(DatagramSocket ds){
    try {
     System.out.println("broadcast = " + ds.getBroadcast()); //broadcast 지원여부
     System.out.println("buffer Size = " + ds.getReceiveBufferSize());
     System.out.println("send buffer = " + ds.getSendBufferSize());
     System.out.println("timeout = " + ds.getSoTimeout());
     System.out.println("traffic = " + ds.getTrafficClass());
    }catch(SocketException e) {}
  }
```

```
    public static void main(String[] ar){
        InetSocketAddress isa = null;
        try{
            isa = new InetSocketAddress(
                    InetAddress.getByName("www.hansung.ac.kr"),7788);
        }catch(UnknownHostException ee){}
        DatagramSocket ds=null;
        try{
            ds = new DatagramSocket();
            ds.bind(isa);
        }catch(SocketException ee){}
        printInfo(ds);
        try{
// 다음 줄을 주석 처리하고 실행해보기 바람.
            ds.setSoTimeout(2000);
            ds.setSendBufferSize(10240);
        }catch(SocketException ee){}

        byte[] bb = new byte[1024];
        DatagramPacket dp = new DatagramPacket(bb, bb.length);
        try{
            ds.receive(dp);
        }catch(java.io.IOException ee){
            System.out.println("time out expired.");
        }
        byte[] bb1 = "Sample Data".getBytes();
        DatagramPacket dpdp = null;
        try{
            dpdp = new DatagramPacket(bb1,
                    bb1.length, InetAddress.getByName("www.hansung.ac.kr"),80);
        }catch(UnknownHostException ee){}
        try{
            ds.send(dpdp);
        }catch(java.io.IOException ee){
            System.out.println("send error: "+ee);
        }
        printInfo(ds);
    }
}
```

실행결과

```
broadcast = true
buffer Size = 8192
send buffer = 8192
timeout = 0
traffic = 0
time out expired.
broadcast = true
buffer Size = 8192
send buffer = 10240
timeout = 2000
traffic = 0
```

다음은 문자열 데이터를 UDP 방식으로 송수신하는 자바 프로그램이다. UDPSender 프로그램은 사용자로부터 목적지 IP나 도메인 이름을 입력받고, 메시지를 목적지 호스트에 전송한다. 사용자가 "end"라는 문자열을 입력하면 종료된다. UDPReceiver 프로그램은 수신된 메시지를 출력한다(문자열 "ServerEnd"이 수신되면 종료).

| 예제 프로그램 |

1) 패킷 수신 프로그램

```
import java.net.*;
public class UDPReceiver {
  public static void main(String[] args){
    String str=null;
    DatagramSocket ds=null;
    DatagramPacket dp=null;
    byte[] buf=null;
    try {
      ds = new DatagramSocket(4488);
    }catch(SocketException ee) {System.out.println(ee);}
    while(true){
      buf=new byte[1024];
      dp=new DatagramPacket(buf, buf.length);
      try {
        ds.receive(dp);
      }catch(Exception e) {System.out.println(e);}
      str = new String(dp.getData());
```

```
// 다음줄을 주석 처리하고 실행해보자.
    str = str.trim();
    System.out.println(str);
    if(str.equals("ServerEnd")) {
      System.out.println("Sever is dead");
      break;
    }
  }}}
```

2) 패킷 전송 프로그램

```
import java.net.*;
import java.io.*;
class UDPSender {
  public static void main(String[] args) throws Exception
  {
    String input = "";
    int port = 4488;
    BufferedReader in = new BufferedReader(new
                    InputStreamReader(System.in));
    System.out.print("Enter IP or Domain Name:");
    String ip = in.readLine();
    DatagramSocket ds = new DatagramSocket();
    InetAddress ia = InetAddress.getByName(ip);
    while(true) {
      System.out.print("Enter Data: ");
      input = in.readLine();
      if(input.equals("end")) break;
      byte buf[] = input.getBytes(); // 문자열을 바이트 배열로 변환
      DatagramPacket dp = new DatagramPacket(buf, buf.length, ia, port);
      ds.send(dp);
    }
  }}
```

실행결과

여러개의 클라이언트 동시에 실행하여 서버에 문자열을 전송하는 것이 가능하다.

1) 송신측 실행 결과

```
Enter IP or Domain Name:127.0.0.1
Enter Data: Hello
Enter Data: How are you doing these days?
Enter Data: ServerEnd
```

Enter Data: end

2) 수신측 실행 결과

Hello
How are you doing these days?
ServerEnd
Sever is dead

3.8.3 데이터 그램 패킷을 사용한 1:1 채팅 예제

다음은 데이터 그램을 사용한 간단한 1:1 채팅 예제 프로그램이다. 채팅 클라이언트를 실행할 때, 명령행 인자로 채팅 서버의 IP나 도메인 이름을 명시하여야 한다. 그렇지 않을 경우, 서버 IP를 127.0.0.1로 간주한다. 프로그램의 기능을 간단히 설명하면 다음과 같다.

① 멀티 스레드를 사용한다. 생성된 스레드는 상대방의 메시지를 수신하여 Text Area에 출력하는 역할을 수행한다.

② 채팅 서버 및 클라이언트가 메시지를 송신하는 포트와 수신하는 포트를 각기 달리하였다. 동일한 컴퓨터에서 채팅 서버와 클라이언트가 실행되는 경우, 하나의 포트를 사용하면 메시지가 상대방에게 전송되지 않는 현상이 발생한다.

③ 패킷을 수신하는 경우, 기존의 바이트 배열을 재사용하면 전에 수신한 메시지가 남아있음에 유의한다. 특히 새로 받은 메시지가 전에 받은 메시지에 비해 짧으면 발생한다.

④ 수신된 패킷의 바이트 배열로부터 생성한 문자열은 반드시 trim()을 적용한다. trim()은 전송된 메시지 뒤의 공란을 삭제한다.

| UDPChatServer.java 소스코드 |

```
import java.net.*;
import java.awt.*;
import java.awt.event.*;
import javax.swing.*;

class UDPChatServer extends JFrame
          implements Runnable, ActionListener {
   public static final long serialVersionUID=11223344;

  JTextArea ta = new JTextArea();
  JTextField tf = new JTextField();
```

```
    int SIZE = 40;
    InetAddress ia = null;
    int port1 = 7788, port2=7799;

    DatagramSocket ds1, ds2;
    DatagramPacket dp1, dp2;
    byte[] msg1, msg2;
    Thread th;
    public UDPChatServer() {
        super("UDP Chat Server");
        Container c = getContentPane();
        c.setLayout(new BorderLayout());

        ta.setEditable(false);
        c.add(new JScrollPane(ta), BorderLayout.CENTER);
        c.add(tf, BorderLayout.SOUTH);
        tf.addActionListener(this);

        setLocation(1, 200);
        setSize(400, 300);
        setVisible(true);

        th= new Thread(this);
        th.start();
    }
    public void run() {
    try {
      String str;
      ds1 = new DatagramSocket(port1);
      while(true) {
         msg1 = new byte[SIZE];
         dp1 = new DatagramPacket(msg1, SIZE);
         ds1.receive(dp1);
         ia = dp1.getAddress();
         str = new String(dp1.getData());
         ta.append("mesg: "+str.trim()+"₩n");
      }
     } catch(Exception e) { e.printStackTrace(); }
   }
    public void actionPerformed(ActionEvent e) {
```

```
  try {
     if (ia==null) return;
     String tmp = tf.getText();
     ta.append("Send:"+tmp+"₩n");
     msg2 = tmp.getBytes();
     ds2=new DatagramSocket();
     dp2=new DatagramPacket(msg2, msg2.length, ia, port2);
     ds2.send(dp2);
     tf.setText("");
  } catch(Exception exp) { exp.printStackTrace(); }
  }
  public static void main(String args[]) {
     UDPChatServer fm = new UDPChatServer();
                    fm.setDefaultCloseOperation(EXIT_ON_CLOSE);
}}
```

| UDPChatClient.java 소스코드 |

```
import java.net.*;
import java.awt.*;
import java.awt.event.*;
import javax.swing.*;

class UDPChatClient extends JFrame
          implements Runnable, ActionListener {
   public static final long serialVersionUID=10203041;
  JTextArea ta = new JTextArea();
  JTextField tf = new JTextField();

  int SIZE = 40;
  static InetAddress ia = null;
  int port1 = 7788, port2=7799;

  DatagramSocket ds1, ds2;
  DatagramPacket dp1, dp2;

  byte[] msg1, msg2;
  Thread th;

  public UDPChatClient() {
```

```
        super("UDP Chat Client");
        Container c = getContentPane();
        c.setLayout(new BorderLayout());

        ta.setEditable(false);
        c.add(new JScrollPane(ta), BorderLayout.CENTER);
        c.add(tf, BorderLayout.SOUTH);
        tf.addActionListener(this);

        setLocation(400, 300);
        setSize(400, 300);
        setVisible(true);

        th= new Thread(this);
        th.start();
    }
    public void run() {
    try {
      String str;
      ds2 = new DatagramSocket(port2);
      while(true) {
         msg2 = new byte[SIZE];
         dp2 = new DatagramPacket(msg2, SIZE);
         ds2.receive(dp2);
         str = new String(dp2.getData());
         ta.append("mesg: "+str.trim()+"₩n");
      }
     } catch(Exception e) { e.printStackTrace(); }
   }
    public void actionPerformed(ActionEvent e) {
    try {
        if (ia==null) return;
        String tmp = tf.getText();
        ta.append("Send:"+tmp+"₩n");
        msg1 = tmp.getBytes();
        ds1=new DatagramSocket();
        dp1=new DatagramPacket(msg1, msg1.length, ia, port1);
        ds1.send(dp1);
        tf.setText("");
    } catch(Exception exp) { exp.printStackTrace(); }
```

```
    }
    public static void main(String args[]) throws Exception {
        UDPChatClient fm = new UDPChatClient();
        if (args.length>0) ia = InetAddress.getByName(args[0]);
        else ia=InetAddress.getByName("127.0.0.1");
                        fm.setDefaultCloseOperation(EXIT_ON_CLOSE);
}}
```

실행결과

UDPChatServer 프로그램에서는 전송받은 클라이언트 메시지를 통해, 클라이언트의 IP 주소 정보를 얻어낸 다음, 클라이언트에게 메시지를 전송한다.

☞ 이클립스로 Java UDP 통신 프로그램을 작성하면, 양방향으로 메시지가 전달되지 않는 경우가 많다. 이런 경우에는 도스창에서 실행시키거나, Textpad와 같은 IDE를 사용하면 정상 동작한다. 이클립스의 버그로 사료된다.(?)

1) 채팅 서버

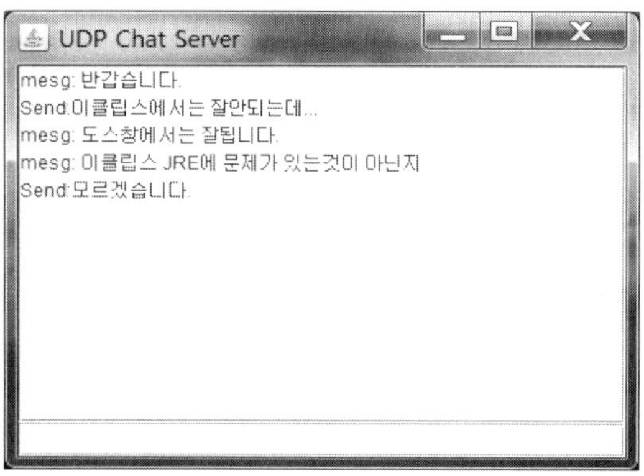

2) 채팅 클라이언트

E:₩>java UDPChatClient 211.48.43.90

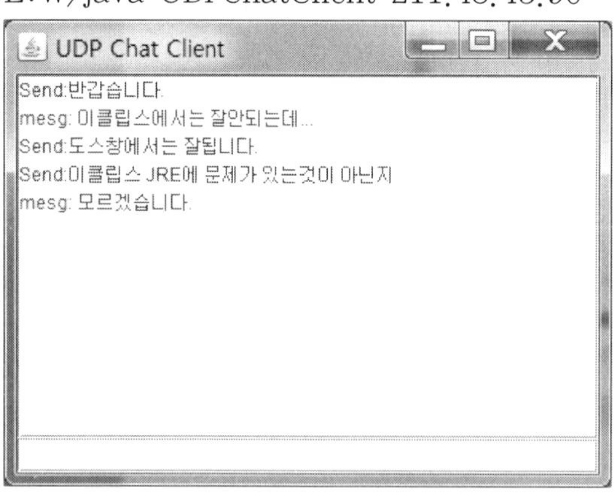

3.8.4 UDP 사용 다자간 채팅 프로그램

- 채팅 클라이언트는 채팅 서버의 IP 주소를 알고 있어야 하며, 미리 약속된 포트에 접속요구 UDP 패킷을 전송하여 접속한다.
- 채팅 서버는 접속한 모든 채팅 클라이언트의 저장하고 있어야 한다.
- 채팅 클라이언트의 정보는 Chatter 클래스에 정의되며, 이름(채팅 닉네임: 문자열), 클라이언트 주소(문자열), 클라이언트 포트(정수)로 구성된다.
- 클라이언트가 보내는 UDP 패킷의 종류는 3가지이다.
  ① 접속 요구 패킷
  ② 접속 해지 패킷
  ③ 일반 채팅 메시지 패킷
- 채팅 서버는 접속 요구 패킷을 받으면,
  ① 새로운 클라이언트에게 기존 접속자 정보를 알려준다.
  ② 새로운 클라이언트 정보를 ArrayList에 저장한다.
  ③ ArrayList안에 있는 모든 접속자에게 새로운 클라이언트가 접속되었음을 알린다.
- 채팅 서버는 접속 해지 패킷을 받으면,
  ① 해지 패킷을 보낸 클라이언트 정보를 ArrayList에서 삭제한다.
  ② ArrayList안에 있는 모든 접속자에게 클라이언트가 삭제되었음을 알린다.
- 일반 채팅 메시지 패킷을 받으면, ArrayList의 모든 접속자에게 메시지를 브로드캐스트 한다.

≫ 이 예제도 ChatClient는 이클립스가 아닌 도스(DOS)창에서 실행하여야 정상 동작한다.
≫ 프로그램을 작성하면서, 프로그램 오류 수정을 위해 사용하였던 System.out.println()문을 그대로 두었다. 이클립스에서 제공되는 debugging 기능을 사용하는 것이 더 바람직하다.

Java ▌채팅 서버 코드: ChatServer.java▐

```
package p6;
import java.io.*;
import java.net.*;
import java.util.ArrayList;
class Chatter {
 String name;
 String addr;
 int port;
 Chatter(String n, String a, int p){
    name = n; addr = a;
```

```
    port = p;
System.out.println("("+name+":"+addr+":"+port+")");//
  }
}
public class ChatServer extends Thread {
   static int sendPort=0, recePort=2401;
   ArrayList<Chatter> lst= new ArrayList<Chatter>(10);
   DatagramSocket sendSoc=null, receSoc=null;
   DatagramPacket sendP, receP;
   InetAddress ia=null;
   public static void main(String[] a){
    new ChatServer().start();
   }
   void broadcast(String str)throws IOException {
  byte[] msg=str.getBytes();
  InetAddress dest;
System.out.println("in bcast:"+str);//
  for(int i=0;i<lst.size();i++){
     dest=InetAddress.getByName(lst.get(i).addr);
     sendPort=lst.get(i).port;
System.out.println(i+":"+dest+":"+sendPort+" mesg="+str);//
     sendP=new DatagramPacket(msg, msg.length, dest, sendPort);
     sendSoc.send(sendP);
  }
   }
   public void run(){
   try {
System.out.println("Sever Ready");//
  sendSoc=new DatagramSocket();
  receSoc=new DatagramSocket(recePort);
  String cmd, name;
  byte[] msg;
  int Size = 50;
  while(true){
    msg=new byte[Size];
    receP=new DatagramPacket(msg,Size);
    receSoc.receive(receP);
    ia = receP.getAddress();
    cmd = new String(receP.getData()).trim();
System.out.println(cmd+" received from "+ia);//
```

```
    if(cmd.startsWith("*conn:")){
      name=cmd.substring(6, cmd.lastIndexOf(":"));
      int port = Integer.parseInt(cmd.substring(cmd.lastIndexOf(":")+1));
System.out.println("name="+name+":port="+port);//

      for(int i=0; i<lst.size(); i++){
        byte[] conMsg =("*conn:"+lst.get(i).name).getBytes();
        sendP=new DatagramPacket(conMsg, conMsg.length, ia, port);
        sendSoc.send(sendP);
      }

      lst.add(new Chatter(name, ia.getHostAddress(),port));
      cmd=cmd.substring(0, cmd.lastIndexOf(":"));
    } else if(cmd.startsWith("*quit")) {
      name=cmd.substring(6);
      for(int i=0;i<lst.size();i++)
        if(name.equals(lst.get(i).name)){
          lst.remove(i);
          break;
        }
    }
System.out.println("Just Befor broadcast:"+cmd);//
    broadcast(cmd);
 }}catch(Exception e){
     System.out.println(e);
     System.exit(-1);
 }
  }}
```

▌채팅 클라이언트 코드: ChatClient.java ▌

```
package p6;
import java.io.*;
import java.net.*;
import java.awt.*;
import java.awt.event.*;
@SuppressWarnings("serial")
public class ChatClient extends Frame
      implements ActionListener, Runnable {
```

```
    TextField nickName = new TextField(15);
    TextField ipField = new TextField("127.0.0.1",20);
    Button connBtn = new Button("Connect");
    TextArea msgArea = new TextArea();
    List inwon = new List(10, false);
    TextField inField = new TextField(48);
    Button stopBtn = new Button("Stop Chatting");
    DatagramSocket sendSoc=null, receSoc=null;
    DatagramPacket sendPack,recePack;
    static int sendPort=2401, recePort=0;
    String ip=null, name=null;
    InetAddress ia = null;
    void initialize(){
      Panel p = new Panel();
      p.add(new Label("Sever IP:",Label.RIGHT));
      p.add(ipField);
      p.add(new Label("NickName:",Label.RIGHT));
      p.add(nickName);
      p.add(connBtn);
      add("North",p);
      add("Center",msgArea);
      add("East",inwon);
      Panel p2 = new Panel();
      p2.add(inField);
      p2.add(stopBtn);
      add("South",p2);
    }
    void event_conn(){
      connBtn.addActionListener(this);
      stopBtn.addActionListener(this);
      inField.addActionListener(this);
    }
    public ChatClient() throws Exception {
      sendSoc=new DatagramSocket();
      recePort=1024+(int)(Math.random()*28000);
  System.out.println("rece:"+recePort);
      receSoc=new DatagramSocket(recePort);

      initialize();
      event_conn();
```

```
}
public static void main(String[] args)
                                throws Exception {
  ChatClient cc = new ChatClient();
  cc.setSize(550, 320);
  cc.setVisible(true);

  new Thread(cc).start();  // new thread created
}
public void run(){
  String cmd, name;
  byte[] msg=null;
  int Size=50;
  while(true){
   msg=new byte[Size];
   recePack=new DatagramPacket(msg,Size);
   try {
     receSoc.receive(recePack);
   }catch(IOException iop){
     System.out.println("Rece Error:"+iop);
   }
   cmd=new String(recePack.getData()).trim();
   if (cmd.substring(0,5).startsWith("*conn")){
     name=cmd.substring(6);
     inwon.add(name);
   } else if(cmd.substring(0,5).startsWith("*quit")){
       name=cmd.substring(6);
       for(int i=0;i<inwon.getItemCount();i++)
       if(name.equals(inwon.getItem(i))){
        inwon.remove(i);
          break;
       }

   } else msgArea.append(cmd+"₩n");
  }
}
public void actionPerformed(ActionEvent av) {
if(av.getSource()==connBtn){
  ip = ipField.getText().trim();
  name=nickName.getText().trim();
```

```
    if(ip.length()==0||name.length()==0){
     msgArea.append("IP & Name required₩n");
       return;
    }
    try {
      ia= InetAddress.getByName(ip);
    }catch(UnknownHostException uxp){
       msgArea.append("IP is wrong");
       return;
    }
    String cmd="*conn:"+name+":"+recePort;
    byte[] msg= cmd.getBytes();
    sendPack=new DatagramPacket(msg,msg.length,ia,sendPort);
    try {
      sendSoc.send(sendPack);
    }catch(IOException ioe){
     msgArea.append("Err:"+ioe+"₩n");
    }
    connBtn.setEnabled(false);
    return;
} else if(av.getSource()==stopBtn){
     if(ia!=null) {
          String cmd="*quit:"+name;
          byte[] msg= cmd.getBytes();
          sendPack=new DatagramPacket(msg,msg.length,ia,sendPort);
          try {
           sendSoc.send(sendPack);
        }catch(IOException ioe){
           msgArea.append("Err:"+ioe+"₩n");
        }
     }
     System.exit(0);
} else if(ia!=null){
    String words = inField.getText().trim();
    inField.setText("");
    byte[] msg = (name+":"+words).getBytes();
    sendPack=new DatagramPacket(msg,msg.length,ia,sendPort);
       try {
        sendSoc.send(sendPack);
    }catch(IOException ioe){
```

```
            msgArea.append("Err:"+ioe+"₩n");
        }
      }
      }
  }
```

실행결과

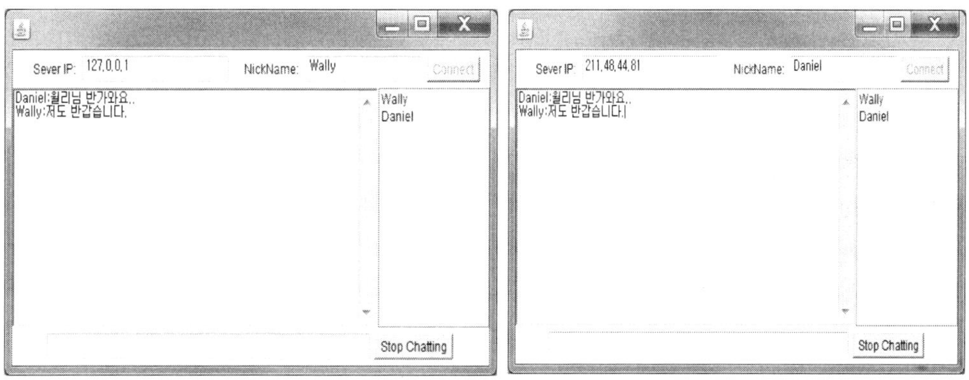

3.8.4 UDP 사용 파일 송수신

다음은 UDP를 사용하여 4Kbyte 단위로 패킷을 만들어 파일을 전송하고 수신하는 예제 프로그램이다.

- UDP는 신뢰성이 낮다.
- UDP에서는 파일 수신이 준비되어 있지 않더라도 파일 송신에는 아무런 문제가 없다.
- 패킷을 손실되는 것을 막기 위해 다음 패킷을 바로 전송하지 않고 20ms의 휴식시간을 가진 후에 전송한다.
- 여러 프로그램이 동시에 파일을 전송하면, 수신 프로그램은 이를 구분하지 못하므로 수신 파일이 뒤죽박죽이 된다. 주의가 필요하다.

① UDPFileSender : 먼저 파일이름과 파일의 크기를 전송한다. 그 다음 전송할 파일을 4Kbyte 단위 패킷으로 만들어 서버 측에 전송한다.

② UDPFileReceiver : 전송받은 패키지를 파일로 복원하여 텍스트 영역에 출력한다. 파일 전송 프로그램보다 이 프로그램을 먼저 실행하여야 한다.

| UDPFileReceiver.java 소스 코드 |

```
package p6;
import java.io.*;
import java.net.*;
public class UDPFileReceiver extends Thread {
  final static int BUFSIZE=4096, port=4499;
  String fname=null;
  int fsize=0;
  DatagramSocket ds =null;
  DatagramPacket dp =null;
  byte[] buf = null;
  FileOutputStream fo=null;
  public static void main(String[] args){
   new UDPFileReceiver().start();
  }
  public void run(){
   try{
    ds= new DatagramSocket(port);
     while(true){
     buf= new byte[128];
     dp= new DatagramPacket(buf, buf.length);
     ds.receive(dp);
     fname= new String(dp.getData()).trim();
     fsize=Integer.parseInt(
       fname.substring(fname.indexOf(":")+1));
     fname= fname.substring(0,fname.indexOf(":"));
     fo=new FileOutputStream(fname);
System.out.println(fname+", Total points ="+(fsize/BUFSIZE+1));
     for(int i=0; i<fsize; i+=BUFSIZE){
       buf= new byte[BUFSIZE];
       dp= new DatagramPacket(buf, buf.length);
       ds.receive(dp);
       fo.write(dp.getData());
if(i%(BUFSIZE*80)==0) System.out.println();
System.out.print(".");
     }
     int extra = fsize%BUFSIZE;
     buf= new byte[extra];
     dp= new DatagramPacket(buf,buf.length);
```

```
      ds.receive(dp);
      fo.write(dp.getData());
      fo.close();
System.out.println("₩n"+fname+" is received.");
      }
    }catch(SocketException e){
    }catch(IOException ex){
    }
  }
}
```

| UDPFileSender.java 소스 코드 |

```
package p6;
import java.io.*;
import java.net.*;
public class UDPFileSender {
  public static void main(String[] a)throws Exception{

  int port=4499, BUFSIZE=4096;
  DatagramPacket dp=null;
  DatagramSocket ds= new DatagramSocket();
  BufferedReader br=new BufferedReader(new
                              InputStreamReader(System.in));
  System.out.print("Server IP:");
  String ip = br.readLine();
  InetAddress ia = InetAddress.getByName(ip);
  System.out.print("File name:");
  String fname = br.readLine();
  File f = new File(fname);
  int fsize = (int) f.length();
  String mesg = fname+":"+fsize;
  FileInputStream fi = new FileInputStream(f);
  byte[] buf = mesg.getBytes();
  dp= new DatagramPacket(buf,buf.length,ia,port);
  ds.send(dp);
System.out.println("Total points ="+(fsize/BUFSIZE+1));
  for(int i=0; i<fsize; i+=BUFSIZE){
    Thread.sleep(20);
```

```
        buf= new byte[BUFSIZE];
        fi.read(buf);
        dp= new DatagramPacket(buf, buf.length,ia,port);
        ds.send(dp);
  if(i%(BUFSIZE*80)==0) System.out.println();
  System.out.print(".");
     }
     int extra = fsize % BUFSIZE;
     buf = new byte[extra];
     fi.read(buf);
     dp= new DatagramPacket(buf, buf.length,ia,port);
     ds.send(dp);
     fi.close();
     }
  }
```

실행결과

```
1) UDPFileReceiver 실행 결과
movie.flv, Total points =351

..............................................................
..............................................................
..............................................................
..............................................................
.............................
movie.flv is received.

2) UDPFileSender 실행 (수신측 IP와 전송할 파일을 명시)
Server IP:211.48.44.81
File name:movie.flv
Total points =351
.............................................................
.............................................................
.............................................................
.............................................................
.............................계속하려면 아무 키나 누르십시오 .
```

실습

- 동시에 여러개의 UDPFileSender를 실행하여, 여러개의 파일을 동시에 전송하면 어떻게 되는지 살펴보시오.
- 수신도중에 UDPFileReveiver의 실행을 중단해보시오. 파일송신은 어떻게 되는가?
- 다음 프로그램(JFileSender.java)은 UDPFileSender를 swing gui를 사용하여 다시 작성한 것이다. 실행하여 원하는 파일을 전송하시오.

| JFileSender.java |

```
import java.io.*;
import java.net.*;
import javax.swing.*;
import java.awt.event.*;
@SuppressWarnings("serial")
public class JFileSender extends JFrame
        implements ActionListener{
  JFileChooser jfc = new JFileChooser(".");
  int port=4499,BUFSIZE=4096;
  DatagramPacket dp=null;
  DatagramSocket ds=null;
  JLabel ip=new JLabel("Recevier IP:",JLabel.RIGHT);
  JTextField tf=new JTextField("127.0.0.1",25);
  JButton btn = new JButton("* Select & Send File *");
  JPanel panel = new JPanel();
  JTextArea ta = new JTextArea();
  File f = null;
  String fname=null;
  int fsize=0;
  InetAddress ia=null;
  byte[] buf=null;
  public JFileSender(){
  try{
    ds=new DatagramSocket();
  }catch(SocketException se){
    System.out.println(se);
  }
  btn.addActionListener(this);
  panel.add(ip); panel.add(tf);
```

```
add("North", panel);
add("Center", new JScrollPane(ta));
add("South", btn);
setSize(400,320);
setVisible(true);
setDefaultCloseOperation(EXIT_ON_CLOSE);
}
public static void main(String[] arg){
  new JFileSender();
}
public void actionPerformed(ActionEvent e){
if (tf.getText().trim().length()<5){
  ta.append("먼저 IP를 입력하세요₩n");
  return;
}
try {
  ia = InetAddress.getByName(tf.getText().trim());
}catch(Exception ex){
   System.out.println(ex);
   ta.append("IP 형식이 잘못되었습니다.₩n");
   return;
}
jfc.showDialog(this, "Select File");
f = jfc.getSelectedFile();
fname = f.getName();
fsize = (int) f.length();
ta.append(fname+" is sending.₩n");
String mesg = fname+":"+fsize;
try {
  FileInputStream fi = new FileInputStream(f);
  byte[] buf = mesg.getBytes();
  dp= new DatagramPacket(buf,buf.length,ia,port);
  ds.send(dp);
  ta.append("Total points ="+(fsize/BUFSIZE)+"₩n");
  for(int i=0; i<fsize; i+=BUFSIZE){
    Thread.sleep(20);
    buf= new byte[BUFSIZE];
    fi.read(buf);
    dp= new DatagramPacket(buf, buf.length,ia,port);
    ds.send(dp);
```

```
      if(i%(80*BUFSIZE)==0) ta.append("₩n");
      ta.append(".");
    }
    int extra = fsize % BUFSIZE;
    buf = new byte[extra];
    fi.read(buf);
    dp= new DatagramPacket(buf, buf.length,ia,port);
    ds.send(dp);
    fi.close();
    ta.append("₩n"+fname+" has sent.₩n");
  }catch(Exception ex){
    System.out.println(ex);
    System.exit(-1);
  }}}
```

실행결과

프로그래밍 과제

소스코드의 p6.bingo 패키지에 저장된 자바소스(BingoBoard.java)는 임의의 크기(Max)에 알맞은 빙고 보드를 채워 주는 프로그램이다. 보드를 클릭하면, 선택된 번호의 네모칸이 안으로 들어간다.

2-5명의 인원이 네트워크를 통해 빙고게임을 즐길수 있도록 빙고 게임을 설계 구현하시오. 다음의 제약사항은 준수한다.

① 플레이어는 자신이 원하는 보드가 표시될 때까지 몇 번이고 빙고보드를 다시 그릴수 있어야 한다.
② 보드사이즈는 가변적이어야 한다. (5*5, 6*6, 7*7)
③ 게임하는 인원수도 가변적이어야 한다. (2명-5명)
④ 각 플레이어의 빙고 여부는 프로그램으로 체크하여야 한다.
⑤ 보드 크기가 Max * Max인 경우, 1등의 빙고의 수가 Max개 나오면 종료한다.
⑥ UDP 패킷과 소켓을 사용하여 구현한다.
⑦ 기타 자세한 사항은 각자 설계하고 구현한다.

p6.bingo.BingoBoard.java의 실행결과

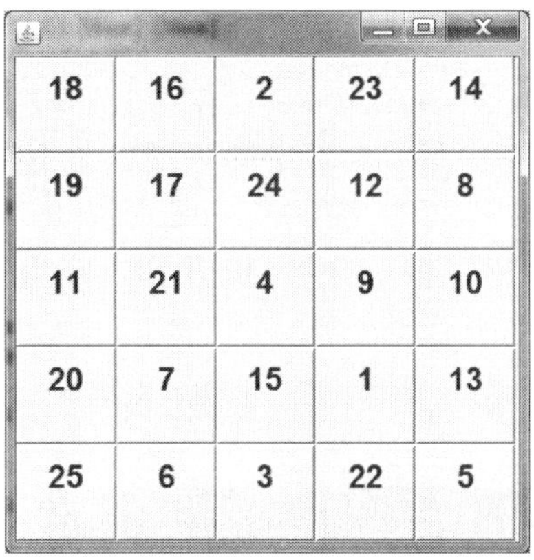

3.9 Multicast 프로그래밍

멀티 캐스팅은 송신한 메시지를 여러 노드에서 수신할 수 있도록 프로그래밍하는 것을 의미한다. Local Area Network에서는 일반적으로 메시지가 모든 노드에 broadcasting 되며, NIC(네트워크 인터페이스 카드)가 선택적으로 메시지를 수신한다. 즉 메시지의 목적지가 하나의 노드가 아니라 여러 개인 것이다.

자바 프로그램에서 멀티 캐스팅을 하기위해서는 java.net.MulticastSocket을 사용해야. java.net.MulticastSocket 클래스는 DatagramSocket의 서브 클래스이며, 서버가 전송하는 패킷을 여러 클라이언트가 동시에 수신하기 위하여 사용한다. MulticastSocket에 대해서 정리하면 다음과 같다.

① 서버가 전송하는 패킷을 여러 클라이언트가 동시에 수신하기 위해서 사용
② 일종의 DatagramSocket이며, 데이터 그램 소켓의 포트를 사용한다.

※ 자바언어에서 TCP 포트와 UDP 포트는 서로 다른 주소 공간을 사용하며, 각각 2의 16개씩 사용가능하다. 즉 TCP 포트 2000번은 UDP 포트 2000번과 충돌없이 사용할 수 있다.

③ 멀티캐스팅 서버는 패킷의 목적지 IP를 멀티 캐스트 그룹의 IP 사용.
④ 멀티 캐스트 그룹 안에 있는 모든 호스트(물론 적절한 hop 이내)에게 전송한다.
⑤ 멀티캐스팅을 위해서는 D 클래스 IP를 사용해야한다.
⑥ D 클래스 IP의 범위는 224.0.0.1 ~ 239.225.225.255 이다.

3.9.1 MulticastSocket

1) 생성자

① MulticastSocket() throws IOException
② MulicastSocket(int port) throws IOException
③ MulticastSocket(SocketAddress sa)throws IOException
 – 주어진 포트를 사용하여 멀티캐스트 소켓을 생성한다.

2) MulticastSocket에서 지원되는 메소드

메소드	설 명
int getTimeToLive()	전송 멀티캐스트 패킷의 수명(TimeToLive)을 반환
void joinGroup(InetAddress a)	멀티캐스트 그룹에 합류함
void leaveGroup(InetAddress a)	멀티캐스트 그룹을 떠남
void setTimeToLive(int ttl)	멀티 캐스트 패킷의 수명을 설정
InetAddress getInterface()	멀티캐스트 패킷에 사용된 네트워크 인터페이스의 주소를 반환
void setInterface(InetAddress a)	멀티캐스트 네트워크 인터페이스 설정 (복수 NIC가 설치된 경우에 선택)
boolean getLoopbackMode()	루프백모드지원 여부 반환(127.0.0.1 사용 가능 여부)
void setLoopbackMode(boolean b)	루프백 모드 설정
void setTTL(byte ttl)	deprecated 메소드, setTimeToLive() 권장
byte getTTL()	deprecated 메소드, getTimeToLive() 권장

MulticastSocket은 DatagramSocket의 하위 클래스이므로, close(), connect(), getInetAddress(), getLocalAddress(), getLocalPort(), getPort(), getRecevieBufferSize(), getSendBufferSize(), send(), receive() 사용 가능하다.

3.9.2 멀티캐스트 소켓 프로그래밍 과정.

1) 패킷 송신측

① InetAddress 클래스의 정적 메소드 getByName()를 사용하여, D 클래스에 속한 IP의 (224.0.0.1 ~ 239.255.255.255 중에서 택일) InetAddress 객체를 생성한다.

ex) InetAddress ia=InetAddress.getByName("225.1.2.3");

② 생성된 InetAddress 객체와 약속된 포트를 사용하여, 패킷을 만든다.

ex) byte[] buf = stringMessage.getBytes();

DatagramPacket dp =

new DatagramPacket(buf, buf.length, ia, port);

③ 일반 데이터그램 소켓을 사용하여 패킷을 전송한다.

ex) *datagramSocket*.send(dp);

2) 패킷 수신측

① 약속된 포트번호를 사용하여 MulticastSocket 객체 생성한다. 이때 사용하는 포트 번호는 송신측과 일치시켜야 한다.

ex) MulticastSocket ms = new MulticastSocket(port);

② D클래스의 IP를 사용하여, InetAddress 객체를 생성한다. 이때 사용하는 D 클래스의 IP 주소는 송신측과 일치시켜야 한다.

ex) InetAddress ia=InetAddress.getByName("225.1.2.3");

③ MulticastSocket 객체의 joinGroup() 메소드를 사용하여 멀티캐스트 그룹에 연결한다. 그리고 MulticastSocket 객체를 사용하여 패킷을 수신한다.

ex) ms.joinGroup(ia);

ms.receive(*datagramPacket*);

3.9.3 멀티캐스트 예제 프로그램

다음은 MulticastSocket을 사용하여 서버가 매2초마다 시간을 읽어서 다수의 클라이언트에게 전송하는 예제 프로그램이다. 멀티캐스트 소켓의 프로그래밍 과정을 살펴본다. (클래스의 모든 학생들은 MulticastReceive.java를 실행시키고, 교수는 MulticastSender.java와 MulticastReceive.java를 동시에 실행한다)

▌전송 프로그램: MulticastSender.java ▌

```
package p7;
import java.net.*;
import java.util.*;
public class MulticastSender {
    int port =7789;
    DatagramSocket socket;;
    public void run() throws Exception {
```

```
        socket = new DatagramSocket();//what if (port) is in?
        while (true) {
           try {
              byte[] buf = new byte[50];
              String date = new Date().toString();
               buf = date.getBytes();
               InetAddress dAddr =
                InetAddress.getByName("228.4.4.8");
               DatagramPacket packet =
                   new DatagramPacket(buf, buf.length, dAddr, port);
               socket.send(packet);
               Thread.sleep(2000);
           } catch (Exception e) {
                 e.printStackTrace();
                 socket.close();
           }
        }
    }
    public static void main(String[] args) throws Exception {
        new MulticastSender().run();
}}
```

| 수신 프로그램 : MulticastReceiver.java |

```
package p7;
import java.net.*;
public class MulticastReceiver {
  public static void main(String[] args) {
     int port =7789;
     try {
       MulticastSocket ms =
        new MulticastSocket(port);
       InetAddress dAddr =
        InetAddress.getByName("228.4.4.8");
       ms.joinGroup(dAddr);
       DatagramPacket packet=null;
       String date= null;
       byte[] buf = null;
       for(;;) {
```

```
            buf = new byte[50];
            packet = new DatagramPacket(buf, buf.length);
            ms.receive(packet);
            date = new String(packet.getData()).trim();
            System.out.println("Server time: " + date);
        }}catch(Exception e){
          System.out.println(e);
        }
}}
```

실행결과

```
Server time: Sat Jul 10 09:57:56 KST 2010
Server time: Sat Jul 10 09:57:58 KST 2010
Server time: Sat Jul 10 09:58:00 KST 2010
Server time: Sat Jul 10 09:58:02 KST 2010
Server time: Sat Jul 10 09:58:04 KST 2010
Server time: Sat Jul 10 09:58:06 KST 2010
Server time: Sat Jul 10 09:58:08 KST 2010
Server time: Sat Jul 10 09:58:10 KST 2010
Server time: Sat Jul 10 09:58:12 KST 2010
Server time: Sat Jul 10 09:58:14 KST 2010
Server time: Sat Jul 10 09:58:16 KST 2010
.......
```

3.9.4 Broadcast 송수신

MulticastSocket을 사용하지 않고 메시지를 브로드캐스팅하는 방법이 있다. 특정 네트워크 안에서 broadcasting을 위한 IP가 지정되어 있다. 일반적으로 IP 주소는 network ID와 Host ID로 구성된다(IP 주소 = network ID + Host ID). 이때 목적 컴퓨터를 나타내는 Host ID를 모두 1로 표시하면, 그 네트워크의 모든 컴퓨터에게 메시지를 전송할 수 있다.

다음 예제 프로그램에서 사용된 IP 211.48.44.255는 211.48.44.1 ~ 211.48.44.254의 모든 IP에게 broadcasting 하기 위한 것이다. 멀티 캐스팅 소켓을 사용하지 않고, 일반 데이터그램 소켓을 사용하여 패킷을 수신하면 된다. (주의: 예제에서 사용할 IP 주소는 도스창에서 ipconfig 명령어로 IP 주소를 확인한 후에, 실행할 LAN의 network ID에 맞추어 변경하여야 한다.)

BroadcastSend.java 소스

```
import java.net.*;
import java.io.*;
public class BroadcastSend {
  public static void main(String[] args) throws IOException {
    DatagramSocket ds = new DatagramSocket();
    BufferedReader in = new
      BufferedReader(new InputStreamReader(System.in));
    System.out.print("Key in Broadcast IP:");
    String ip= in.readLine();
    while (true) {
      System.out.print("Message = ");
      String msg = in.readLine();
      InetAddress ia = InetAddress.getByName(ip);
      DatagramPacket data = new DatagramPacket(msg.getBytes(), msg
                .getBytes().length, ia, 7789);
      ds.send(data);
      if (msg.startsWith("end")) break;
    }
    ds.close();
  }
}
```

BroadcastReceive.java 소스

```
import java.net.*;
import java.io.*;
public class BroadcastReceive {
  public static void main(String[] args) throws IOException {
    DatagramSocket ds = new DatagramSocket(7789);
    byte[] by;
    while (true) {
      by = new byte[1024];
      DatagramPacket data = new DatagramPacket(by, by.length);
      ds.receive(data);
      InetAddress ia = data.getAddress();
      String str = new String(data.getData()).trim();
      System.out.println(ia.getHostAddress() + ": " + str);
```

```
            if(str.startsWith("end"))break;
        }
        ds.close();
    }
}
```

실행결과

[메시지 송신측]
Key in Broadcast IP:211.48.44.255
Message = 원격에도 잘되는지 궁금해서
Message = 테스트합니다.
Message = 역시 잘되는군요.
Message = end.
[메시지 수신측]
211.48.44.88: 원격에도 잘되는지 궁금해서
211.48.44.88: 테스트합니다.
211.47.44.88: 역시 잘되는군요.
211.48.44.88: end.

3.9.5 MulticastSocket을 사용한 다자간 채팅 프로그램

다음은 MulticastSocket을 사용하여, 구현한 채팅 프로그램이다. 채팅에 참가하는 클라이언트에 대한 정보를 저장하지 않으므로, 서버가 필요없다. 각 채팅 프로그램은 자신의 메시지를 입력받아서(액션이벤트 발생), 메시지를 전송한다. 동시에 무한 루프를 돌면서, 상대방으로부터 전송되는 메시지를 텍스트 영역(Text Area)에 출력한다.

- exe()메소드의 마지막 줄 커랫위치를 텍스트 영역 맨 마지막으로 이동시켜서, 자동 스크롤이 이루어지도록 하는 명령어이다.
  → ta.setCaretPosition(ta.getText().length());

- DatagramSocket과는 달리 하나의 컴퓨터에서 동일한 포트를 사용하는 MulticastSocket을 생성하는 프로그램을 여러 번 실행하여도 오류가 발생하지 않았다. (본 예제 프로그램도 한 컴퓨터에서 여러번 채팅 클라이언트를 띄워 실행하는 것이 가능하였음)

| MulticastChat.java |

```
import java.net.*;
import javax.swing.*;
import java.awt.event.*;
@SuppressWarnings("serial")
public class MulticastChat extends JFrame
        implements ActionListener {
  JLabel jl=new JLabel("Chat ID:",JLabel.RIGHT);
  JTextField nameF =new JTextField(12);
  JTextArea ta = new JTextArea();
  JTextField msgF = new JTextField();
  JLabel portLabel=new JLabel("Port No:",JLabel.RIGHT);
  JTextField portF=new JTextField("8888",6);
  JButton connBtn=new JButton("connect");
  String name=null;
  InetAddress ia=null;
  DatagramPacket packet=null;
  int port = 0;
  MulticastSocket ms=null;
  DatagramPacket sendP=null;
  DatagramSocket sendS=null;
  String message=null;
  byte[] buf=null;
  public MulticastChat()throws Exception {
   super("Multicast Chatting - No login");
   JPanel p=new JPanel();
   p.add(jl); p.add(nameF);
   p.add(portLabel); p.add(portF);
   p.add(connBtn);
   add("North",p);
   add("Center",new JScrollPane(ta));
   add("South",msgF);
   msgF.addActionListener(this);
   connBtn.addActionListener(this);
   setSize(420,300);
   setVisible(true);
   setDefaultCloseOperation(EXIT_ON_CLOSE);
  }
  public void actionPerformed(ActionEvent ae){
```

```
if(ae.getSource()==connBtn){
  if(nameF.getText().trim().length()<2){
   ta.append("Key in Chat ID₩n");
   return;
  }
  name = nameF.getText().trim();
  port=Integer.parseInt(portF.getText().trim());
  try {
   ia=InetAddress.getByName("224.1.2.3");
   ms=new MulticastSocket(port);
   ms.joinGroup(ia);
   sendS=new DatagramSocket();
  }catch(Exception e){
    System.out.println(e);
    System.exit(-1);
  }
  connBtn.setEnabled(false);
  msgF.requestFocus();
  return;
} else if(ms==null) return;
buf= (name+": "+msgF.getText().trim()).getBytes();
System.out.println(new String(buf)); //
sendP= new DatagramPacket(buf, buf.length,ia,port);
try {
  sendS.send(sendP);
}catch(Exception e){}
msgF.setText("");
}
public void exe()throws Exception {
DatagramPacket packet=null;
byte[] buf = null;
String msg=null;
while(true){
  if(ms==null)Thread.sleep(500);
  else {
    buf=new byte[60];
    packet=new DatagramPacket(buf,buf.length);
    ms.receive(packet);
    msg=new String(packet.getData()).trim();
    ta.append(msg+"₩n");
```

```
      ta.setCaretPosition(ta.getText().length());//scroll
    }
  }
  }
  public static void main(String[] a)
              throws Exception {
    new MulticastChat().exe();
  }
}
```

실행결과

실행시에 채팅 ID를 입력하고, 포트번호를 설정한 다음(디폴트는 8888임) connect 버튼을 클릭한다. 여기서 설정한 포트번호가 동일한 채팅 그룹끼리 메시지를 주고/받을 수 있다. 별도의 채팅 서버가 필요없이, 채팅 클라이언트간에 다자간 채팅이 가능하다.

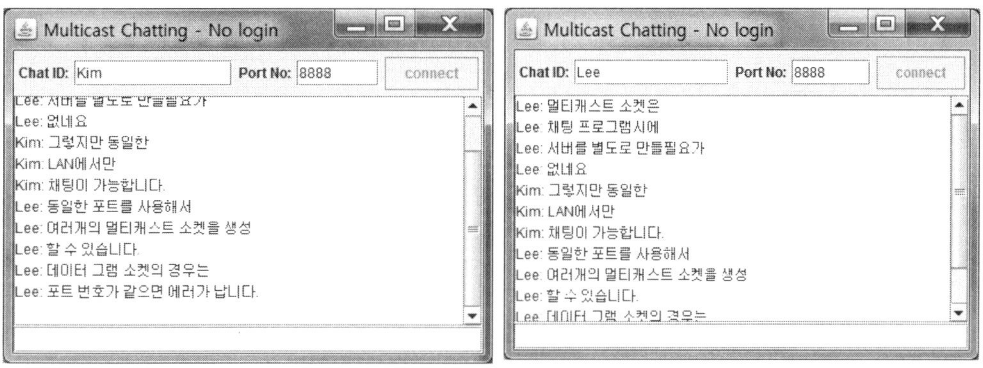

제4장

원격 개체의 사용

4.1 RMI의 소개

앞장에서 사용한 소켓 통신은 단순 데이터 송수신하기에는 매우 편리하다. 그러나 원격객체가 제공하는 서비스를 사용하기 위해서는 소켓은 매우 불편하다. 송신측과 수신측에서 미리 약속한 명령어와 데이터를 소켓을 통해 전송해야한다. 송신측에서는 메시지 패킷으로 만들어 전송해야하고, 수신측에서는 메시지 패킷에서 원래 데이터를 복원해야 한다. 이러한 소켓 통신의 불편한 점을 개량한 것이 바로 RMI 이다.

RMI는 원격 메소드 호출(Remote Method Invocation)의 약어이다. 원격 컴퓨터에서 실행되고 있는 객체를 마치 로컬 컴퓨터의 객체처럼 호출하는 것을 의미한다. 자바 프로그래머는 원격 객체의 위치(IP 또는 도메인 이름), 객체 이름, 메소드 이름, 인자, 반환값에 대한 정보만 알고 있으면 원격 메소드를 호출할 수 있다. RMI는 소켓을 사용한 분산 프로그램와 비교하여, 프로그래머의 부담이 많이 줄어든다. RMI가 개발되기 전에 원격 프로시저 호출(RPC)라는 기술이 먼저 개발되었다. RPC에 대해서 간단히 정리하면 다음과 같다.

※ RPC (Remote Procedure call)

- Developed before RMI tech. developed.
- Not object oriented languages (for example, C)
- Sockets are considered low-level. (transmit pure data, no service)
- RPC offers a Higher level service of Communication
- Client makes procedure calls to "remote server" using ordinary procedure call mechanism.

RMI는 RPC에 객체 지향 개념을 추가한 것이다. RMI의 실행과정을 그림으로 그리면 다음과 같다. 클라이언트는 원격 서버를 논리적으로 직접 호출한다. 클라이언트와 서버가 물리적으로 떨어져 있다는 사실은 프로그래머에게 감추어진다. RMI 프로그래머는 약간의 설정과정 후에 원격 객체를 로컬 객체와 동일한 방법으로 호출할 수 있다. 그러나 이러한 논리적인 직접 호출은 stub를 통해 소켓 메시지로 변경되어 서버측의 skeleton에 전달된다(네트워크 통신). skeleton은 전송받은 메시지를 원래 호출 정보로 복원하여 적절한 서버 객체를 호출하여 실행한다.

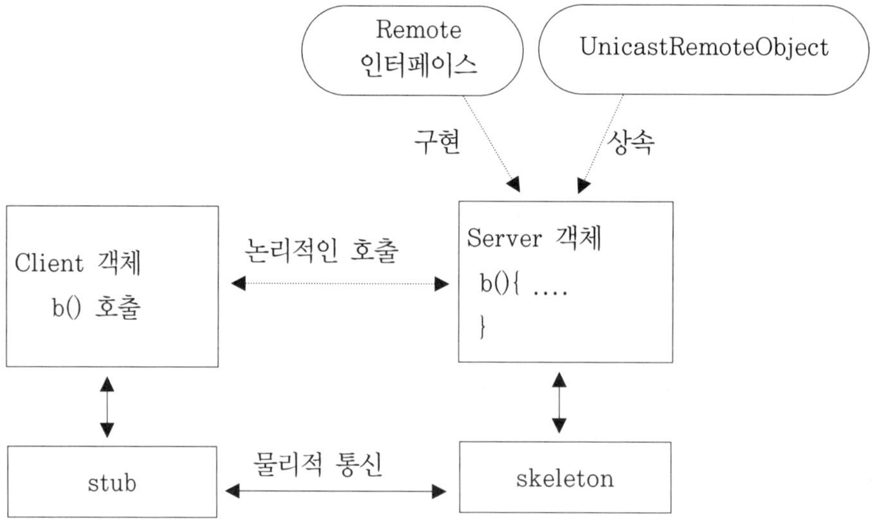

| 그림 4-1 | 자바 RMI의 실행

데이터 marshalling과 unmarshalling

클라이언트가 서버 객체(원격 객체)의 메소드를 호출하기 위해서는 메소드 정보와 파라메터 정보를 서버 객체에 전송해야 한다. 클라이언트의 정보를 서버로 전송을 대행해주는 모듈이 있는데 이를 stub라고 한다.

Stub가 클라이언트의 호출 정보를 통신 메시지로 만드는 과정을 데이터 marshalling이라고 한다. Skeleton이 전송받은 통신 메시지를 원래 데이터로 복원하는 과정을 데이터 unmarshalling이라고 한다.

실행결과 또한 메시지로 변환되어 클라이언트에게 전달된다. 즉 실행결과가 서버측의 skeleton에 의하여 메시지로 변환(marshalling)되어 클라이언트측의 sub에게 전달된다. Stub는 전달받은 메시지를 실행결과로 복원(unmarshalling)하여, 호출한 프로세스에게 전달한다.

Stub와 skeleton을 프로그래머가 직접 작성하는 것은 매우 어렵다. 하지만 자바 RMI에서는 stub와 skeleton을 자동 생성시키는 **rmic** 라는 툴을 제공한다.

※ Java 5에서는 RMI 개발 및 배포 단계를 단순화하였으므로, stub와 skeleton이 실행시간에 자동 생성된다. 그러므로 rmic 툴을 사용하여 stub파일을 생성할 필요가 없다. JDK 1.5 이전의 자바를 사용한다면, rmic를 사용하여야 한다.

Naming 서비스

RMI에서는 서버 객체를 등록하고 검색하는 기능이 필수적이다. 이러한 기능을 수행하는 것이 바로 Naming 서비스이다. Naming 서비스는 객체의 이름을 사용하여 객체를 등록하고, 등록된 객체를 검색할 수 있는 일종의 디렉토리 서비스이다.

디렉토리 서비스는 예로서 전화번호부를 들 수 있다. 전화번호부는 같이 검색을 원하는 전화번호를 사람이름을 키로 사용하여 검색할 수 있다. RMI 프로그래머는 원격 객체의 이름과 메소드 정보는 알 수 있지만, 그 객체의 정확한 위치를 파악하기 어렵다. Naming서비스는 원격 서비스 객체를 적절한 이름으로 등록한 후, 검색할 수 있도록 해준다.

자바 RMI에서는 Naming 클래스의 정적 메소드 rebind()를 사용하여 객체를 등록할 수 있으며, Naming 클래스의 정적 메소드 lookup()을 사용하여 객체를 검색할 수 있다.

4.2 RMI 예제

RMI 응용 프로그램은 원격 인터페이스 파일, 서비스 구현 파일(원격 인터페이스의 메소드 구현), 서비스 객체 등록 파일, 클라이언트 파일로 구성된다. 다음은 1부터 N까지 정수 합을 구하는 int sum(int)메소드를 원격 구현한 RMI 예제 프로그램이다.

[원격 인터페이스 파일: Summing.java]

```
package p0;
import java.rmi.*;
public interface Summing extends Remote {
  int sum(int max) throws RemoteException;
}
```

[서비스 구현 파일: SummingImpl.java]

```
package p0;
import java.rmi.*;
import java.rmi.server.*;
public class SummingImpl extends UnicastRemoteObject
                 implements Summing
{
  public static final long serialVersionUID=1213157;
  public SummingImpl() throws RemoteException { } // required
  public int sum(int max) throws RemoteException {
     if(max <= 0) return 0;
     else return (max + sum(max - 1));
  }
}
```

[서버객체 등록 파일: SummingServer.java]

```
package p0;
import java.rmi.Naming;
public class SummingServer {
 public static void main(String args[]) {
```

```
      try {
        SummingImpl s = new SummingImpl();
        Naming.rebind("SumServer", s);  // 서버이름: SumServer 등록
      } catch(Exception e) {
        System.out.println("Exception: "+e);
        System.exit(-1);
      }
      System.out.println("Sum Server Ready");
    }
  }
```

[클라이언트 파일: SummingClient.java]

```
package p0a;
import p0.Summing;
import java.rmi.*;
public class SummingClient {
  public static void main(String args[]) {
    if (args.length < 2) {
      System.out.println("Specify IP & number");
      System.exit(1);
    }
    try {
      String serverURL = "rmi://" + args[0] + "/SumServer";
      Summing s = (Summing)Naming.lookup(serverURL);
      System.out.println("Your Input = " + args[1]);
      int max = Integer.parseInt(args[1]);
      System.out.println("The sum 1 to " + max + " is "+ s.sum(max));
    }
    catch(Exception e) {
      System.out.println("Exception: " + e);
    }
  }
}
```

4.2.1 예제 프로그램 설명

앞의 예제 프로그램은 양의 정수 n을 인자로 받아서, 1부터 n까지의 모든 정수의 합을 계산하는 RMI 프로그램이다. RMI 프로그램의 작성 및 실행과정을 설명하면 다음과 같다.

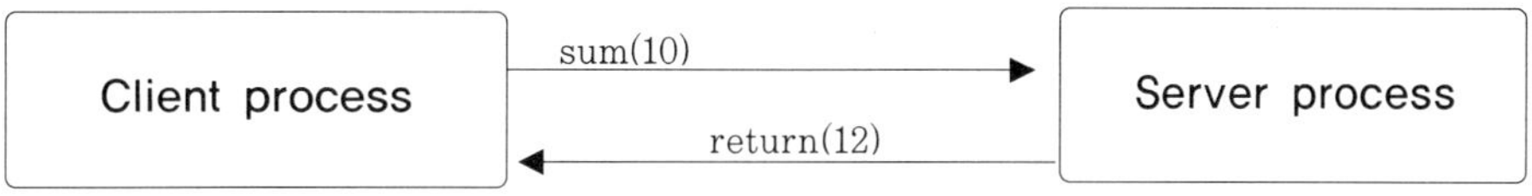

| 그림 4-2 | 메소드 호출과 결과값 반환

① RMI 프로그래밍에 필요한 패키지의 수입

```
import java.rmi.*;            // Remote와 RemoteException
import java.rmi.server.*;     // UnicastRemoteObject
```

② 원격 인터페이스 파일의 정의 (Summing.java)

원격 클라이언트가 호출가능한 서버의 메소드의 원형을 정의한다. 원격 인터페이스 정의시 java.rmi.Remote를 상속하여야 한다. 원격 메소드 원형은 메소드이름, 반환값, 인자의 유형 및 개수를 포함하여야 하며, RemoteException 예외를 throws 해야한다.

```
import java.rmi.*;
public interface Summing extends Remote {
  int sum(int max) throws RemoteException;
}
```

③ 원격 인터페이스의 구현 클래스의 정의 (SummingImpl.java)

원격인터페이스 구현 클래스의 이름은 관행적으로 원격 인터페이스(Summing)+Impl을 붙힌다. UnicastRemoteObject를 상속받고, 원격 인터페이스 Summing을 구현하여 정의한다. 생성자는 반드시 명시하여야 하며, RemoteException을 throws 해야한다. SummingImpl 객체를 생성하여, Naming.rebind("서버이름", 서버객체)을 사용하여 네임 서버에 등록한다.

```
import java.rmi.*;
import java.rmi.server.*;
public class SummingImpl extends UnicastRemoteObject
                                implements Summing
{
 public SummingImpl() throws RemoteException {  } // 이 생성자 필수
 public int sum(int max) throws RemoteException {
    if(max <= 0) return 0;
    else return (max + sum(max - 1));
 }
 public static void main(String args[]) {
 try { SummingImpl s = new SummingImpl();
     Naming.rebind("SumServer", s);  // 서버이름: SumServer 등록
```

```
    } catch(Exception e) { System.out.println("Exception: "+e); }
}}
```

④ stub와 skeleton의 생성

stub와 skeleton은 원격 호출을 소켓 통신으로 변화시키는 모듈이다. java에서는 rmic 명령어를 사용하여 stub와 skeleton을 자동 생성할 수 있다. 자바 1.2에서는 stub와 skeleton을 구분하지 않고, stub로 통일하였다. (JDK 1.5 이상의 버전에서는 생략이 가능하다)

```
C:₩>rmic SummingImpl
```

⑤ 클라이언트 프로그램의 작성 (SummingClient.java)

Naming.lookup() 메소드를 사용하여 원격 객체를 검색한다. 검색된 원격 객체의 메소드를 사용한다.

```
import java.rmi.*;
public class SummingClient {
  public static void main(String args[]) {
    if (args.length < 2) {
     System.out.println("Specify IP & number");
     System.exit(1);
   }
    try {
      String serverURL = "rmi://" + args[0] + "/SumServer";
      Summing s = (Summing)Naming.lookup(serverURL);
      System.out.println("Your Input = " + args[1]);
      int max = Integer.parseInt(args[1]);
      System.out.println("The sum 1 to " + max + " is "+ s.sum(max));
    }
    catch(Exception e) {
      System.out.println("Exception: " + e);
    }
}}
```

4.2.2 예제 RMI 프로그램 실행 과정

앞에서 작성한 RMI 예제를 도스창에서 실행과정은 다음과 같다.

① 원격 인터페이스 파일 Summing.java를 컴파일 한다.

```
C:₩> javac p0.Summing.java
```

② 서비스 구현 파일 SummingImpl.java를 컴파일한다.

```
C:₩> javac p0.SummingImpl.java
```

③ 스터브와 스켈레톤 파일을 생성한다. (자바 1.2이후에는 스터브로 통일되었음)

```
C:₩> rmic -v1.2 p0.SummingImpl
```

※ 이클립스에서 작성한 RMI 소스의 스터브를 생성하려면 도스창을 열고, 작업 디렉토리의 bin 디렉토리로 이동하여야 한다. 그리고 rmic 명령어를 입력해야 하며, 반드시 p0(패키지명)을 붙여주어야 한다.

④ 서버측에 필요한 파일을 선택한다.
(JDK 1.5이후 버전에서는 SummingImpl_Stub.class은 필요없다.)
- Summing.class
- SummingImpl.class
- SummingImpl_Stub.class
- SummingServer.class

⑤ 클라이언트측에 필요한 파일을 선택한다.
- Summing.class
- SummingClient.class
- SummingImpl_Stub.class

⑥ 서버측에서 도스창을 열고, 네이밍 서버(rmiregistry)를 실행한다.

```
C:₩RMI₩bin>start rmiregistry
```

※ 이클립스에서 실행하려면 도스창을 열고, 작업 디렉토리의 bin 디렉토리로 이동한 다음에 실행하여야 한다.
※ start 명령어는 윈도우 DOS창에서 background 실행 명령어이다. (UNIX 운영체제의 &와 동일) 즉 start rmiregistry를 입력하면, 새로운 창이 만들어져 rmiregistry 명령어를 실행하며, 현재의 도스창에서는 다음 명령어를 실행시킬 수 있다.

⑦ 서버측에서 RMI 서버를 실행한다.

```
C:₩>java p0.SummingServer
```

⑧ 클라이언트측에서 클라이언트 프로그램을 실행한다. 첫 번째 인자는 서버의 IP주소이며, 두 번째 인자는 1부터 더하고자하는 정수값이다.

```
C:₩>java p0.SummingClient 127.0.0.1 100
Your Input = 100
The sum 1 to 100 is 5050
```

■ 프로그래밍 연습 ■ 앞의 RMI 예제 프로그램을 수정하시오. 두개의 정수를 인자로 받아서, 그 합을 계산하는 원격 객체를 작성하시오.

4.2.3 UDP 소켓 사용하여 다시 작성한 예제 프로그램

소켓을 사용하는 분산 프로그래밍 기법과 RMI 기법을 비교하기 위하여, 앞에서 작성한 RMI 프로그램과 동일한 기능을 수행하는 UDP 소켓 프로그램을 작성한다. 앞의 RMI 예제와 동일한 기능을 수행하기 위해서 클라이언트는 정수를 바이트 배열로 변경한 다음, 데이터 패킷을 만들어 전송한다. 서버는 패킷에서 데이터를 복원한 다음, 1부터 n까지의 정수합을 계산한다. 계산된 결과를 다시 메시지로 만들어 클라이언트에게 전송한다. 클라이언트는 메시지에서 계산된 결과를 복원한다. 이러한 과정을 그림으로 표현하면 다음과 같다.

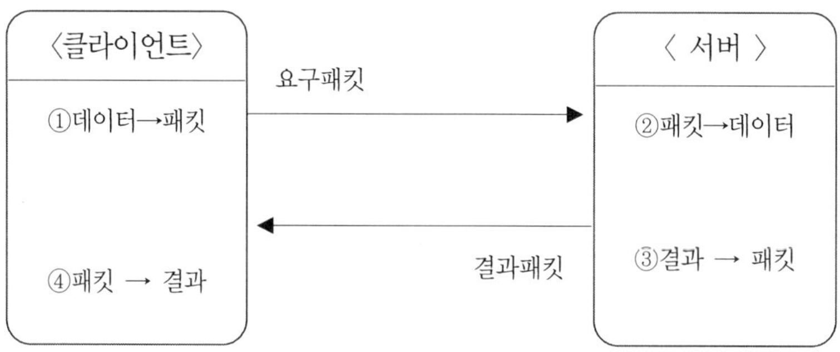

| 그림 4-3 | 예제 프로그램의 실행 과정

소켓 예제에서 사용된 메소드의 기능을 정리하면 다음과 같다.

| 표 4-1 | SumServer/SumClient에서 사용된 메소드

메소드 이름	기 능
makeBytes	정수를 바이트 배열[4]로 변환하여 반환
restoreInt	바이트 배열[4]을 정수로 복원

| 예제 소스 코드: SumSocketServer.java |

```
import java.net.*;
class SumServer {
  public static void main(String[] args) {
    InetAddress ia;
    int port = 7788;
    int port2 = 7799;
    int num1, sum;
    byte[] buf = new byte[4];
    byte[] result = new byte[4];
    try {
```

```
      DatagramPacket dp = new DatagramPacket(buf, buf.length);
      DatagramSocket ds = new DatagramSocket(port);
      DatagramSocket ds2= new DatagramSocket();
      while(true) {
        ds.receive(dp);            // Packet receive
        buf = dp.getData();
        ia = dp.getAddress();
        num1 = restoreInt(buf);    // 정수 복원

       System.out.println(ia+" sent "+num1);
       sum = 0;  // 계산 실행
       for(int x=1; x<=num1; x++)
                    sum+=x;
       result = makeBytes(sum); // 바이트 배열로 변환
       DatagramPacket p =  // 패킷 생성
           new DatagramPacket(result, result.length, ia, port2);
       ds2.send(p);  // 패킷 전송
      }
    } catch(Exception e) { e.printStackTrace(); }
  }
  public static byte[] makeBytes(int m) {
    byte[] val = new byte[4];
    for(int k=0; k<4; k++) {
       val[k] = (byte)(m % 128);
       m = (int) m / 128;
    }
    return val;  // 정수를 byte 배열[4]로 변환 후 반환
  }
  public static int restoreInt(byte[] val) {
    int m = 0;
    for(int k=3; k>=0; k--)  m = m * 128 + val[k];
       return m;  // byte 배열[4]을 정수로 복원후 반환
}}
```

| 예제 소스 코드: SumSocketClient.java |

```
import java.net.*;
class SumClient {
  public static void main(String[] args) {
    if(args.length<2) {
        System.out.println("Specify Server IP & Int num");
```

```
            System.exit(1);
        }
        try {
          int port = 7788;
          int port2 = 7799;
          DatagramSocket ds = new DatagramSocket();
          InetAddress ia = InetAddress.getByName(args[0]);
          int n1 = Integer.parseInt(args[1]);
          byte[] b1 = makeBytes(n1);
          System.out.println("Input="+restoreInt(b1));
          DatagramPacket dp = new DatagramPacket(b1,b1.length, ia, port);
          ds.send(dp);
          byte[] b3 = new byte[4];
          DatagramSocket ds2 = new DatagramSocket(port2);
          DatagramPacket p = new DatagramPacket(b3, b3.length);
          ds2.receive(p);
          byte[] tmp = p.getData();
          int result = restoreInt(tmp);
          System.out.println("the Result from Server: "+result);
      } catch(Exception e) { e.printStackTrace(); }
    }
    public static byte[] makeBytes(int m) {
        byte[] val = new byte[4];
        for(int k=0; k<4; k++) {
            val[k] = (byte)(m % 128);
            m = (int) m / 128;
        }
        return val;
    }
    public static int restoreInt(byte[] val) {
      int m = 0;
      for(int k=3; k>=0; k--)
          m = m * 128 + val[k];
      return m;
    }}
```

서버측 실행결과

```
C:₩Chap04>java SumSocketServer
/211.48.44.82 sent 1000
/211.48.44.82 sent 100
```

클라이언트측 실행결과

```
C:₩chap04>java SumSocketClient 211.48.44.82 100
Input=100
the Result from Server: 5050
```

≫ 소켓을 사용하여 프로그램을 작성하면, 서버에서 1부터 n까지 합을 계산하는 것보다 메시지 marshalling과 unmarshalling 처리논리가 복잡하다는 것을 알 수 있다. 즉 프로그래밍 논리보다 메시지를 처리하는 과정이 더 복잡하다는 것을 알 수 있다.
RMI에서는 분산 프로그래밍에서 이러한 메시지 처리의 부담이 없다. 또한 RMI에서는 (물론 서버 객체를 설정과정이 필요하기는 하지만), 로컬 객체와 동일한 방법으로 원격 객체를 호출할 수 있다.

4.2.4 RMI를 실행하기 위해 필요한 파일

1) 인터페이스 파일의 작성

- java.rmi.remote 인터페이스를 확장하여 정의한다.
- 원격 객체가 제공할 메소드의 기본 정보를 제공한다. (인터페이스 이름, 메소드 이름, 반환값, 인자의 수와 유형)
- 메소드를 구현하지는 않는다(메소드의 몸체는 없다).
- 모든 메소드는 java.rmi.RemoteException을 throws 해야 한다.
- 모든 메소드는 public 접근 허용되어야 한다.
- 인터페이스 정의 형식은 다음과 같다.

```
interface name extends Remote {
  public type method1(args_type, args_name) throws RemoteException;
  public type method2(args_type, args_name) throws RemoteException;
  .......
}
```

| FindScore 인터페이스 |

```
package p2;
import java.rmi.*;
public interface FindScore extends Remote {
  public double findScore(String name) throws RemoteException;
}
```

2) 인터페이스 구현 서버 클래스의 작성

- 서버 클래스는 3원격 인터페이스를 구현한다고 명시하여야 한다.
- 서버 클래스의 이름 관행적으로 "인터페이스 이름 + Impl" 으로 한다.
- java.rmi.server.UnicastRemoteObject 클래스를 확장하여 정의한다.
- 인터페이스의 모든 메소드를 구현하여야 하며, 구현한 메소드의 접근자는 public이어야 한다.
- 기본 생성자를 반드시 정의해야 하며, RemoteException을 throws 해야한다. 상속받은 Unicast RemoteObject의 생성자가 RemoteException 예외를 발생시키기 때문이다.

| FindScoreImpl.java |

```
package p2;
import java.rmi.*;
import java.rmi.server.UnicastRemoteObject;
import java.util.HashMap;
@SuppressWarnings("serial")
public class FindScoreImpl extends UnicastRemoteObject
                                          implements FindScore {
  HashMap<String, Double> scores = new HashMap<String, Double>();
  protected FindScoreImpl() throws RemoteException {
                  initDB();
  }
  void initDB(){
                  scores.put("Kim", 100.0);
                  scores.put("Lee", 90.5);
                  scores.put("Park",94.3);
                  scores.put("Choi", 88.0);
                  scores.put("Cho",79.4);
  }
  public double findScore(String name) throws RemoteException{
                  Double d=(Double)scores.get(name);
                  if(d==null){
                     System.out.println(name+" is not found");
                     return -1;
                  } else {
                     System.out.println(name+" ₩'s score = "+d);
                     return d.doubleValue();
                  }
  }
}
```

3) 서버 객체의 네이밍 서버 등록하는 클래스

- 서버 객체를 생성한다.
- 생성된 서버 객체를 네이밍 서버에 적절한 이름으로 등록한다. 서버 클래스는 classpath의 디렉토리에 위치하여야 한다. (예를 들어, classpath=.;C:₩lib 이라면 서버 클래스가 있는 디렉토리에서 서버 등록 클래스를 실행하거나, 서버 클래스를 C:₩lib에 위치시켜야 한다.)

| FindScoreServer.java |

```
package p2;
import java.rmi.Naming;
public class FindScoreServer {
  public  static void main(String[] args) throws Exception {
                        FindScore fs = new FindScoreImpl();
//  start rmiregistry is required. & source compile in src dir.
    Naming.rebind("StudentServer", fs); //
    System.out.println("Student Server Ready");
  }
}
```

4) 클라이언트의 작성

- 서버의 IP주소를 사용하여 네이밍 서버의 참조를 알아낸다.
- Naming.lookup() 메소드를 사용하여 서버 객체를 검색한다. (검색시에 사용하는 이름은 네임 서버에 등록할 때 사용한 문자열을 그대로 사용하여야 한다.)
- 검색된 객체를 사용하여 메소드를 호출한다.

| FindScoreClient.java |

```
package p2a;
import p2.FindScore;
import javax.swing.*;
import java.awt.*;
import java.awt.event.*;
import java.rmi.registry.LocateRegistry;
import java.rmi.registry.Registry;
@SuppressWarnings("serial")
public class FindScoreClient extends JFrame
      implements ActionListener {
  FindScore fs=null;
  JButton findBtn = new JButton("Find Score");
  JTextField nameFld = new JTextField();
```

```
 JTextField scoreFld= new JTextField();
 JTextField ipFld = new JTextField("127.0.0.1",15);
 public FindScoreClient(){

JPanel p1 = new JPanel();
p1.setLayout(new GridLayout(3,2,1,1));
p1.add(new JLabel("Server  IP :",JLabel.CENTER));
p1.add(ipFld);
p1.add(new JLabel("Name  :",JLabel.CENTER));
p1.add(nameFld);
p1.add(new JLabel("Score :",JLabel.CENTER));
p1.add(scoreFld);

add(p1,BorderLayout.CENTER);
add(findBtn,BorderLayout.SOUTH);
findBtn.addActionListener(this);

setSize(260,170);
setVisible(true);
setDefaultCloseOperation(3);//3=EXIT_ON_CLOSE
 }
 private void initRMI(){
if (fs!=null) return;
try {
  Registry rg = LocateRegistry.getRegistry(
                        ipFld.getText().trim());
  fs=(FindScore)rg.lookup("StudentServer");
  System.out.println("Sever Object found");
}catch(Exception e){
  System.out.println(e);
  System.exit(-1);
}
 }
 private void findScore(){
initRMI();
try {
  double score=fs.findScore(nameFld.getText().trim());
  if(score < 0) scoreFld.setText("Not Found");
  else scoreFld.setText(""+score);
}catch(Exception e){
```

```
    System.out.println(e);
  }
  }
  public void actionPerformed(ActionEvent evt){
   findScore();
  }
  public static void main(String[] args)throws Exception {
  new FindScoreClient();
  }
}
```

5) stub의 파일의 생성 (JDK 1.5이후버전 생략가능)

```
c:〉 rmic -v1.2 p2.FindScoreImpl
```

6) 서버측에 필요한 파일과 실행 명령어

- FindScore.class
- FindScoreImpl.class
- FindScoreImpl_Stub.class (JDK 1.5 이후버전은 없어도 무방)
- FindScoreServer.class

① C:₩RMI₩bin〉 start rmiregistry
② C:〉 java p2.FindScoreServer
Student Server Ready

7) 클라이언트 측에 필요한 파일과 실행 명령어

- FindScore.class
- FindScoreImpl_Stub.class (JDK 1.5 이후버전은 없어도 무방)
- FindScoreClient.class

```
C:〉 java p2.FindScoreClient
```

⋙ Name 필드에 “Kim” (또는 “Lee”, “Park”, “Choi”)을 입력하고 하단의 “Find Score” 버튼을 클릭하면, 원격 서버에 저장된 점수가 출력된다.

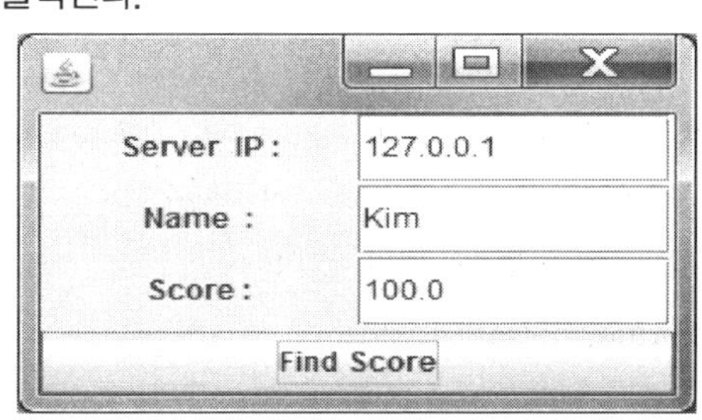

LocateRegistry 사용 네이밍 서버 실행

도스창에서 rmiregistry를 실행한 후에, Naming.rebind()와 Naming.lookup()메소드를 사용할 수 있다. LocateRegistry 클래스는 서버 프로그램안에서 네이밍 서버(rmiregistry)를 실행하는 것을 가능하게 한다. 다음 예제에서는 start rmiregistry 실행 명령어를 도스창에서 실행할 필요가 없다.

다음 예제(HelloServer2.java)는 LocateRegistry 클래스를 사용하여 네이밍 서버에 등록하는 것을 보여준다.
① LocateRegistry.createRegistry(1099)를 사용하면, 도스창에서 rmiregistry를 구동할 필요가 없다.
② LocateRegistry.getRegistry(1099)를 사용하면, 이미 실행한 rmiregistry의 참조를 얻어올 수 있다.

- 다음 예제 FindScoreServer2.java를 실행시키기 전에, rmiregistry가 이미 실행중이라면 중단시켜야 한다. 그렇지 않으면, 포트가 중복되므로 오류가 발생한다.

≫ 다음 FindScoreServer2.java를 사용하여, 앞의 RMI 예제를 실행하시오.

| 소스코드: FindScoreServer2.java |

```
package p2;
import java.rmi.registry.*;
public class FindScoreServer2 {
  public  static void main(String[] args) throws Exception {
                    FindScore fs = new FindScoreImpl();
                    Registry rg = LocateRegistry.createRegistry(1099);
//                  Registry rg = LocateRegistry.getRegistry();
//  stop running rmiregistry
                    rg.rebind("StudentServer", fs);
                    System.out.println("Student Server Ready");
  }
}
```

Naming.rebind()와 Naming.lookup()

클라이언트가 원격객체에 대한 참조를 가지고 있어야만, 원격 객체의 메소드를 호출할 수 있다. 자바 RMI에서는 원격 객체에 대한 등록, 검색 기능을 위하여 rmiregistry를 제공한다.
- 먼저 RMI에 사용될 객체를 rmiregistry에 등록하기 위해서는 Naming.rebind() 메소드를 사용한다.
- 원격 서버 객체를 검색하기 위해서는 Naming.lookup() 메소드를 사용한다. Naming 클래스에서 지원되는 정적 메소드를 간단히 정리하면 다음과 같다.
  ① static void bind(String name, Remote obj)

- 주어진 이름을 원격 객체에 바인드한다.

② static String[] list(String name)
- 레지스트리에 바인드된 이름의 배열을 반환한다.

③ static Remote lookup(String name)
- 주어진 이름과 연관된 원격 객체의 참조를 반환한다.

④ static void rebind(String name, Remote obj)
- 주어진 이름을 원격 객체에 다시 바인드한다.

⑤ static void unbind(String name)
- 주어진 객체의 바인드를 해제한다.

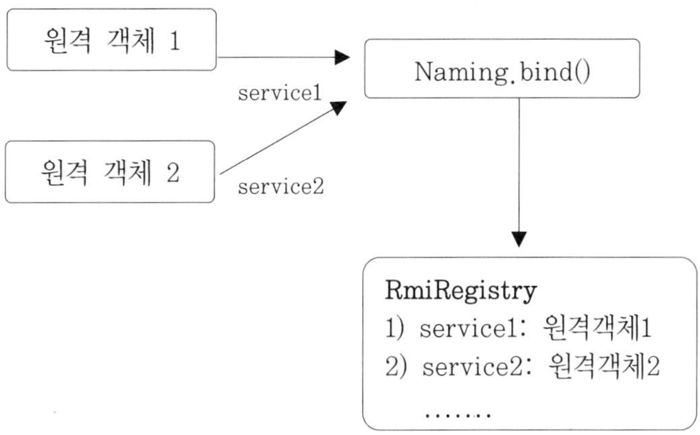

| 그림 4-4 | RmiRegistry에 원격 객체 등록

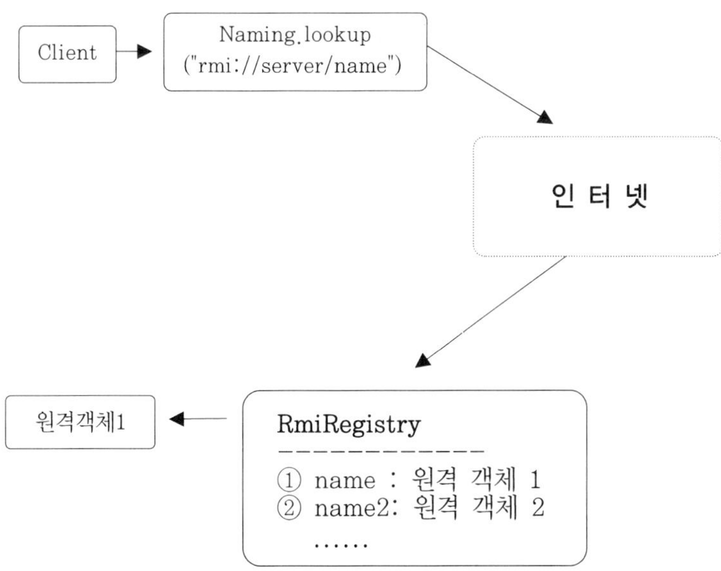

| 그림 4-4 | Naming.lookup()을 통한 원격 객체 검색

≫ 다음은 Naming 클래스의 list() 메소드를 사용하여 로컬 호스트의 rmiregistry에 등록된 모든 객체를 나열하는 예제 프로그램이다.

| ShowRegisteredNamesI.java |

```
package p3;
import java.rmi.Naming;
public class ShowRegisteredNames {
  public static void main(String[] a) throws Exception
  {
                  String[] names = Naming.list("");
                  for (int i = 0; i < names.length; i++)
                  System.out.println(names[i]);
  }
}
```

실행결과

```
//:1099/SumServer
//:1099/StudentServer
```

4.3 Serializable 인터페이스 구현 클래스

자바에서 제공하는 java.io.Serializable 인터페이스를 구현하여 정의한 클래스의 객체는 소켓을 통해 전송이 가능하며, RMI의 인자나 반환값으로 사용할 수 있다. Serializable 인터페이스는 어떠한 필드나 추상 메소드를 포함하고 있지 않으므로, Serializable 인터페이스 구현 클래스는 메소드를 중첩(override) 정의할 필요가 없다. Serializable 인터페이스를 구현한 클래스를 상속받는 모든 클래스는 소켓을 통해 전송하는 것이 가능하다. Serializable 인터페이스를 구현한 클래스는 멤버변수 serialVersionUID를 정의하는 것을 권장한다. long형 serialVersionUID 변수가 정의되지 않았다면, 자바 컴파일러는 경고 메시지를 출력한다.

4.3.1 객체를 인자로 사용하는 RMI

Serializable을 구현한 클래스는 원격 메소드 호출(RMI)에 사용되는 인자와 반환값으로 사용될 수 있다. 이 예제에서는 Student 클래스를 정의하고, RMI에서 Student 배열을 반환값으로 사용한다.

| Student.java |

```
package p3;
@SuppressWarnings("serial")
public class Student implements java.io.Serializable {
  String name;
  int score;
  Student(String n, int s){
                  name=n; score=s;
  }
  public String toString(){
                  return (name+":"+score+"₩n");
  }
}
```

| Score.java |

```
package p3;
import java.rmi.*;
public interface Scores extends Remote {
  public Student[] findAbove(int pt)
            throws RemoteException;
}
```

| ScoresServer.java |

```
package p3;
import java.rmi.*;
import java.rmi.server.*;
import java.rmi.registry.*;
@SuppressWarnings("serial")
public class ScoresServer extends
 UnicastRemoteObject implements Scores
{
  Student[] st = {
     new Student("Kim",99), new Student("Choi",89),
     new Student("Lee",90), new Student("Park", 95),
     new Student("Cho",68), new Student("Jung",88)
      };
```

```
  protected ScoresServer() throws RemoteException {
  }
  public Student[] findAbove(int pt) throws RemoteException {
      int cnt=0;
      for(int i=0; i<st.length; i++)
        if(st[i].score>=pt) cnt++;
      if (cnt==0) return null;
      Student[] arr = new Student[cnt];
      for(int i=0,j=0; i<st.length; i++)
        if(st[i].score>=pt) arr[j++]=st[i];
      return arr;
  }
  public static void main(String[] a) throws Exception{
 try {
   LocateRegistry.createRegistry(1099);
 }catch(Exception e){
   System.out.println("RmiRegistry running Already");
 }
     ScoresServer ss= new ScoresServer();
     Naming.rebind("ScoreServer", ss);
     System.out.println("Score Server Ready");
  }
}
```

| ScoresClient.java |

```
package p3a;
import p3.Scores;
import p3.Student;
import java.rmi.*;
public class ScoresClient {
  public static void main(String[] args) throws Exception {
 String url="rmi://"+args[0]+"/ScoreServer";
 int pt = Integer.parseInt(args[1]);
 Scores s = (Scores) Naming.lookup(url);
 Student[] sArr = (Student[])s.findAbove(pt);
 System.out.println("- Student List -");
 if (sArr.length==0) System.exit(0);
 for(int i=0; i<sArr.length; i++)
```

```
      System.out.print(sArr[i]);
    }
  }
```

예제 실행과정

① 서버측 실행 결과

```
C:₩> java ScoresServer
  RmiRegistry running Already
  Score Server Ready
```

② 클라이언트측 실행 결과

```
C:₩> java ScoresClient 127.0.0.1 89
  - Student List -
  Kim:99
  Choi:89
  Lee:90
  Park:95
```

4.4 RMI 예제 프로그램

4.4.1 주소록 프로그램

다음은 RMI를 사용한 간단한 전화번호부 예제 프로그램이다. 이름과 전화번호를 저장하기 위해서 Properties 클래스를 사용하였다.

| Telephone.java |

```
package p4;
import java.io.*;
@SuppressWarnings("serial")
public class Telephone implements Serializable {
  String name, tel;
  public Telephone(String n, String t){
    name=n; tel=t;
  }
```

```
    String getName(){return name;}
    String getTel() {return tel;}
    public String toString(){
    return name+"'s number: "+tel;
    }
}
```

| 원격 인터페이스 : TelBook.java |

```
package p4;
import java.rmi.*;
public interface Tel_Book extends Remote {
    public void store() throws RemoteException;
    public void save(Telephone t) throws RemoteException;
    public Telephone find(String name) throws RemoteException;
}
```

| 서비스 구현 파일: TelBookImpl.java |

```
package p4;
import java.io.*;
import java.rmi.*;
import java.rmi.server.*;
import java.util.*;
@SuppressWarnings("serial")
public class TelBookImpl extends
     UnicastRemoteObject implements TelBook {
    Properties prop=null;
    protected TelBookImpl() throws RemoteException {
     prop= new Properties();
     try{
        prop.load(new FileInputStream("telephone.dat"));
     }catch(IOException ioe){
        System.out.println(ioe);
     }
    }
    public String find(String name) throws RemoteException {
     return prop.getProperty(name);
    }
```

```
  public void save(Telephone t) throws RemoteException {
   prop.setProperty(t.getName(),t.getTel());
  }
  public void store() throws RemoteException {
   try {
      prop.store(new
         FileOutputStream("telephone.dat"),"Tel_Book");
   } catch (FileNotFoundException e) {
      e.printStackTrace();
   } catch (IOException e) {
      e.printStackTrace();
   }
  }
}
```

❙ 서버 파일: TelBookServer.java ❙

```
package p4;
import java.rmi.Naming;
import java.rmi.registry.LocateRegistry;

public class TelBookServer {
  public static void main(String[] a)throws Exception {
   TelBookImpl tel = new TelBookImpl();
   try {
     LocateRegistry.createRegistry(1099);
   }catch(Exception e){
     System.out.println("RmiRegistry running Already");
   }
   Naming.rebind("TelServer",tel);
   System.out.println("Telephone Server Ready");
  }
}
```

❙ 클라이언트 TelBookClient.java ❙

```
package p4a;
import p4.*;
import java.awt.*;
```

```
import java.awt.event.*;
import java.net.MalformedURLException;
import java.rmi.*;
@SuppressWarnings("serial")
public class TelBookClient extends Frame
      implements ActionListener {
  private TextField ipFld,nameFld,telFld;
  private Button conn, find, enter;
  private TelBook tb=null;
  public TelBookClient(){
 super("Telphone Client");
 setSize(260,150);
 setVisible(true);

 Panel p1 = new Panel();
 Panel p2 = new Panel();
 p1.setLayout(new GridLayout(1,3));
 p1.add(new Label("Server IP:"));
 p1.add(ipFld=new TextField("127.0.0.1",16));
 p1.add(conn=new Button("Connect"));
 p2.setLayout(new GridLayout(3,2,2,2));
 p2.add(new Label("Name: "));
 p2.add(nameFld=new TextField(12));
 p2.add(new Label("Tel. No:"));
 p2.add(telFld=new TextField(12));
 p2.add(find=new Button("Find"));
 p2.add(enter=new Button("Enter"));
 add(p1,"North");
 add(p2,"Center");
 conn.addActionListener(this);
 find.addActionListener(this);
 enter.addActionListener(this);

 addWindowListener(new WindowAdapter(){
   public void windowClosing(WindowEvent e){
   try {
     tb.store();
   }catch(RemoteException ex){
     System.out.println(ex);
   }finally{
```

```
        System.exit(0);
      }
    }});
    }
    public void actionPerformed(ActionEvent ae) {
    try{
      if(ae.getSource()==conn){
        String ip=ipFld.getText().trim();
        if(ip.length()<5) return;
        String url="rmi://"+ip+"/TelServer";

      tb=(TelBook)Naming.lookup(url);
      conn.setEnabled(false);
      } else if(tb==null) return;
      else if(ae.getSource()==find){
        String tel=tb.find(nameFld.getText().trim());
        if (tel!=null && tel.length()>0)
          telFld.setText(tel);
        else telFld.setText("Not Found");

      }else{
        String name=nameFld.getText().trim();
        String tel=telFld.getText().trim();
        if(name.length()>0 && tel.length()>0){
          tb.save(new Telephone(name,tel));
          nameFld.setText("");
          telFld.setText("");
        } else{
          nameFld.setText("Enter Name");
          telFld.setText("& Tel No.");
        }
    }} catch (Exception e) {
      e.printStackTrace();
      return;
    }
    }
    public static void main(String[] a){
     new TelBookClient();
    }
  }
```

실행순서 및 실행결과

① 인터페이스, 서버, 클라이언트 코드 컴파일

C:₩rmi₩ex4>javac p4₩*.java

C:₩rmi₩ex4>javac p4a₩Tel_BookClient.java

② 스터브 클래스 생성

C:₩rmi₩ex4>rmic -v1.2 p4.Tel_BookImpl

③ rmiregistry 실행

C:₩rmi₩ex4>start rmiregistry

④ 서버측 필요 파일

- TelBookImpl.class
- TelBook.class
- TelBookImpl_Stub.class
- Telephone.class
- TelBookServer.class

⑤ 클라이언트측 필요 파일

- Telephone.class
- TelBook.class
- TelBookImpl_Stub.class
- TelBookClient.class
- TelBookClient$1.class

⑥ 서버의 실행 (처음엔 tel.dat 파일이 없으므로 예외발생)

C:₩rmi₩ex4>java p4.TelBookServer

java.io.FileNotFoundException: tel.dat (파일을 찾을 수 없습니다)

Server ready

⑦ 클라이언트의 실행

C:₩rmi₩ex4₩client>java TelBookClient ikim.hansung.ac.kr

- 이름과 전화번호를 입력하고 [Enter] 버튼을 클릭하면 저장된다.
- 이름만 입력하고 [Find] 버튼을 클릭하면, 전화번호가 검색된다.

프로그래밍 연습 [Delete]와 [End] 버튼을 추가하시오. Delete 버튼을 클릭하면, 현재 Name 필드에 입력된 이름을 전화번호부에서 삭제한다. End 버튼을 클릭하면 프로그램 실행을 종료한다. Delete 버튼을 구현하기 위해서는 Properties의 상위클래스인 java.util.Hashtable에서 지원되는 remove() 메소드를 사용한다.

4.4.2 File 송수신 프로그램

다음은 클라이언트와 서버간에 파일을 송수신할 수 있는 프로그램이다. 원격 인터페이스 파일에 파일의 나열, 파일 upload(), 파일 download()에 관한 메소드를 제공한다.

▌인터페이스 파일: FileTrans.java ▌

```
package p5;
import java.rmi.*;
public interface FileTrans extends Remote {
   public String[] list(String dir) throws RemoteException;
   public byte[] download(String file) throws RemoteException;
   public int upload(String file, byte[] con) throws RemoteException;
}
```

다음 FileImpl.java는 원격 메소드를 구현한 클래스이다. (파일의 나열, 파일 upload, 파일 download 의 기능) 사용될 메소드의 반환값, 인자들은 반드시 java.io.Serializable 인터페이스를 구현한 것이어야 한다.

▌파일서버 파일: FileTransImpl.java ▌

```
package p5;
import java.io.*;
import java.rmi.*;
import java.rmi.registry.LocateRegistry;
import java.rmi.server.UnicastRemoteObject;

@SuppressWarnings("serial")
public class FileTransImpl extends
   UnicastRemoteObject implements FileTrans {
 public FileTransImpl() throws RemoteException{ }
 public String[] list(String dir) {
   try {
     File file = new File(dir);
     return file.list();
   } catch(Exception e) {
     System.out.println("error: "+e);
     return null;
```

```
    }}
  public byte[] download(String name){
    try {
      File file = new File(name);
      byte buffer[] = new byte[(int)file.length()];
      FileInputStream inf = new FileInputStream(name);
      inf.read(buffer,0,buffer.length);
      inf.close();
      System.out.println(name+" is downloaded");
      return(buffer);
    } catch(Exception e){
      System.out.println("FileImpl: "+e);
      return(null);
    }
  }
  public int upload(String namc, bytc[] con) {
    try {
      File file = new File(name);
      FileOutputStream out = new FileOutputStream(name);
      out.write(con, 0, con.length);
      out.flush();
      out.close();
      System.out.println(file+" is uploaded");
      return(0);
    } catch(Exception e) {
      System.out.println("error: "+e);
      return(-1);
    }}
  public static void main(String argv[]) throws Exception {
    try {
      LocateRegistry.createRegistry(1099);
    } catch(Exception e) {
      System.out.println("FileServer: "+e);
      }
    FileTransImpl fs = new FileTransImpl();
    Naming.rebind("FileServer", fs);
    System.out.println("FileServer Ready");
  }
}
```

≫ 다음은 파일을 나열하는 RMI 클라이언트 프로그램이다.

❙ 파일 List 클라이언트: FileList.java ❙

```
package p5a;
import p5.FileTrans;
import java.rmi.*;
public class FileList{
 public static void main(String argv[]) {
   if(argv.length != 2)
     System.out.println("Specify IP & Directory");
   else
     try {
             String name = "rmi://" + argv[0] + "/FileServer";
             FileTrans fi = (FileTrans) Naming.lookup(name);
             String[] dirs = fi.list(argv[1]);

             System.out.println("File Server's File List");
             for(int x=0; x<dirs.length; x +=2) {
                     System.out.print(dirs[x]+"₩t");
                     if(x<dirs.length-1) System.out.println(dirs[x+1]);
                     else System.out.println();
             }
     } catch(Exception e) {
             System.out.println(e);
     }
 }
}
```

≫ 다음은 파일을 다운로드하는 RMI 클라이언트 프로그램이다.

❙ 파일 다운로드 클라이언트: FileDown.java ❙

```
package p5a;
import p5.FileTrans;
import java.io.*;
import java.rmi.*;

public class FileDown{
 public static void main(String argv[]) {
   if(argv.length != 2)
```

```
      System.out.println("Specify IP & FileName");
    else try {
      String name = "rmi://" + argv[0] + "/FileServer";
      FileTrans fi = (FileTrans) Naming.lookup(name);
      byte[] fdata = fi.download(argv[1]);

      BufferedOutputStream out = new
      BufferedOutputStream(new FileOutputStream(argv[1]));

      out.write(fdata, 0, fdata.length);
      out.flush();
      out.close();
      System.out.println("File '"+argv[1]+"' down success");
    } catch(Exception e) {
      System.out.println(e);
    }
  }
}
```

≫ 다음은 파일을 업로드하는 RMI 클라이언트 프로그램이다.

| 파일 업 로드 클라이언트: FileUp.java |

```
package p5a;
import p5.FileTrans;
import java.io.*;
import java.rmi.*;
public class FileUp{
  public static void main(String argv[]) {
    if(argv.length != 2)
      System.out.println("Specify IP & FileName");
    else  try {
      String name = "rmi://" + argv[0] + "/FileServer";
      FileTrans fs = (FileTrans) Naming.lookup(name);

      String fname = argv[1];
      File file=new File(fname);
      byte[] buf = new byte[(int)file.length()];
      BufferedInputStream input = new
      BufferedInputStream(new FileInputStream(fname));
```

```
        input.read(buf, 0, buf.length);
        int status= fs.upload(fname, buf);

        if(status==0) System.out.println("Upload Success");
        input.close();
      } catch(Exception e) { System.out.println(e);
      }
    }
  }
```

실행 과정 및 결과

1) 서버 측에 필요한 실행 파일
- FileTransImpl_Stub.class
- FileTrans.class
- FileTransImpl.class

2) 서버 실행 과정

```
E:₩>start rmiregistry

E:₩file₩server>java FileTransImpl
Server Ready
FileImpl.class is downloaded
FileDown.class is uploaded
```

3) 클라이언트 측에 필요한 실행 파일
- FileImpl_Stub.class
- FileTrans.class
- FileList.class
- FileUp.class
- FileDown.class

4) 클라이언트 측에 필요한 실행 파일

```
E:₩file₩client>java FileList ikim.hansung.ac.kr
Specify IP & Directory

E:₩file₩client>java FileList ikim.hansung.ac.kr .
File Server's File List
FileImpl.class
```

```
E:₩file₩client>java FileList ikim.hansung.ac.kr ..
File Server's File List
FileTrans.java   FileImpl.java
FileList.java    FileDown.java
FileUp.java      server
client

E:₩file₩client>java FileDown ikim.hansung.ac.kr FileImpl.class
File 'FileImpl.class' down success

E:₩file₩client>java FileUp ikim.hansung.ac.kr FileDown.class
Upload Success
```

≫ rmiregistry를 실행할 때 주의할 점은 CLASSPATH에 명시된 디렉토리에 인터페이스 파일과 스터브 파일등 실행에 필요한 파일들을 위치시켜야 한다는 것이다. 만일 CLASSPATH=.;C:₩mine 으로 설정되었다면, rmiregistry가 실행된 디렉토리 또는 C:₩mine에 실행에 필요한 파일들을 위치시켜야 한다.

프로그래밍 연습 ■ 파일을 전송하는 RMI 예제 프로그램을 변경하시오.

- FileList를 실행하였을 때, 파일이 디렉토리인 경우에 파일이름 뒤에 /를 붙이시오.(예, sub/)
- 서버가 현제 디렉토리의 값을 내부 변수에 기억하도록 하시오. (서버가 실행된 디렉토리가 초기 값임)
- 클라이언트 pwd를 실행하면(print working directory), 서버의 현재 디렉토리 값을 출력하도록 하시오.
- 클라이언트 cd를 실행하면(change directory), 서버의 현재 디렉토리를 변경하시오. 물론 cd 실행 시에, 변경하고자 하는 디렉토리 이름도 명시하여야 한다.

≫ 프로그래밍 연습의 코딩은 패키지 p6에 완성되어 있으므로 각자 실행해 보고 분석해보기 바란다.

실행결과

① 서버측

```
RmiRegistry Already Run
FileServer Ready
```

② 클라이언트측 (볼드체는 사용자 입력 명령어)

Server IP:**127.0.0.1**
command:**list**
* Sever File List *

```
.classpath          .project   .settings/
bin/                src/       telephone.dat
command:pwd
Cur Dir:E:₩Java₩NBook₩RMI
command:cd ..
New Dir:E:₩Java₩NBook
command:pwd
Cur Dir:E:₩Java₩NBook
command:ls
* Sever File List *
.metadata/          chap1/     Chap3/
JDBC/               RMI/
command:cd ..
New Dir:E:₩Java
command:ls
* Sever File List *
NBook/              OldBook/ scheduler/
test/
command:cd test
New Dir:E:₩Java₩test
command:ls
* Sever File List *
p3/                 student.dat
command:down student.dat
File 'student.dat' down success
command:exit
```

≫ 이클립스에서 이 예제를 실행하는 경우, 이클립스에서 자바 프로젝트 생성시 설정한 디렉토리에서 실행이 시작된다.

프로그래밍 연습 **패키지 p6의 프로그램은 1명의 클라이언트에 적합하다. 멀티 스레드를 사용하여, 여러명의 접속자 수용할 수 있도록 변경하시오.**

프로그래밍 연습 다음은 서버가 발생하는 임의의 정수(1-7500사이)를 추측 맞히는 RMI 프로그램이다. 추측하는 수를 전송하면, 서버는 발생된 수와 비교하여 문자열을 반환한다. 교수자의 PC에는 서버를 실행하고, 학생들은 원격 인터페이스와 서비스 구현 파일을 참조하여 클라이언트 프로그램을 작성하여 서버와 RMI로 통신한다.

| GuessNumber.java |

```
package p7;
import java.rmi.*;
public interface GuessNumber extends Remote {
   String guess(String name, int num) throws RemoteException;
}
```

| GuessNumberImpl.java |

```
package p7;
import java.rmi.*;
import java.rmi.registry.LocateRegistry;
import java.rmi.server.*;
import java.util.Random;

public class GuessNumberImpl extends UnicastRemoteObject
                                        implements GuessNumber {
 static final long serialVersionUID=778899L;
 int myNum, max=7500,cnt=0;
 Random rd=null;
 String msg, name="start:";
 public GuessNumberImpl() throws RemoteException
 {
    rd = new Random();
    myNum=rd.nextInt(max);
//   System.out.println("num="+myNum);
 }
 public synchronized String guess(String n, int num)
     throws RemoteException
 { if(n.equals(name)) {
       name="start:";
       return "Wait for other play";
    }
    name=n;
    cnt++;
    if (num==myNum) {
```

```
      msg = "Congrarurations !!";
      myNum=rd.nextInt(max)+1;
      System.out.println(cnt+": "+name+": "+msg);
      System.out.println("The number is "+num);
      System.out.println("We start again");
      name = null; cnt=0;
    } else {
      if(num > myNum) msg="Down";
      else msg="Up";
      System.out.println(cnt+": "+name+": "+num+" is "+msg);
    }
    return msg;
  }
  public static void main(String[] args)throws Exception {
    GuessNumberImpl gn = new GuessNumberImpl();
    try {
      LocateRegistry.createRegistry(1099);
    }catch(Exception e){}
    Naming.rebind("GuessNumber", gn);
    System.out.println("Guess Server Ready");
  }
}
```

| GuessClient.java |

```
package p7a;
import p7.GuessNumber;
import java.io.*;
import java.rmi.*;

import p7.GuessNumber;
public class GuessClient {
  public static void main(String[] args) throws Exception {
    String serverIP, name;
    BufferedReader in= new BufferedReader
    (new InputStreamReader(System.in));
    System.out.print("type Server IP: ");
```

```
        serverIP = in.readLine();
        System.out.print("type Your name: ");
        name = in.readLine();
        int num;
        String answer;
        GuessNumber gn = (GuessNumber)
         Naming.lookup("rmi://"+serverIP+"/GuessNumber");
        while(true){
         try {
                System.out.print("Guess a num:");
                num=Integer.parseInt(in.readLine());
                if (num <= 0) break;
                answer=gn.guess(name, num);
                System.out.println(answer);
         } catch(NumbcrFormatException ee){
                System.out.println("Number format error: try again");
         }
        }
        System.out.println("Execution End");
    }
}
```

실행결과

```
type Server IP: 127.0.0.1
type Your name: Kim
Guess a num:3250
Down
Guess a num:2300
Up
Guess a num:2800
Down
Guess a num:2550
Down
Guess a num:2541
Congraturations !!
Guess a num:
```

4.5 RMI CallBack

지금까지 작성한 RMI 프로그램은 클라이언트가 서버의 메소드를 호출하고, 서버는 클라이언트의 요구에 따라 적절한 메소드의 실행 결과를 반환하는 것이었다. 일부 분산 응용 프로그램의 경우, 서버가 중요한 정보를 급하게 전송할 필요가 있다. 예를 들어, 증권 응용 프로그램의 경우 중요한 변동사항이 발생하였을 때, 급하게 서버가 클라이언트에게 이러한 정보를 알려줄 필요가 있다. 이러한 문제를 해결하기 위해서 제안된 것이 바로 Call-Back이다. RMI callback은 클라이언트가 서버의 메소드를 호출하는 것이아니라, 서버가 클라이언트의 메소드 호출을 허용하는 것을 의미한다.

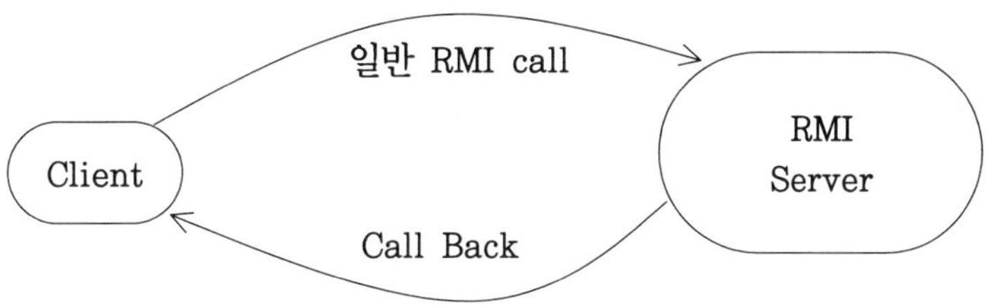

| 그림 4-5 | RMI Call-Back

4.5.1 RMI CallBack 프로그램의 특징

① 클라이언트 메소드의 원격 호출을 위한 인터페이스 파일이 필요하다.
② 클라이언트 객체(obj)를 생성한 후, UnicastRemoteObject.exportObject(obj) 메소드를 사용하여 서버의 접근이 가능하도록 한다.
③ 클라이언트를 서버에 등록해야 한다.
④ 클라이언트의 실행이 종료되지 않는다.

다음은 서버가 4초마다 클라이언트에게 Date 객체를 전송하는 RMI 예제 프로그램이다. 실행과정은 다음과 같다.

① 클라이언트가 서버에게 자신을 등록한다. 서버는 등록된 클라이언트 참조를 저장한다.
② 서버는 저장된 클라이언트 객체의 참조를 이용하여 클라이언트 메소드를 호출할 수 있다.
③ 서버는 주기적으로 Date객체를 생성하여, 클라이언트(메소드를 호출하여)에게 전송한다.

| 서버 인터페이스 파일: DateServerInf.java |

- 원격 호출 가능한 서버 메소드의 원형을 정의한다.

```
package p7;
import java.rmi.*;
```

```
public interface DateServerInf extends Remote {
  public void connect(DateClient c) throws RemoteException;
  public void disconnect() throws RemoteException;
}
```

| 클라이언트 인터페이스 파일: DateClientInf.java |

– 원격 호출 가능한 클라이언트 메소드의 원형을 정의한다.

```
package p7;
import java.rmi.*;
import java.util.Date;
public interface DateClientInf extends Remote {
  public void sendDate(Date d) throws RemoteException;
}
```

| 서버 구현 파일: DateServerImpl.java |

```
package p7;
import java.rmi.*;
import java.rmi.registry.LocateRegistry;
import java.rmi.server.*;
import java.util.*;
@SuppressWarnings("serial")
public class DateServerImpl extends UnicastRemoteObject implements DateServerInf {
 DateClientInf client = null;
 ArrayList<DateClientInf> al=new ArrayList<DateClientInf>();
 public DateServerImpl() throws RemoteException  // 생성자는 필수
 {}
 public void connect(DateClientInf c) throws RemoteException
 {
   al.add(c);
   System.out.println(c+" is connected");
 }
 public void disconn(DateClientInf c) throws RemoteException
 {
   al.remove(c);
   System.out.println(c+" is disconnected");
 }
 private void exec()throws Exception {
```

```
    Date date=null;
    int i=0;
    while(true) {
    date=new Date();
    for(i=0; i<al.size(); i++)
    try {
      al.get(i).sendDate(date);
    }catch(Exception ee){
      al.remove(i);
    }
    Thread.sleep(2000);
    }
  }
  public static void main(String[] args) throws Exception
  {   try{
      LocateRegistry.createRegistry(1099);
    }catch(Exception ee){}
    DateServerImpl ds = new DateServerImpl();
    Naming.rebind("rmi://localhost/DateServer", ds);
    System.out.println("Date Server Ready");
    ds.exec();
  }}
```

❙ 클라이언트 구현 파일: DateClientImpl.java ❙

```
package p7;
import java.rmi.*;
import java.rmi.server.*;
import java.util.*;
import java.awt.*;
import java.awt.event.*;
@SuppressWarnings("serial")
public class DateClientImpl extends Frame
    implements DateClientInf, ActionListener {
  TextArea ta=null;
  Button connBtn=null;
  TextField ipFld=null;
  Panel p1 =null;
  static DateServerInf ds = null;
  public DateClientImpl(){
```

```
super("Date Client");
p1=new Panel();
p1.add(new Label("Server IP:"));
p1.add(ipFld=new TextField("127.0.0.1",14));
p1.add(connBtn=new Button("Connect"));
connBtn.addActionListener(this);
add(ta=new TextArea(),"Center");
add(p1,"North");
setSize(350,280);
setVisible(true);
}
 public void sendDate(Date d) throws RemoteException {
   ta.append("₩nDate from server: "+d);
   ta.setCaretPosition(ta.getText().length());
 }
 public void actionPerformed(ActionEvent e) {
if(e.getSource()!=connBtn) return;
String ip="rmi://"+ipFld.getText().trim();
try {
  ds=(DateServerInf)Naming.lookup(ip+"/DateServer");
  ds.connect(this);
}catch(Exception ex){
  System.out.println(ex);
  System.exit(-1);
}
connBtn.setEnabled(false);
 }
 private static void disconn(DateClientInf dci){
try {
  if(ds!=null) ds.disconn(dci);
}catch(RemoteException ee){}
 }
 public static void main(String[] args)throws Exception{
final DateClientImpl dc = new DateClientImpl();
UnicastRemoteObject.exportObject(dc);// 중요한 차이점
dc.addWindowListener(
  new WindowAdapter() {
    public void windowClosing(WindowEvent we)
    { disconn(dc);
    System.exit(0);
```

```
        }
    });
    }
}
```

실행과정 및 결과

① 모든 자바 코드 컴파일

C:₩> javac p7₩*.java

② rmic를 사용하여 서버의 스터브 파일 생성 (생략가능)

C:₩> rmic -v1.2 p7.DateServerImpl

③ rmic를 사용하여 클라이언트의 스터브 파일 생성 (필요)

C:₩> rmic -v1.2 p7.DateClientImpl

≫ JDK1.5 이후버전에서는 UnicastRemoteObject를 확장해서 정의한 서버 클래스의 객체는 동적으로 스터브파일을 자동생성한다. 그러나 콜백에서 클라이언트 클래스는 일반적으로 UnicastRemoteObject를 확장해서 정의하지 않았으므로, 본 명령어가 필요하다.

④ 서버측에서 DateServerImpl을 실행

C:₩> java p7.DateServerImpl

Date Server Ready

A Client connected

Client disconnected

⑤ 클라이언트측에서 DateClientImpl을 실행한다.

C:₩> java p7.DateClientImpl

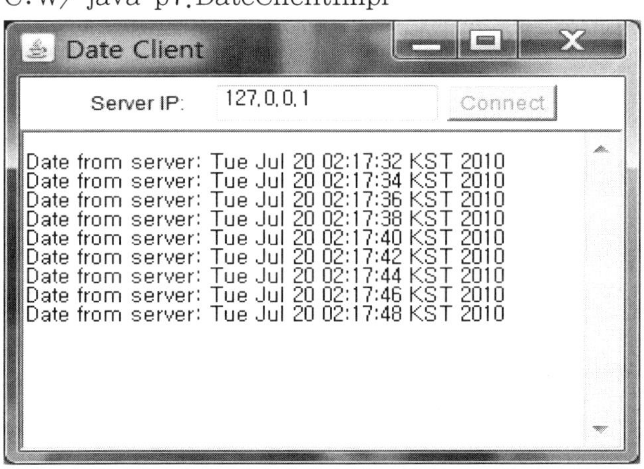

4.5.2 RMI 채팅 프로그램

다음은 RMI 콜백을 사용한 채팅 예제 프로그램이다.

① 클라이언트 실행시에 명령행 인자로서 채팅 서버의 IP를 명시하여야 한다.
② 클라이언트를 실행하면, 클라이언트는 서버에 자신을 등록하여 콜백이 가능하도록 하였다.
③ 인터페이스 파일은 서버와 클라이언트 양쪽 모두 필요하다.
④ 채팅 서버는 백터를 사용하여, 전송받은 메시지를 broadcasting 하였다.
⑤ 클라이언트가 종료되면 메시지 전송시에 예외가 발생하고, 서버측의 백터에서 삭제한다.

서버측 원격 인터페이스: ChatServer.java

```
package p8;
import java.rmi.*;
public interface ChatServer extends Remote {
  public void sendMsg(String m) throws RemoteException;
  public void connect(ChatClient c)throws RemoteException;
}
```

클라이언트측 원격 인터페이스: ChatClient.java

```
package p8;
import java.rmi.*;
public interface ChatClient extends Remote {
  public void send_msg(String m)throws RemoteException;
}
```

채팅 서버 구현 파일: ChatServerImpl.java

```
package p8;
import java.rmi.*;
import java.rmi.registry.LocateRegistry;
import java.rmi.server.*;
import java.util.*;
public class ChatServerImpl extends UnicastRemoteObject implements ChatServer
{
  static final long serialVersionUID=198023L;
  Vector<ChatClient> vc = new Vector<ChatClient>();
  String m=null;
  ChatClient client=null;
  public ChatServerImpl() throws RemoteException
```

```
 {}
 public void connect(ChatClient c)throws RemoteException
 {
   vc.addElement(c);
 }
 public void sendMsg(String msg)throws RemoteException {
   for(int i=0; i<vc.size();i++){
     ChatClient cc=(ChatClient) vc.elementAt(i);
     try {
             cc.send_msg(msg);
     }catch(Exception e){
             System.out.println("Error in"+cc);
             vc.removeElement(cc);
     }
   }
 }
 public static void main(String[] args)throws Exception{
   try{
     LocateRegistry.createRegistry(1099);
   }catch(Exception ee){}
   ChatServerImpl sv=new ChatServerImpl();
   Naming.rebind("rmi://127.0.0.1/chat",sv);
   System.out.println("RMI Chat Server Ready");
 }
}
```

Ⅰ채팅 클라이언트 구현 파일: ChatClientImpl.java]Ⅰ

```
package p8;
import java.awt.*;
import java.awt.event.*;
import javax.swing.*;
import javax.swing.border.*;
import java.rmi.*;
import java.rmi.server.*;

public class ChatClientImpl extends JFrame
     implements ChatClient, ActionListener
{
 static final long serialVersionUID = 929395L;
 JTextField tf = new JTextField();
```

```
JTextArea ta = new JTextArea();
String name=null;
ChatServer cs=null;
JPanel p1 = new JPanel();
JTextField ipFld=new JTextField("127.0.0.1");
JTextField nick=new JTextField();
JButton connBtn=new JButton("Connect");
public ChatClientImpl() {
   super("RMI Chatting Client");
   tf.setBorder(new TitledBorder("Enter Message"));
   tf.addActionListener(this);
   add(tf, BorderLayout.SOUTH);
   add(new JScrollPane(ta), BorderLayout.CENTER);
   p1.setLayout(new GridLayout(1,5));
   p1.add(new JLabel("Server IP: ",JLabel.RIGHT));
   p1.add(ipFld);
   p1.add(new JLabel("Nick Name: ",JLabel.RIGHT));
   p1.add(nick);
   p1.add(connBtn);
   add(p1,"North");
   connBtn.addActionListener(this);
   setDefaultCloseOperation(EXIT_ON_CLOSE);
   setLocation(200,200);
   setSize(450,310);
   setVisible(true);
}
public void actionPerformed(ActionEvent e){
   try{
     if(e.getSource()==connBtn){
     if(nick.getText()==null||
         nick.getText().trim().length()<1) return;

        String ip="rmi://"+ipFld.getText().trim();
        cs = (ChatServer) Naming.lookup(ip+"/chat");
        cs.connect(this);
        name=nick.getText().trim();
        cs.sendMsg(name+" 님이 입장하셨습니다.₩n");
        name=name+": ";
        connBtn.setEnabled(false);
        return;
```

```
        }
        String m=tf.getText().trim();
        cs.sendMsg(name+m+"₩n");
        tf.setText("");
      }catch(Exception ee){
        System.out.println("error:"+ee);
      }
    }
    public void send_msg(String m)throws RemoteException
    {
      ta.append(m);
      ta.setCaretPosition(ta.getText().length());
    }
    public static void main(String[] args) throws Exception {
      ChatClientImpl cc =new ChatClientImpl();
      UnicastRemoteObject.exportObject(cc);
    }
  }
```

4.5.3 RMI 채팅 실행과정

① 모든 인터페이스 파일과 자바 응용 프로그램을 컴파일

```
C:₩> javac p8₩*.java
```

② rmic를 사용하여 서버의 스터브 파일 생성 (JDK1.5에서 생략가능)

```
C:₩> rmic -v1.2 p8.ChatServerImpl
```

③ rmic를 사용하여 클라이언트의 스터브 파일 생성

```
C:₩> rmic -v1.2 p8.ChatClientImpl
```

※ ChatClientImpl 클래스는 UnicastRemoteObject를 상속받지 않았으므로, JDK 1.5에서도 반드시 스터브 파일을 생성해주어야 함.

④ 서버 실행에 필요한 클래스 파일들

- ChatServerImpl.class
- ChatServer.class
- ChatClient.class
- ChatClientImpl_Stub.class
- ChatServerImpl_Stub.class

⑤ 클라이언트 시행에 필요한 클래스 파일들

- ChatClientImpl.class

- ChatServer.class
- ChatClient.class
- ChatClientImpl_Stub.class
- ChatServerImpl_Stub.class

⑥ 서버측에서 채팅 서버를 실행

C:₩rmi₩ex5₩server>java p8.ChatServerImpl

⑦ 클라이언트측에서 채팅 클라이언트를 실행

C:₩rmi₩ex5₩client>java p8.ChatClientImpl

⑧ 다음과 같은 채팅창이 나타나면, 서버의 IP와 채팅명을 입력하고 Connect 버튼을 클릭한다. 채팅창에 정상입장되었음이 표시되면, 하단의 채팅 메시지를 입력하고 엔터키를 누른다.

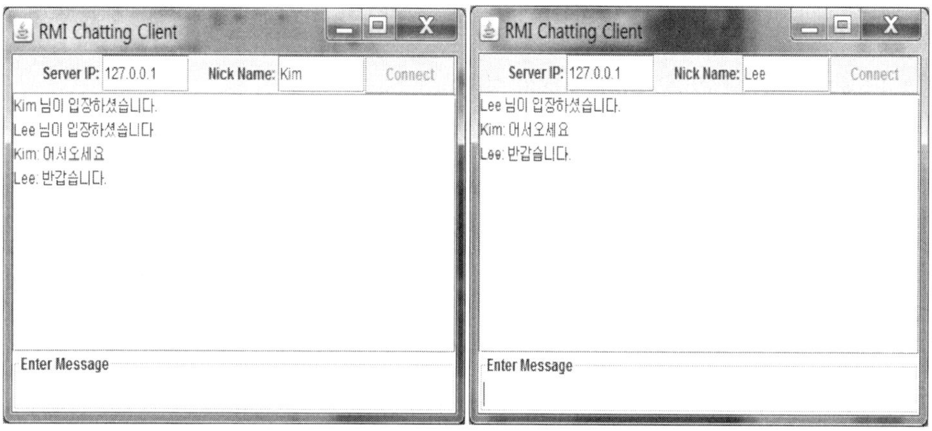

4.5.4 일반 RMI 응용과 RMI 콜백 프로그램의 차이점

① 클라이언트를 위한 원격 인터페이스 파일 및 스터브 파일이 필요하다.

② 서버에서 클라이언트 객체 참조 필요하다. 서버 클래스에서 클라이언트 객체를 등록하는 메소드가 필요하다.

③ 클라이언트 객체의 export 필요하다.

- UnicastRemoteObject.exportObject(Remote obj)
- UnicastRemoteObject.exportObject(Remote obj, int port)

연습문제 **앞의 RMI 채팅 예제프로그램에서 채팅에 참가한 클라이언트가 종료되면, 어떠한 일이 발생하는가? (채팅 서버는 메시지를 broadcasting 하기 위해서 백터에서 클라이언트 객체를 하나씩 꺼낸 후, 메시지 전송 메소드를 호출한다.)**

프로그래밍 연습 앞의 RMI 채팅 프로그램을 수정하시오. 채팅 참가자 명단 나열, 밀담기능, 강퇴(강제로 퇴장시킴)기능, 파일 송수신 등 필요한 기능을 추가하시오.

4.5.5 RMI call-back을 사용한 Strike-Ball 게임 프로그래밍

2장에서 보여준 Strike-Ball 프로그램을 네트워크로 연결된 컴퓨터를 사용하여 게임할 수 있도록 RMI Call-bak을 사용하여 구현하였다. 기본적인 규칙은 2장과 동일하다. 다만 2장의 프로그램은 컴퓨터가 발생시킨 수를 사람이 맞추는 것이었지만, 여기서는 두 사람이 상대방의 숫자를 맞추는 것이다.

- 서버와 클라이언트간의 실행 시나리오
  - 분산 프로그램을 작성하려면, 서버와 클라이언트간의 실행 절차를 명확히 하는 것이 매우 중요하다.
  - 다음은 서버와 클라이언트간의 실행 시나리오를 간략히 기술한 것이다.

StikeBall 서버

① 클라이언트가 접속하면, 자신의 난수를 발생시키고 실행 스레드 생성
② 클라이언트에게 순서를 넘김
③ guess() 실행결과를 반환
상대방이 숫자를 맞추었으면 게임종료
④ 본인의 차례가 됨
⑤ 사용자의 숫자를 입력받아 클라이언트의 guess() 호출
⑥ 상대방의 숫자를 맞추었으면 종료, 아니면 ②로 돌아가 반복 실행.

StikeBall 클라이언트

① IP로 서버객체를 검색
② 자신의 난수를 발생시킴
③ 숫자를 입력 받아 서버의 guess() 호출
④ guess()의 실행결과 반환
본인이 숫자를 맞추었으면 게임 종료

⑤ 서버가 호출한 guess()를 실행
⑥ 서버가 나의 숫자를 맞추었으면 게임 종료, 아니면 ②로 돌아가 반복실행

- Semaphore(세마포어)의 사용
  - 본 예제에서는 세마포어를 사용하여 두 스레드의 실행 순서를 정하였다. RMI에서는 원격 호출을 실행하는 스레드와 메인 스레드가 병행으로 실행된다. 그러므로 두 스레드간에 실행 순서가 실행결과에 영향을 줄 수 있다.
  - 다음 그림을 살펴본다. 세마포어의 초기값이 0으로 설정되었음에 주의한다.

❙ 세마포어 예제 코드 ❙

다음 그림에서 스레드 A의 action_A는 반드시 action_B 먼저 실행된 다음에 sem.release()를 실행해 주어야 실행할 수 있다. 즉 세마포어를 사용하여 두 코드의 실행순서는 action_B가 먼저 실행되고 action_A가 실행된다. (action_B → action_A의 실행순서가 유지됨)

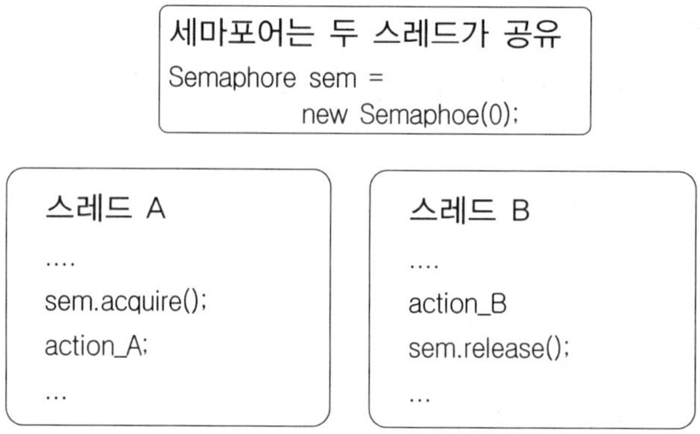

Strike-Ball게임의 원격 인터페이스 파일은 다음과 같다.

서버의 인터페이스: StrikeBall.java

```
package p8.strikeBall;
import java.rmi.*;
public interface StrikeBall extends Remote {
  String connect(StrikeClient sc) throws RemoteException;
  String guess(int num)throws RemoteException;
  String disconnect() throws RemoteException;
}
```

클라이언트의 인터페이스: StrikeClient.java

```
package p8.strikeBall;
import java.rmi.*;
public interface StrikeClient extends Remote {
  void giveTurn() throws RemoteException;
  String guess(int num) throws RemoteException;
}
```

서버 구현 파일: StrikeBallImpl.java

```
package p8.strikeBall;
import java.rmi.*;
import java.rmi.server.*;
import java.rmi.registry.LocateRegistry;
import java.util.*;
import java.util.concurrent.Semaphore;
@SuppressWarnings("serial")
```

```
public class StrikeBallImpl extends UnicastRemoteObject
      implements StrikeBall, Runnable {
  StrikeClient client=null;
  Scanner scan = new Scanner(System.in);
  Semaphore myTurn = new Semaphore(0);
  int myNum=0;
  boolean lose=false;
  public StrikeBallImpl()throws RemoteException {}
  public static boolean formatOK(int num){
  int n1 = (int) num / 100;
  int n2 = ((int) num / 10) %10;
    int n3 =  num % 10;
    return (n1 != n2 && n2 != n3 && n1!= n3);
  }
  public String check(int number, int guess) {
  int strikes=0, balls=0;
  int[] n=new int[3], m=new int[3];
  for(int i=0; i<3; i++) {
     n[i] = number % 10;
     m[i] = guess  % 10;
     number = (int) number/10;
     guess    = (int) guess / 10;
    }
    for(int i=0; i<3; i++) {
      if(n[i]==m[i]) strikes++;
        for(int j=0; j<3; j++)
     if(n[i]==m[j] && i!=j) balls++;
      }
    if (strikes==3) {
      return "Congratulations!!!!!₩n";
    } else
    return "-> "+strikes+" strikes, "+balls+" balls";
  }
  void init(){
  Random rd = new Random();
  int m1, m2, m3;
  m1 = rd.nextInt(9)+1;
  do { m2 = rd.nextInt(9)+1; } while(m1==m2);
    do { m3 = rd.nextInt(9)+1; } while(m1==m3 || m2==m3);
    myNum = (m1*100 + m2*10 + m3);
```

```
        System.out.println("A Client ask to play & my Num="+myNum);
        new Thread(this).start();
    }
    public void run(){
    int myGuess;
    String ans;
    try{
      while(true){
        client.giveTurn();
        System.out.println("wait for other guess guess");
        myTurn.acquire();
        if (lose) {
        System.out.println("I lost. See you");
        System.exit(0);
        }
        do{ System.out.print("Your Guess:");
         myGuess=scan.nextInt();
        }while(!formatOK(myGuess));
        ans=client.guess(myGuess);
        System.out.println(ans);
        if(ans.startsWith("Cong")) {
         System.out.println("I won. See you.");
         client.giveTurn();  // what if missing this line?
         System.exit(0);
        }
      }
    }catch(Exception e){
       System.out.println("ERR:"+e);
    }
    }
    public String connect(StrikeClient sc) throws RemoteException {
    client = sc;
    init();
    return "Server Connected.";
    }
    public String disconnect() throws RemoteException {
    client = null;
    return "So long!";
    }
    public String guess(int num) throws RemoteException {
```

```
  String answer = check(myNum,num);
  if (answer.startsWith("Cong")) {
    lose=true;
  }
    System.out.println("Other guess:"+num+"₩t"+answer);
  myTurn.release();
  return answer;
  }
  public static void main(String[] a)throws Exception
  { try{
    LocateRegistry.createRegistry(1099);
    }catch(Exception e){}
  StrikeBallImpl strikeBall = new StrikeBallImpl();
  Naming.rebind("baseball",strikeBall);
  System.out.println("Stike-Ball Game Ready.");
  }
}
```

▌클라이언트 인터페이스 구현파일: StrikeClientImpl.java ▌

```
package p8.strikeBall;
import java.rmi.*;
import java.rmi.server.*;
import java.util.*;
import java.util.concurrent.Semaphore;
@SuppressWarnings("serial")
public class StrikeClientImpl extends UnicastRemoteObject
      implements StrikeClient {
  static boolean lose=false;
  static int myNum=0;
  static Semaphore myTurn = new Semaphore(0);
  protected StrikeClientImpl() throws RemoteException {
  }
  public String check(int number, int guess) {
  int strikes=0, balls=0;
  int[] n=new int[3], m=new int[3];
  for(int i=0; i<3; i++) {
     n[i] = number % 10;
     m[i] = guess  % 10;
     number = (int) number/10;
```

```
    guess   = (int) guess / 10;
   }
   for(int i=0; i<3; i++) {
     if(n[i]==m[i]) strikes++;
       for(int j=0; j<3; j++)
    if(n[i]==m[j] && i!=j) balls++;
     }
   if (strikes==3) {
     return "Congratulations!!!!!₩n";
   } else {
     return "-> "+strikes+" strikes, "+balls+" balls";
   }
 }
 public void giveTurn() throws RemoteException {
   myTurn.release();
 }
 public String guess(int num) throws RemoteException {
   String answer = check(myNum,num);
   if(answer.startsWith("Co")) {lose=true;}
   System.out.println("Other guess:"+num+"₩t"+answer);
   return answer;
 }
 public static int initNum(){
 Random rd = new Random();
 int m1, m2, m3;
 m1 = rd.nextInt(9)+1;
 do { m2 = rd.nextInt(9)+1; } while(m1==m2);
    do { m3 = rd.nextInt(9)+1; } while(m1==m3 || m2==m3);
    return (m1*100 + m2*10 + m3);
 }
 public static boolean formatOK(int num){
    int n1 = (int) num / 100;
    int n2 = ((int) num / 10) %10;
    int n3 =  num % 10;
    return (n1 != n2 && n2 != n3 && n1!= n3);
 }
 public static void main(String[] a)throws Exception
 {  Scanner scan = new Scanner(System.in);
  System.out.print("Key in Server IP:");
  String ip=scan.nextLine();
```

```
        if (ip==null||ip.length()==0) ip="127.0.0.1";
        StrikeBall gn = (StrikeBall)Naming.lookup("rmi://"+ip+"/baseball");
        StrikeClient sClient = new StrikeClientImpl();
        System.out.println(gn.connect(sClient));
        System.out.println("My num is :"+(myNum=initNum()));
        String ans; int myGuess;
        while(true){
          myTurn.acquire();
          if(lose==true) {
            System.out.println("I lost. See you.");
            System.exit(0);
          }
          do{ System.out.print("Your Guess:");
              myGuess=Integer.parseInt(scan.nextLine());
            }while(!formatOK(myGuess));
          System.out.println(ans=gn.guess(myGuess));
          if(ans.startsWith("Cong")) {
           System.out.println("I won. See you");
             System.exit(0);
          }
          System.out.println("Let's wait opponet move");
        }
      }
    }
```

실행결과

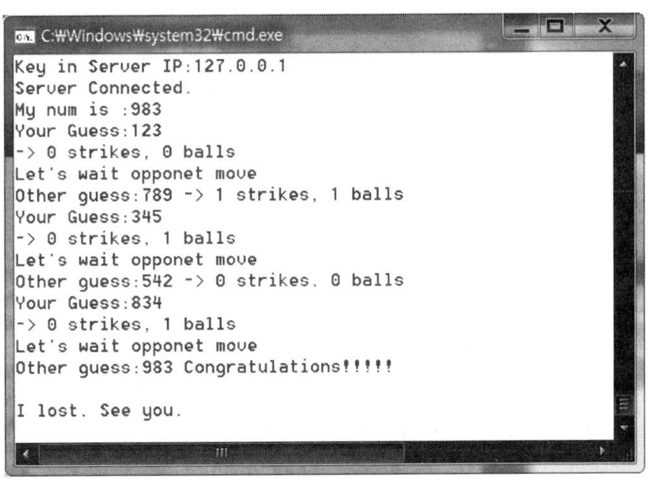

■ 프로그래밍 과제 ■ 앞의 예제는 게임 1판으로 종료된다. 상호 합의하에 게임을 계속 진행할 수 있도록 변경하시오. 지금까지 두사람간의 전적을 표시하시오.

앞의 예제 GuessNumber은 단순히 서버가 발생시킨 임의의 수를 원격 사용자가 맞추는 프로그램이었다. 이 프로그램을 Call-back을 사용하여 두 사람간에 서로 경쟁적으로 숫자를 맞추도록 변경하시오.

4.5.6 RMI call-back을 사용한 오목 프로그램 작성

앞장에서 소켓을 사용한 Tic-tac-toe 프로그램을 변형하여, RMI call-back 사용 오목 프로그램을 작성하였다. 본 프로그램의 실행 흐름을 그림으로 표현하면 다음과 같다.

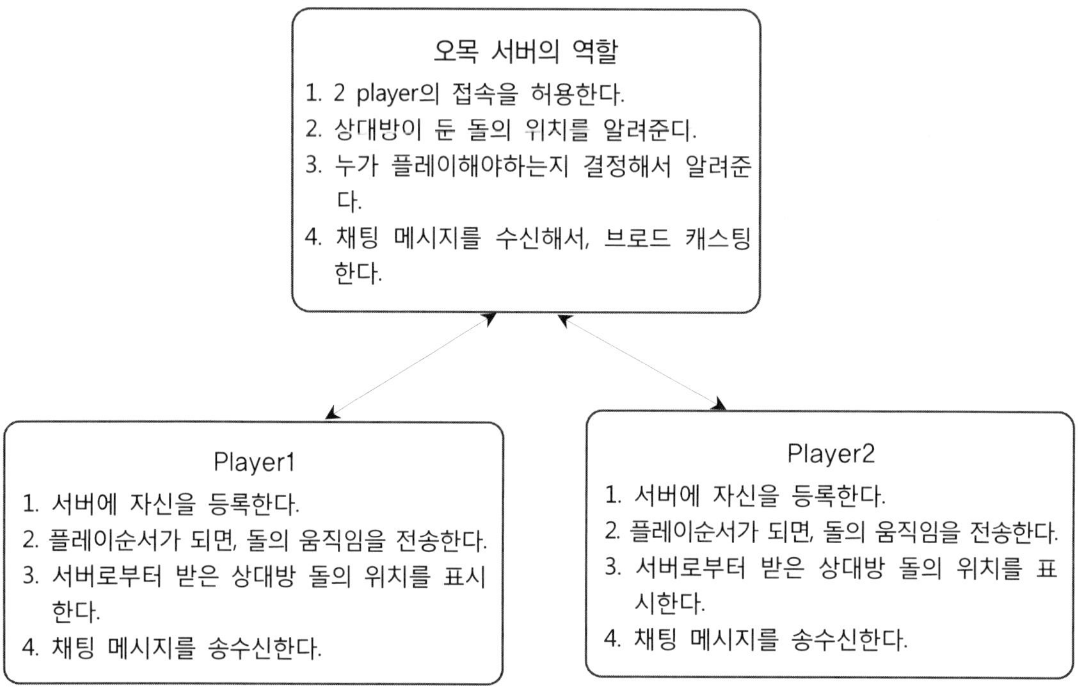

- 오목 서버는 단순히 돌의 움직임만을 상대방에게 전달하므로 누가 이겼는지는 두 플레이어가 판단하게 한다.
- 오목 서버는 2사람만의 접속을 허용하며, 경기가 끝나면 서버를 강제로 종료시킨 후, 다시 실행하여야 오목 서버 기능을 수행할 수 있다.
- 클라이언트 클래스는 UnicastRemoteObject를 확장하여 정의하지 않았으므로, 스터브 파일이 동적으로 자동 생성되지 않는다. 다음 명령어를 사용하여 생성하여야 한다.

(명령어) E:\Java\RMI\bin> rmic -v1.2 p9.PlayerImpl

» 오목 프로그램의 소스는 다음과 같다.

| 오목 서버 인터페이스 파일: Omok.java |

```
package p9;
import java.rmi.*;
public interface Omok extends Remote{
  final static int Row=12, Col=11;
  public char connect(Player p) throws RemoteException;
  public void myMove(int row, int col, char token)
            throws RemoteException;
  public void toServerMsg(String msg) throws RemoteException;
}
```

| 오목 Player 인터페이스 파일: Player.java |

```
package p9;
import java.rmi.*;
public interface Player extends Remote {
  final static int Row=12, Col=11;
  public void takeTurn(boolean turn) throws RemoteException;
  public void notify(String mesg) throws RemoteException;
  public void mark(int row, int col, char token)
            throws RemoteException;
  public void toPlayerMsg(String mesg) throws RemoteException;
}
```

| 오목 서버 구현 파일: OmokImpl.java | |

```
package p9;
import java.rmi.*;
import java.rmi.server.*;
import java.rmi.registry.*;
@SuppressWarnings("serial")
public class OmokImpl extends UnicastRemoteObject
              implements Omok {
 Player player1=null, player2=null;
 char[][] board = new char[Row][Col];
```

```
    protected OmokImpl() throws RemoteException {
   super();
 }
 public char connect(Player p) throws RemoteException {

   if(player1==null){
System.out.println("p1 connect:"+p);
      player1=p;
      player1.notify("Wait for 2nd player");
      return 'x';
   }else if(player2==null){
System.out.println("p2 connect:"+p);
      player2=p;
      player2.notify("Wait for 1st player's move");
      player2.takeTurn(false);
      player1.notify("Your Turn");
      player1.takeTurn(true);
      return 'o';
   }
   p.notify("This game is already full");
   return 'q';
 }
 public void myMove(int r, int c, char token) throws RemoteException {
   board[r][c]=token;
   if(token=='x') {
      player2.mark(r,c,token);
      player1.takeTurn(false);
      player1.notify("You've to wait");
      player2.notify("Your turn");
      player2.takeTurn(true);
   }
   else {
      player1.mark(r,c,token);
      player2.takeTurn(false);
      player2.notify("You've to wait");
      player1.notify("Your turn");
      player1.takeTurn(true);
   }
 }
```

```
  public void toServerMsg(String msg) throws RemoteException {
    player1.toPlayerMsg(msg);
    player2.toPlayerMsg(msg);
  }

  public static void main(String[] args)throws Exception {
    OmokImpl om = new OmokImpl();
    try {
      LocateRegistry.createRegistry(1099);
    }catch(Exception ee){}
    Naming.rebind("OmokServer",om);
    System.out.println("Omok Server Ready");
  }
}
```

❙ 오목 Player 구현 파일: PlayerImpl.java ❙

```
package p9;
import java.awt.*;
import java.awt.event.*;
import javax.swing.*;

import java.net.MalformedURLException;
import java.rmi.*;
import java.rmi.registry.LocateRegistry;
import java.rmi.server.*;
@SuppressWarnings("serial")
public class PlayerImpl extends JFrame implements Player, ActionListener{
  char mark='x';
  boolean myTurn=false; //
  Cell[][] cell;
  Omok omok=null;
  String ip=null, nickName=null,messg;
  JTextField ipFld, nameFld;
  JButton conn;
  JTextArea ta= new JTextArea();
  JPanel p1=new JPanel();
  JPanel centralP = new JPanel();
  JPanel boardP =   new JPanel();
  JPanel mesgP = new JPanel();
```

```
  JTextField msgFld = new JTextField();
  public PlayerImpl() {
    super("Omok Client");
    p1.setLayout(new GridLayout(1,5));
    p1.add(new JLabel("Server IP: ",JLabel.RIGHT));
    p1.add(ipFld=new JTextField("127.0.0.1",16));
    p1.add(new JLabel("Nick name: ",JLabel.RIGHT));
    p1.add(nameFld=new JTextField());
    p1.add(conn=new JButton("Connect"));
    conn.addActionListener(this);
    add(p1,"North");
    centralP.setLayout(new GridLayout(1,2,2,2));
    centralP.add(boardP);
    boardP.setLayout(new GridLayout(Row,Col));
    boardP.setBorder(BorderFactory.createLineBorder(Color.gray,1));
    cell=new Cell[Row][Col];
    for(int i=0; i<Row; i++)
     for(int j=0; j<Col; j++){
       boardP.add(cell[i][j]=new Cell(i,j));
     }
    centralP.add(new JScrollPane(ta));
    add(centralP,"Center");
    mesgP.setLayout(new BorderLayout());
    mesgP.add(new JLabel("Message:"),"West");
    mesgP.add(msgFld,"Center");
    add(mesgP,"South");
    msgFld.addActionListener(this);

    setSize(800,550);
    setVisible(true);
  }
  private class Cell extends JPanel {
    private boolean marked=false;
    int row, col;
    char token;
    public void setToken(char c){
     token=c;
     marked=true;
System.out.println("setToken is called :"+token);
     repaint();
```

```
    }
    public Cell(int r, int c){
     row=r;  col=c;
     addMouseListener(new MouseAdapter(){
       public void mouseClicked(MouseEvent e){
System.out.println("mouse clicked:"+e);

       if(myTurn && !marked){
       setToken(mark);
       try{
         omok.myMove(row,col,token);
       }catch(RemoteException re){
         System.out.println(re);
       }
     }}});
    }
    protected void paintComponent(Graphics g){
     g.setColor(Color.black);
     g.drawLine(getSize().width/2, 0, getSize().width/2, getSize().height);
     g.drawLine(0,getSize().height/2, getSize().width, getSize().height/2);
     if(token=='x'){
       g.fillOval(2, 2, getSize().width-4, getSize().height-4);
     }else if(token=='o'){
       g.setColor(Color.gray);
       g.fillOval(2, 2, getSize().width-4, getSize().height-4);
     }
    }
 }
 public void mark(int row, int col, char token) throws RemoteException {
    cell[row][col].setToken(token);
 }
 public void notify(String mesg) throws RemoteException {
    ta.append("Omok Server: "+mesg+"₩n");
    ta.setCaretPosition(ta.getText().length());
 }
 public void takeTurn(boolean turn) throws RemoteException {
    myTurn=turn;
 }
 public void toPlayerMsg(String mesg) throws RemoteException {
    ta.append(mesg+"₩n");
```

```
    ta.setCaretPosition(ta.getText().length());
  }
  public void actionPerformed(ActionEvent e) {
    if(e.getSource()==conn){
     ip=ipFld.getText().trim();
     if(ip==null||ip.length()==0) return;
     nickName=nameFld.getText().trim();
     initRMI();
     conn.setEnabled(false);
    }
    messg=msgFld.getText().trim();
    if(messg==null|| messg.length()==0) return;
    try {
     omok.toServerMsg(nickName+": "+messg);
    } catch (RemoteException e1) {
     e1.printStackTrace();
    }
    msgFld.setText("");
  }
  public void initRMI() {
        try {
     omok=(Omok)Naming.lookup("rmi://"+ip+"/OmokServer");
     mark=omok.connect(this);
     ta.append("Omok Server connected₩n");
        }catch(Exception e){
          System.out.println("Error:"+e);
          System.exit(-1);
        }
  }
  public static void main(String[] args)throws Exception{
     PlayerImpl pi=new PlayerImpl();
     UnicastRemoteObject.exportObject(pi);
     pi.setDefaultCloseOperation(EXIT_ON_CLOSE);
  }
}
```

실행결과

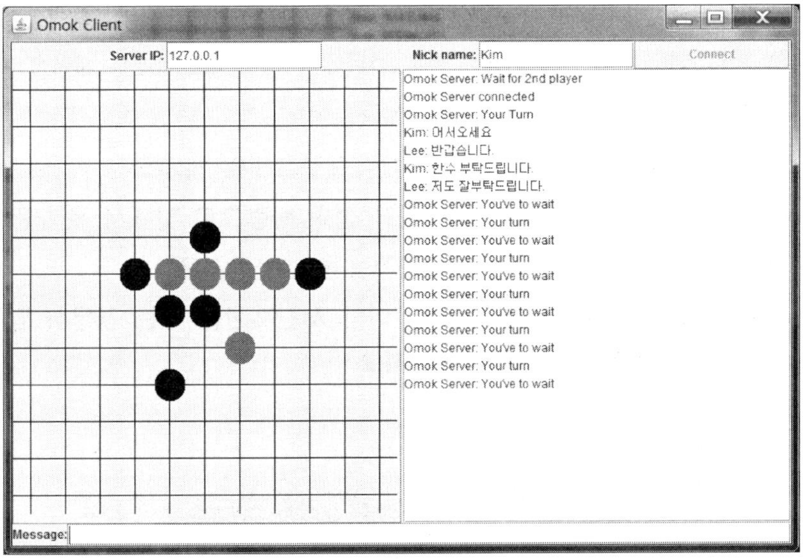

Omok Client
Server IP: 127.0.0.1
Nick name: Kim
Connect
Omok Server: Wait for 2nd player
Omok Server connected
Omok Server: Your Turn
Kim: 어서오세요
Lee: 반갑습니다.
Kim: 한수 부탁드립니다.
Lee: 저도 잘부탁드립니다.
Omok Server: You've to wait
Omok Server: Your turn
Omok Server: You've to wait
Omok Server: Your turn
Omok Server: You've to wait
Omok Server: Your turn
Omok Server: You've to wait
Omok Server: Your turn
Omok Server: You've to wait
Omok Server: Your turn
Omok Server: You've to wait
Message:

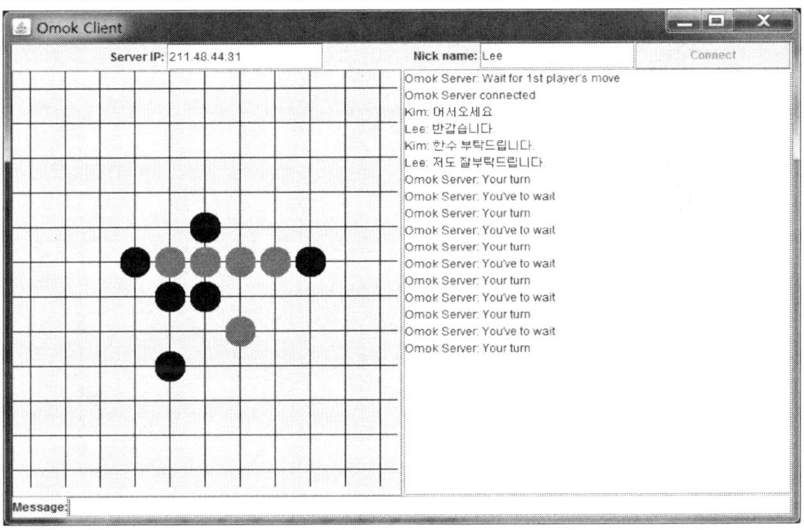

Omok Client
Server IP: 211.48.44.81
Nick name: Lee
Connect
Omok Server: Wait for 1st player's move
Omok Server connected
Kim: 어서오세요
Lee: 반갑습니다.
Kim: 한수 부탁드립니다.
Lee: 저도 잘부탁드립니다.
Omok Server: Your turn
Omok Server: You've to wait
Omok Server: Your turn
Omok Server: You've to wait
Omok Server: Your turn
Omok Server: You've to wait
Omok Server: Your turn
Omok Server: You've to wait
Omok Server: Your turn
Omok Server: You've to wait
Omok Server: Your turn
Message:

프로그램 연습

소스코드의 패키지 pA에는 앞의 오목 프로그램에 [Repaly] 버튼을 추가하였다. (실행결과 오른쪽 하단). [Replay] 버튼을 클릭하면, 현재 진행중인 게임을 화면에서 삭제하고 새로운 게임을 시작하게 한다. 각자 프로그램을 실행해보기 바란다.

① 추가적으로 필요한 기능을 생각해보고 기능을 프로그래밍 하시오.

② 일반적인 사용 오목 프로그램에서는 네트워크 접속 불량으로 인해서, 한사람의 접속이 끊기는 경우 재접속을 허용한다. 재접속 허용기능을 추가하시오.

③ 적절한 플레이시간을 지키기 위해서는 매수마다 시간제한을 두는 경우가 많다. 스레드를 사용하여 시간제한(초읽기) 기능을 추가하시오.

pA패키지의 예제 실행결과

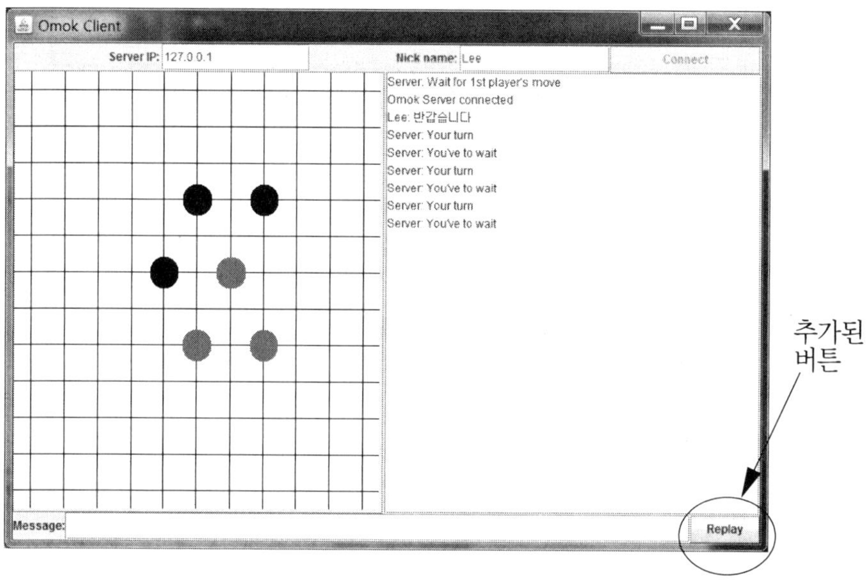

제5장
Java 언어의 Data Base 연동

컴퓨터 프로그래밍에 있어서 데이터베이스는 매우 중요하다. 컴퓨터 언어를 사용하여 대규모 데이터를 효율적으로 처리하기에는 한계가 있으므로, 데이터베이스와 연동하여 데이터를 처리하는 것이 바람직하다. 이장에서는 관계형 데이터베이스에 대해서 간단히 소개하고, Java 언어와 데이터베이스의 연동에 대해서 살펴본다.

5.1 관계형 데이터베이스(Relational Database System)

관계형 데이터베이스는 테이블에 정보를 저장한다. 데이터베이스의 테이블을 생성하고, 데이터를 입력하고 검색하는 명령어는 일반적으로 SQL(Structured Query Language)를 사용한다. SQL에서 기본적으로 사용하는 데이터 타입과 자바 언어의 데이터 타입을 비교하면 다음과 같다.

SQL 데이터	자바 데이터
INTEGER	int
REAL	float
DOUBLE	double
DECIMAL(m,n)	BigDecimal
BOOLEAN	boolean
CHAR(n)	String

※ 여기서 CHAR(N)은 N자리수 문자를 나타내며, DECIMAL(M,N)에서 M은 십진수의 전체 자리수를 나타내며, N은 소수점이하의 자리수를 나타낸다.

SQL 명령어

① Create table : 테이블을 생성하는 명령어이다.

형식)

CREATE TABLE *table-name*
(*col_name type* { , *col_name type* }*)

예
```
CREATE TABLE Student (
                    stud_ID INTEGER NOT NULL PRIMARY KEY,
                    name    CHAR(12) NOT NULL,
      address VARCHAR(30))
```

예
```
CREATE TABLE Goods (
                    ID_Code CHAR(10),
```

```
        Description CHAR(20),
        Unit_Price DECIMAL(10,2)
)
```

② Drop table : 테이블의 삭제하는 명령어이다.
형식)

DROP TABLE *table-name*

③ Create index : 데이터베이스의 특정 필드 검색 성능을 향상시키기 위한 문장이다.
형식)

CREATE [UNIQUE] INDEX *index_name*
ON *table_name* (*field_name* [ASC | DESC])

●예

CREATE INDEX id_index ON student(s_id)

④ ALTER 명령어: 테이블의 내용을 변경하는 명령어이다.

- 필드추가 : ALTER TABLE [테이블이름] ADD COLUMN [추가할필드이름] [자료형]

- 필드변경 : ALTER TABLE [테이블이름]
  CHANGE COLUMN [기존필드명] [변경필드명] [자료형]

- 필드삭제 : ALTER TABLE [테이블이름] DROP COLUMN [삭제할필드명]

⑤ INSERT: 원하는 테이블에 새로운 레코드를 추가하는 명령어이다. 주어진 값들은 레코드의 필드 순서대로 저장된다.
형식)

INSERT INTO *table* VALUES(*field_value* { , *field_value* }*)

●예

INSERT INTO student VALUES
(11001, '김 정수 ', ' 서울시성북구돈암2동 ')

⑥ UPDATE: 레코드의 값을 변경하기 위한 명령어이다.
형식)

UPDATE *table*
SET *field* = *expression* { , *field* = *expression* }

```
[WHERE condition]
```

●예

```
UPDATE goods
SET price = price * 1.2
WHERE name = 'computer'
```

⑦ DELETE: 원하는 레코드를 삭제하는 명령어이다.
형식)

```
DELETE FROM table
[WHERE condition]
```

●예

```
DELETE FROM goods
WHERE p_name LIKE 'Pentium II% '
```

≫ LIKE 구에서 % 또는 * 는 임의의 길이 문자를 나타낸다.
≫ _(언더라인) 또는 ?는 문자 1개를 나타낸다.
Ex) LIKE 'Pentium II%' 는 Pentium II로 시작하는 모든 문자열을 나타낸다.
Ex) LIKE '%fy' 는 fy로 종료되는 모든 문자열을 나타낸다.

⑧ SELECT: 원하는 데이터를 검색하는데 사용된다.
형식)

```
SELECT [ ALL | DISTINCT ] field_list
FROM table_list
[WHERE condition]
[GROUP BY field]
[HAVING condition]
[ORDER BY field [ASC | DESC]]
```

SQL에서 지원되는 집단(aggregation) 함수를 정의하면 다음과 같다.

함수 이름	설 명
COUNT	레코드의 수
SUM	합
AVG	평균
MAX	최대값
MIN	최소값

● 예 연령이 22를 초과하는 학생의 이름과 전공을 출력하시오.

```
SELECT name, major FROM student
WHERE age > 22
```

● 예 전공이 컴퓨터 사이언스인 학생들의 평균 연령을 구하시오.

```
SELECT AVG(age) FROM student
WHERE major = 'computer science'
```

5.2 Java와 DB의 연동

대부분의 상용 프로그램은 데이터베이스와 연동하는 것이 일반적이다. 자바 프로그램에서는 데이터베이스와 접속하는 것이 가능하다. 자바언어와 데이터베이스와 연동하는 기술을 JDBC(Java DataBase Connectivity)라고 한다. 자바 프로그램에서 데이터베이스의 데이터에 접근하려면 다음과 같은 사전 준비가 필요하다.

1) 데이터베이스가 시스템에 설치되어 있어야 한다.
2) 설치된 데이터베이스에 알맞은 드라이버를 설치하여야한다.
3) JDBC 프로그래밍의 절차를 준수하여야 한다.

마이크로 소프트에서는 데이터베이스 접근 방법을 표준화시킨 ODBC(Open Data Base Connectivity) 인터페이스를 제공하고 있다. Sun사에서는 JDBC와 ODBC를 연결하여 데이터베이스를 접속하는 JDBC-ODBC 드라이버를 기본적으로 제공한다. 자바 응용 프로그램에서 데이터베이스에 접속하는 과정을 그림으로 표현하면 다음과 같다.

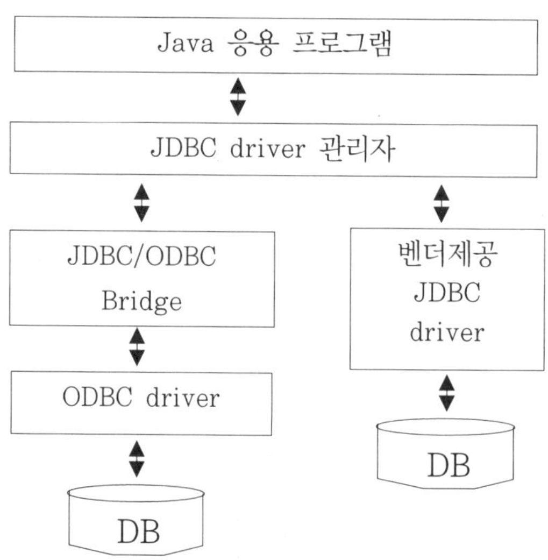

자바의 SDK는 기본적으로 JDBC/ODBC 연결 드라이버를 포함하고 있다. JDBC/ODBC 연결 드라이버는 ODBC가 설치된 모든 데이터베이스와 접속할 수 있다. 최근에는 대부분의 데이터베이스가 JDBC 드라이버를 지원하고 있으며, JDBC/ODBC 드라이버와 비교하여 설정이 쉬우며 성능이 우수하다. 그러므로 JDBC/ODBC 연결드라이브를 사용하는 것보다 JDBC 드라이버를 사용하는 것을 권장한다. 여기서는 윈도우 운영체제를 기반으로 실습할 예정이므로, 별도의 데이터베이스 설치가 필요없는 ODBC를 통해 데이터 베이스를 접속하기로 한다.

5.3 윈도우에서 ODBC(Open Daba Base Connectivity) 설정

마이크로 소프트 윈도우 운영체제에서는 MS 데이터 베이스와 연동할 수 있는 ODBC가 기본적으로 설치되어 있으므로, 별도의 데이터베이스 설치없이 간단한 설정으로 자바-데이터베이스 연동 프로그래밍을 연습하는 것이 가능하다. ODBC를 설정하는 과정을 살펴보기로 한다.

≫ ODBC란?

DBMS에 관계없이 표준화된 접속 방법을 제시하여 응용 프로그램과 DB와의 연동을 용이하게 만든 것이 바로 ODBC이다. 마이크로 소프트에서 개발한 표준 DB 접속방안이다. 마이크로 소프트의 윈도우 운영체제는 ODBC 접속을 설정하는 기능을 내장하고 있다.

1) 윈도우 XP 또는 Vista에서 ODBC설정 과정

① [시작] 버튼을 눌러서 제어판을 선택하고, 성능 및 유지관리 아이콘을 선택하면 다음과 같은 [성능 및 유지관리] 대화상자가 나타난다.

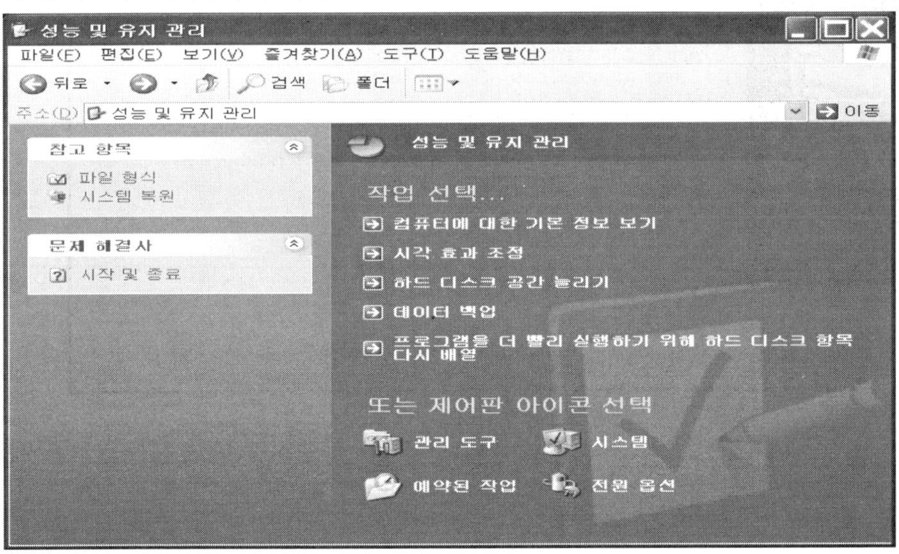

② 아래의 관리도구를 클릭하면 다음과 같은 대화상자가 나타난다. 여기서 ODBC 데이터원본을 더블클릭한다. 다음의 대화상자가 나타나면 [추가]버튼을 클릭한다.

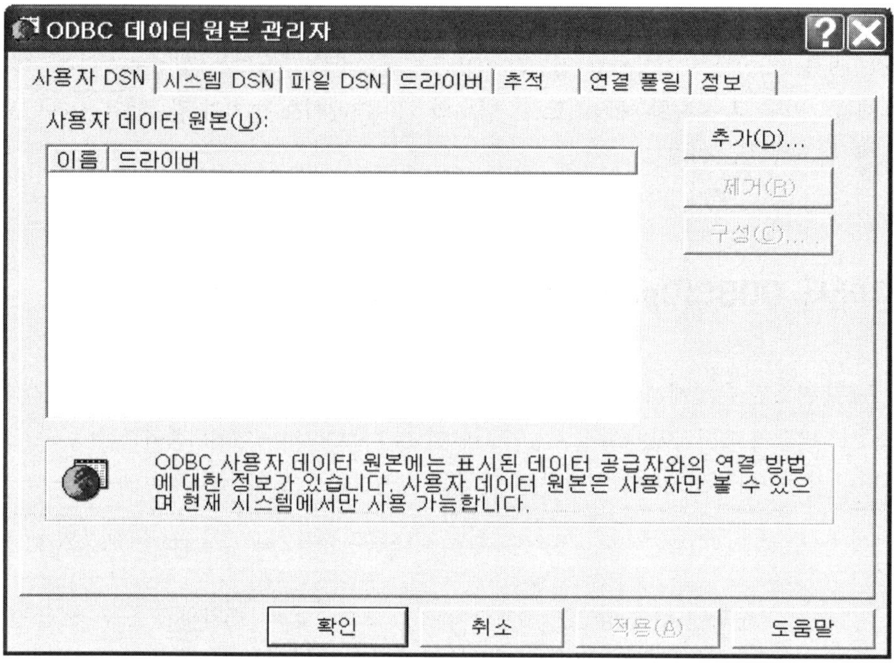

③ [추가]버튼을 클릭하면 다음의 대화상자가 나타난다. 여기서는 MS-Access 드라이버를 선택하고 [마침]버튼을 클릭한다.

④ 다음과 같이 데이터베이스에 대한 정보를 입력하는 대화상자가 나타나면, 아래와같은 내용을 입력한다. 데이터 원본이름에는 myDB를 입력하고 설명에는 적절한 설명 문구를 입력한다. 그리고 [만들기]버튼을 클릭한다. (데이터베이스 파일을 생성한다.)

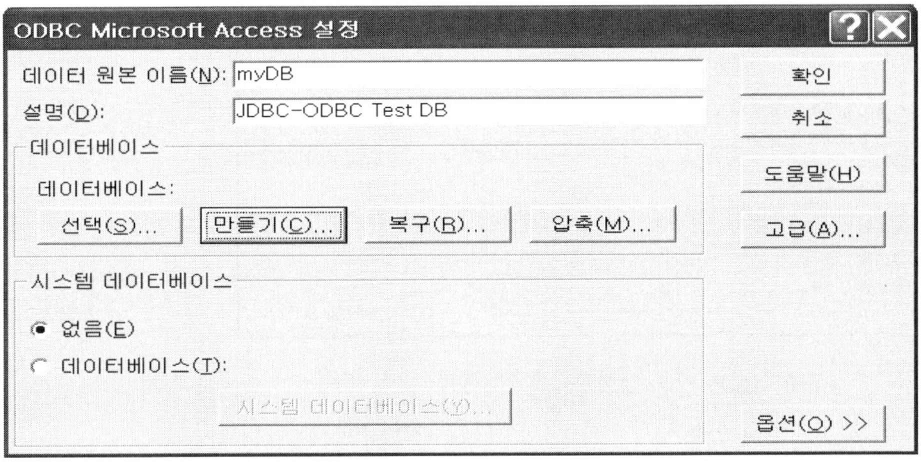

⑤ 다음과 같은 대화상자가 나타나면, 적절한 디렉토리에 적절한 데이터베이스 파일명을 입력한다. 그리고 오른쪽의 [확인]버튼을 클릭한다.

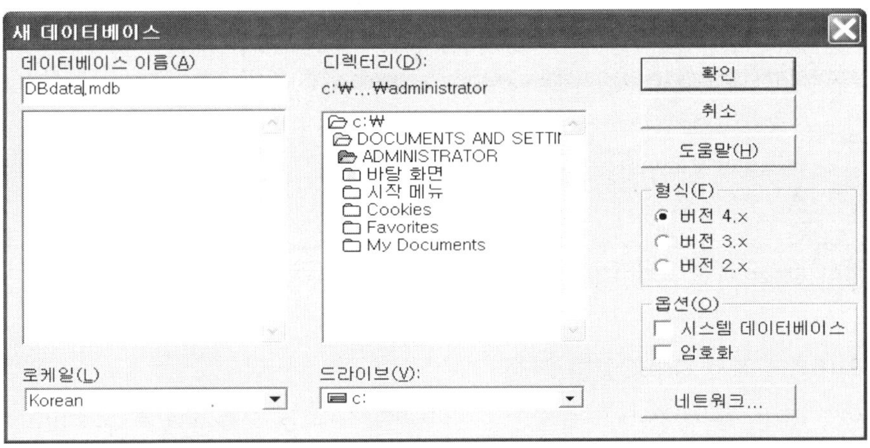

⑥ 그러면 다음과 같은 대화상자가 표시되어 적절한 데이터베이스 파일이 생성되었음을 알려준다. 대화상자에 표시된 디렉토리와 파일이름은 기억해두기 바란다. 자바 프로그램에서 실행한 결과가 본 파일에 저장되므로 SQL 실행결과를 확인할 때 필요하다.

⑦ 확인버튼을 눌러 대화상자를 닫는다. 그러면 다음의 대화상자가 표시되고 오른쪽 하단의 고급버튼을 누른다.

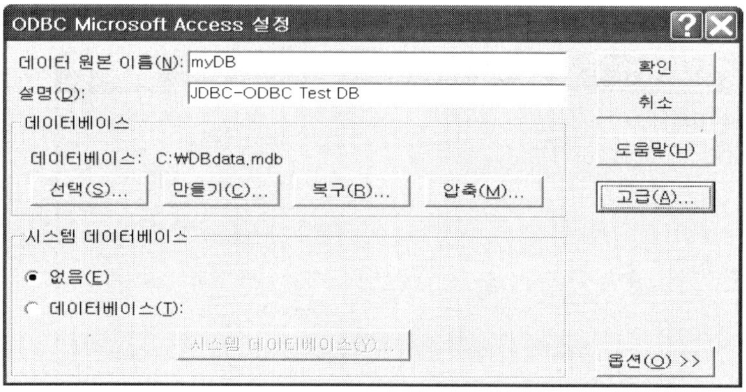

⑧ 고급버튼을 누르면 다음과 같은 대화상자가 표시되어 로그인 이름과 암호를 설정할 수 있다. 로그인 이름에는 ikim, 암호(P)에는 7788을 입력한다음 [확인]버튼을 클릭한다.

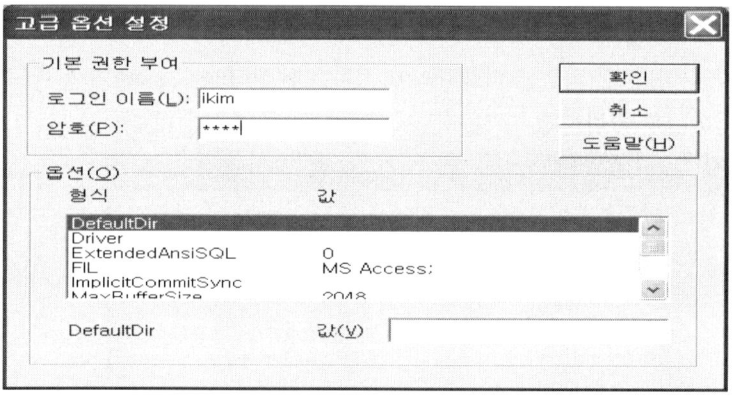

이로서 모든 설정이 끝났으므로, [확인]버튼을 클릭하여 설정을 마친다.

2) Window 7 (64bit)에서 ODBC설정 과정

C:\Windows\SysWOW64 디렉토리에서, odbcad32 (응용 프로그램)을 찾는다.

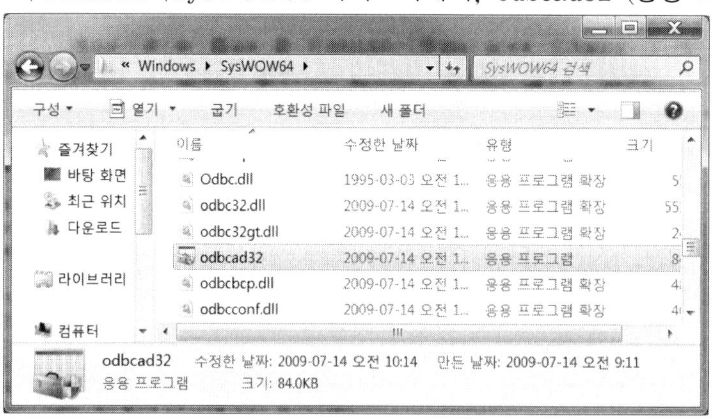

C: \Windows\SysWOW64 디렉토리에서, odbcad32 파일을 더블클릭하면 다음과 같은 대화상자가 나타나고, 윈도우 XP 또는 Vista와 동일한 방법으로 설정한다.

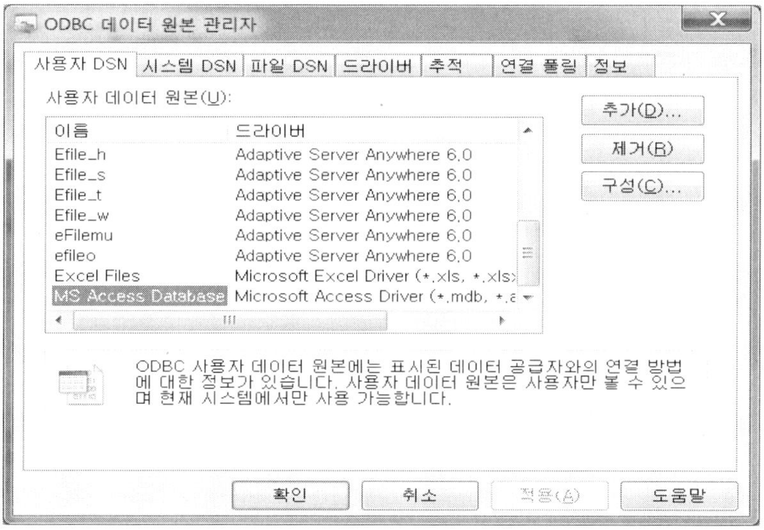

앞에서 설정한 방법을 따라한다. 다음화면과 같이 myDB를 생성하여야 한다.

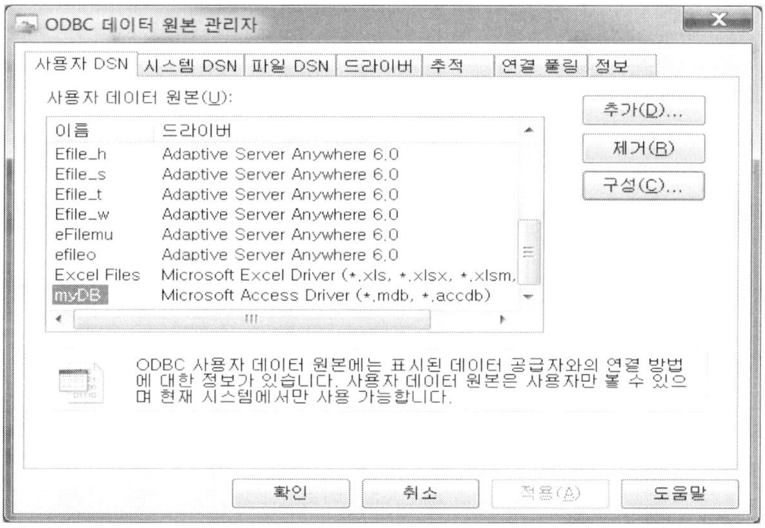

3) 자바와 DB의 연결 예제

- JDBC 프로그래밍 절차

윈도우 운영체제에서 ODBC 사용할 수 있도록 하였으므로, Java에서 윈도우 데이터 베이스 파일을 접근할 수 있게 되었다. 자바 프로그래밍의 JDBC 프로그래밍 절차를 기술하면 다음과 같다.

① **JDBC Jar 파일의 복사:** ODBC를 사용하여 Java와 데이터베이스가 연동하는 경우보다는 데이터베이스 제조사가 제공하는 JDBC 드라이버를 설치하는 경우가 많다.(직접 연동하는 것이 ODBC를

통하는 것보다 성능이 우수함) DB 제조사가 제공하는 JDBC Jar파일을 $JAVA_HOME/jre/lib/ext에 복사해 놓으면 된다.

② **JDBC 드라이버 로드:** 자바 프로그램에서는 제일 먼저 JDBC 드라이버를 적재해야 한다. 일반적으로 Class.forName()메소드를 사용한다.

```
(ex) try {
     Class.forName("com.mysql.jdbc.Driver");
    } catch(ClassNotFoundException exp) {
      System.out.println(exp);
      System.exit(-1);
    }
```

③ **DB와 연결:** 사용자 이름과 패스워드를 사용하여, 데이터베이스에 연결한다. Connection객체가 생성된다.

```
(ex) String url="jdbc:mysql://localhost/testDB";
     String user-"Wally";
     String pass="1234";
     Connection con = DriverManager.getConnection(url,user,pass);
```

④ **Statement객체 생성:** Statement객체를 생성하고, SQL을 실행한다. 실행한 결과는 ResultSet 객체에 저장된다.

```
(ex) Statement s = con.createStatement();
     String sql = "SELEC * FROM books WHERE price>10000";
     ResultSet rs = s.execute(sql);
```

⑤ **SQL 실행 및 Result 객체 생성:** ResultSet 객체에 다음의 메소드를 적용해서 원하는 작업을 수행한다.

메소드	설 명
close()	ResultSet을 닫는다.
bool last()	마지막 레코드로 이동
int getRow()	현재 레코드 번호 반환
bool next()	다음 레코드로 이동
bool previous()	앞레코드로 이동
bool isFirst()	첫 레코드면 true 반환
bool isLast()	마지막 레코드면 true 반환
bool absolute(int)	지정된 번호의 레코드로 이동
<*type*> get<*Type*> (int columIndex)	지정된 컬럼에서 <type>형을 반환
<*type*> get<*Type*> (String colName)	지정된 이름을 가진 컬럼에서 <type>형을 반환

자바와 DB를 연결하는 예제 프로그램은 다음과 같다.

프로그램소스 : DBConTest.java

```
package p1;
import java.sql.*;
public class DBConTest {
  public static Connection init() {
    String URL="jdbc:odbc:myDB";
    String user= "ikim";
    String passwd = "7788";
    try {
      Class.forName("sun.jdbc.odbc.JdbcOdbcDriver");
      Connection con = DriverManager.getConnection(URL,user,passwd);
      System.out.println("Java-DB connected");
      return con;
    }catch(Exception e){
     System.out.println(e);
     System.out.println("Connection Error");
    }
    return null;
  }
  public static void main(String[] args){
    init();
  }
}
```

실행결과

```
Java-DB connected
```

프로그램 해설

```
Class.forName("sun.jdbc.odbc.JdbcOdbcDriver");
```

// 자바에서 기본적으로 제공하는 JDBC-ODBC 연결 드라이버를 적재한다.

```
Connection con = DriverManager.getConnection(URL,user,passwd);
```

// jdbc:odbc:myDB라는 논리이름을 가진 데이터베이스에 사용자이름은 ikim,
// 패스워드는 7788을 사용하여 접속한다.

윈도우에서 ODBC 설정 연습

윈도우 XP 또는 Vista를 사용하여, ODBC를 설정하시오. 논리적DB이름은 "TestDB"로 지정하고 사용자 이름은 "Wally" 패스워드는 "1234567"로 설정하시오. 설정후에 다음 예제 프로그램이 정상 실행되는지 확인하시오.

테스트용 예제 프로그램

```
package p1;
import java.sql.*;
public class ODBCSetupTest {
  public static void main(String[] args) {
    String URL="jdbc:odbc:TestDB";
    try {
      Class.forName("sun.jdbc.odbc.JdbcOdbcDriver");
      @SuppressWarnings("unused")
      Connection con = DriverManager.getConnection(URL,
                "Wally","1234567");
      System.out.println("Setup was Good");
    }catch(Exception e){
     System.out.println(e);
    }
  }
}
```

＊정상실행결과

Setup was Good

＊설정이 잘못된 경우, 실행결과

java.sql.SQLException: [Microsoft][ODBC 드라이버 관리자] 데이터 원본 이름이 없고 기본 드라이버를 지정하지 않았습니다.

5.4 JDBC 프로그래밍 절차

1) Statement를 사용한 테이블 생성 예제

데이터베이스와 연결되면 java.sql.Connection객체가 생성된다. Connection객체를 사용하여 java.sql.Statement 객체를 생성할 수 있다. Statement 객체를 사용하면 SQL문장을 실행할 수 있다.

▌예제 프로그램 : CreateTable.java ▌

```
package p1;
import java.sql.Connection;
import java.sql.Statement;
public class CreateTable {
   public static void main(String[] args) throws Exception {
       Connection con = DBConTest.init();
       Statement st = con.createStatement();
       st.execute("CREATE TABLE Test (Name CHAR(12))");
       st.execute("INSERT INTO Test VALUES ('Wally Kim')");
       st.close();
       con.close();
   }
}
```

실행결과

```
Java-DB connected
```

여기서 실행결과가 데이터베이스 파일에 잘 반영되었는지 알고 싶다면, ODBC 설정시에 명시한 myDB 파일을 열어보면 다음과 같다.

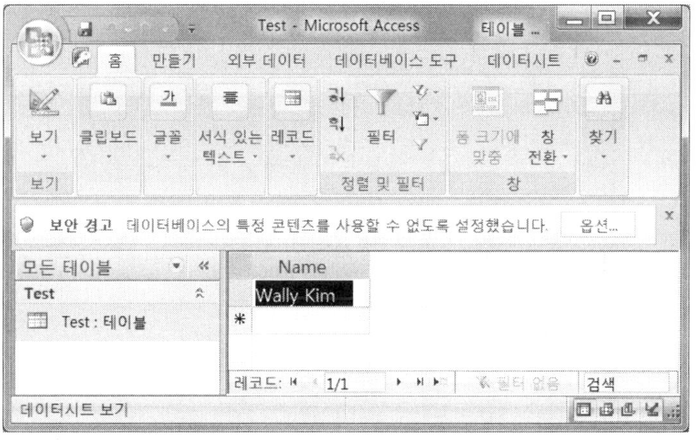

■ 프로그래밍 연습 ■ **앞의 예제 프로그램을 수정하여, Wally Kim 이외에 3-4명의 이름 데이터를 추가해보시오.**

2) SELECT 문을 사용한 질의

Statement 객체에서 "SELECT" 문을 실행하면, 선택된 레코드가 반환된다. 반환된 결과값은 ResultSet에 저장된다. 다음 예제를 실행하여 ResultSet 사용방법을 연구한다.

| 예제 프로그램 : QueryTest.java |

```
package p1;
import java.sql.Connection;
import java.sql.Statement;
import java.sql.ResultSet;
public class QueryTest {
  public static void main(String[] args) throws Exception {
        Connection con = DBConTest.init();
        Statement st = con.createStatement();
        st.execute("INSERT INTO Test VALUES ('Billy Kim')");
        ResultSet rs = st.executeQuery("SELECT * FROM Test");
        System.out.println("Names");
        while(rs.next())
                    System.out.println(rs.getString("Name"));
        rs.close();
        st.execute("DROP TABLE Test");
        st.close();
        con.close();
  }
}
```

실행결과

```
Java-DB connected
Names
Wally Kim
Billy Kim
```

프로그래밍 연습 JDBC-ODBC를 사용하여 TestDB 데이터 베이스에서 Student 테이블을 생성하시오. Student 테이블에는 이름(문자12), 입학년도(4자리정수), 전공(문자12)의 정보를 가진다. 임의 학생 데이터를 자바 프로그램을 통해 입력하도록 한다. 또한 컴퓨터가 전공인 학생들만 출력하는 자바 프로그램을 작성한다.

5.5 JDBC 프로그래밍에 사용되는 주요 메소드

1) JDBC 드라이버의 적재하기 위한 메소드

일반적으로 Class.forName("*driver_class_name*")을 사용한다.

ex) SQL Server 7.0의 경우

Class.forName("com.inet.tds.TdsDrvier");

ex) JDBC-ODBC bridge driver

Class.forName("sun.jdbc.odbc.JdbcOdbcDriver");

2) 데이터베이스와 연결을 유지하는 Connection 객체

Connection 객체를 생성하는 메소드 형식은 다음과 같다.

① DriverManager.getConnection(String url)

② DriverManager.getConnection(String url, Properties info)

③ DriverManager.getConnection(String url, String user, String passwd)

ex) Properties를 사용하여 사용자와 패스워드를 설정하는 코드

```
Properties prop = new Properties();
prop.put("user", "ikim");
prop.put("password", "7788");
DriverManager.getConnection("jdbc:odbc:myDB", prop);
```

ex) Connection conn

```
=DriverManager.getConnection("jdbc:odbc:db_name","user","passwd")
```

3) 커넥션 객체의 사용: Connection 인터페이스 메소드

① close() : 데이터베이스와 접속을 종료한다.

② commit()

- 데이터 베이스에 commit 명령을 전송하여, SQL 실행결과를 데이터베이스에 영구히 반영한다.
- commit() 함수는 con.setAutoCommit(false)로 설정되었을 때만 적용 가능하다.

③ createStatement()

- Statement 객체를 반환한다. Statement 객체를 사용하면 SQL 문장을 실행할 수 있다.

④ getMeatData()

- DatabaseMetaData 객체를 반환한다. 메타 데이터는 데이터베이스의 컬럼수, 컬럼 이름 등에 대한 정보를 담고 있다.

사용예) DatabaseMetaData md = con.getMetaData();

⑤ prepareStatement()

- PreparedStatement 객체를 반환한다.

⑥ setAutoCommit(boolean b)

- SQL의 실행결과를 데이터베이스에 매번 반영하여 저장할 것인지를 설정한다. 기본값은 true이며, SQL문장이 실행될 때마다 그 결과 값이 데이터베이스에 반영된다. 만일 이 값이 false로 설정되면, SQL의 수행결과가 commit()명령어가 실행될 때까지 연기된다.

⑦ rollback()

- 데이터 베이스의 실행을 취소한다. setAutoCommit(false)로 설정된 경우에만 가능하다. 트랙잭션의 결과가 데이터베이스에 반영되지 않고 취소된다.

4) Statement 인터페이스 메소드

① close() : 현 Statement 객체를 닫는다.

② boolean execute(String sql)

- 인자로 주어진 SQL문장을 실행한다.

③ ResultSet executeQuery(String sql)

- SQL query를 실행하고 그 결과값을 ResultSet형태로 반환힌다.

④ int executeUpdate(String sql)

- 레코드 갱신 SQL을 실행하고, 갱신된 레코드의 수를 반환한다.

⑤ ResultSet getResultSet()

- SQL query를 수행한 결과가 저장된 ResultSet을 반환한다.

⑥ int getUpdateCount()

- SQL 수행결과 갱신된 레코드 수를 반환한다.

Statement를 구현한 객체에서 SQL을 실행하는 형식은 execute(sql), executeQuery(sql), excuteUpdate(sql)의 세가지이다. execute(sql)은 모든 종류의 SQL 문을 실행시킬 수있으며, 실행결과가 ResultSet인 경우에 true가 반환된다. 그렇지 않으면 false가 반환된다. executeQuery(sql)은 데이터 베이스의 내용을 질의하는 문장을 수행하며 그 결과 ResultSet을 반환한다. excuteUpate()는 insert, update와 같은 DB 갱신 명령어가 수행되고 갱신된 레코드 수(정수값)을 반환한다.

5) ResultSet 인터페이스 메소드

① boolean first(): 첫 번째 레코드로 이동한다.

② boolean last(): 마지막 레코드로 이동한다.

③ boolean next(): 다음 레코드로 이동한다.

④ boolean previous(): 앞의 레코드로 이동한다.

⑤ *MMM* get*MMM*(int columnIndex): 주어진 인덱스의 데이터를 반환한다.

⑥ *MMM* get*MMM*(String columnName): 주어진 컬럼이름의 데이터를 반환한다.

⑦ ResultSetMetaData getMetaData(): 메터 데이터를 반환한다.

6) PreparedStatement

Statement와는 달리 PreparedStatement는 변경되는 부분을 ?로 표시하고, ? 부분에 실제 데이터값이 치환되어 실행된다. 다음은 PreparedStatement 객체를 사용하여 코딩하는 순서를 정리한 것이다.

① 사용할 SQL 문자열을 생성한다.

```
String sql = "select Name from Student where age>?" ;
```

② PreparedStatement 객체를 생성한다.

```
PreparedStatement ps = conn.prepareStatement(sql);
```

③ 매개변수 ? 치환

```
ps.setInt(1, 19);
```

④ 질의어 실행

```
resultSet = ps.executeQuery();
```

다음은 PreparedStatement 객체를 사용한 JDBC 예제이다.

| 예제 프로그램 |

```
package p1;
import java.sql.Connection;
import java.sql.PreparedStatement;
import java.sql.Statement;
import java.sql.ResultSet;
public class QueryTest2 {
  static String[][] names = {{"WongSu", "Cho"},
    {"Hoon","Kim"},{"Wally","Kim"},{"Kap","Bang"}};
  public static void main(String[] args) throws Exception {
        Connection con = DBConTest.init();
        Statement st=con.createStatement();
        try {
          st.execute("CREATE TABLE Names (First CHAR(9), Last CHAR(9))");
        }catch(Exception e){}
        PreparedStatement pre =
        con.prepareStatement("INSERT INTO Names VALUES (?,?)");
        for(int i=0; i<names.length; i++) {
        pre.setString(1,names[i][0]);
        pre.setString(2,names[i][1]);
```

```
            pre.executeUpdate();
        }
        ResultSet rs = st.executeQuery("SELECT * FROM Names");
        System.out.println("--- Names ---");
        while(rs.next())
            System.out.println(rs.getString("First")+" "+
                                rs.getString("Last"));
        rs.close();
        st.execute("DROP TABLE Names");
        st.close();
        con.close();
    }
}
```

실행결과

```
Java-DB connected
--- Names ---
WongSu   Cho
Hoon     Kim
Wally    Kim
Kap      Bang
```

5.6 Commit과 Rollback

일반적으로 AutoCommit모드가 true로 설정되어 있으므로 결과값이 자동적으로 데이터베이스에 기록된다. 실행결과를 매번 DB에 반영하면, 실행 시간이 오래 걸린다. 많은 SQL을 실행한 주기억장치에만 보관하고 있다가 실행에 이상이 없다고 판단되면 commit을 실행하여 데이터베이스에 기록하는 것이 효과적이다. 만일 문제가 발생한다면, Rollback을 실행하여 원래 데이터로 복구한다.

AutoCommit 모드를 false로 설정한 후에, 다수의 SQL 문장을 실행한다. 여기서

① 만일 SQL 문장의 실행결과를 DB에 반영하고 싶으면, commit()을 실행한다.

② 만일 SQL 문장의 실행결과를 취소하고 싶으면, rollback()을 실행한다. Commit/Rollback을 사용하는 형식은 다음과 같다.

```
conn.setAutoCommit(false);
stmt=conn.createStatement();
try{
  for(int j=0; j<sql.length; j++)
  stmt.execute(sql[i]);
}catch(SQLException ex){}
if(transaction_OK) conn.commit();
else conn.rallback();
conn.setAutoCommit(true);
```

다음은 Commit과 Rollback을 사용하는 예제이다.

| 프로그래밍 예제 |

```
package p1;
import java.sql.*;
public class CommitExample {
  public static void main(String[] args) throws Exception {
    String arg = args[0];
    String[] sql = {
    "insert into telephones values ('JungSu','010-8223-4157');",
     "insert into telephones values ('JungHoon','010-3223-4157');",
    "insert into telephones values ('JungSik','016-223-4157');",
    "insert into telephones values ('Kims','010-3223-4157');",
    "insert into telephones values ('NanSook','010-8223-4315');",
    "insert into telephones values ('HyeSun','010-3223-4314');",
    "insert into telephones values ('MiHee','010-3273-4154');"
    };
    Connection con = DBConTest.init();
    Statement st = con.createStatement();
    try {
       st.execute("create table telephones (name char(10),"+
       "telNo char(14));");
    }catch(Exception e) {
      System.out.println("Table is already created");
```

```
        }
        con.setAutoCommit(false);
        for(int i=0;i<sql.length;i++) st.execute(sql[i]);
        if(arg.equals("yes")) con.commit(); // commit
        else con.rollback();                    // rollback
        con.setAutoCommit(true);

        ResultSet rs = st.executeQuery("Select * from telephones");
        while(rs.next()){
            String name = rs.getString(1);
            String tel = rs.getString(2);
            System.out.println(name+"₩t"+tel);
        }
        st.execute("drop table telephones");
    }
}
```

실행결과

명령행 인자를 no로 주면, rollback()이 실행되고 데이터베이스에 SQL 실행결과가 반영되지 않는다. 즉 SQL의 실행이 취소된다.

```
① C:₩>java CommitExample no
Java-DB connected
```

명령행 인자를 yes로 주면, commit()이 실행되고 데이터베이스에 SQL의 실행결과가 반영된다.

```
② C:₩>java CommitExample yes
Java-DB connected
JungSu          010-8223-4157
JungHoon        010-3223-4157
JungSik         016-223-4157
Kims            010-3223-4157
NanSook         010-8223-4315
HyeSun          010-3223-4314
MiHee           010-3273-4154
```

5.7 자바 DB 연동 예제 프로그래밍

1) 전화번호 저장/검색 프로그램

다음 프로그램은 단순한 전화번호를 저장하는 JDBC 예제이다. 프로그램을 실행하면 GUI 컴포넌트가 표시되고, [Clear] [저장] [검색] 버튼이 표시된다.

| 예제 프로그램 |

```
package p1;
import java.awt.*;
import java.awt.event.*;
import javax.swing.*;
import java.sql.*;

public class TelBook extends JFrame
            implements ActionListener {
  private static final long serialVersionUID = 77001L;
  JButton b2, b3,b4;
  JTextField t1, t2;
  Statement stmt = null;
  Connection con = null;
  ResultSet rs = null;

  TelBook() {
    super("JDBC Demo");
  setSize(350,140);  // 크기 설정
  setLocation(200,100); // 위치 설정

    String URL = "jdbc:odbc:myDB";
    String username = "ikim";
    String passwd = "7788";

  try {
    Class.forName("sun.jdbc.odbc.JdbcOdbcDriver");
    con = DriverManager.getConnection(URL,username,passwd);
      stmt = con.createStatement();
```

```
  stmt.execute( "create table " +
        "telBook (name varchar(10), telNo varchar(14));");
} catch (Exception e) { System.out.println(e);}

JPanel p = new JPanel(new GridLayout(1,3));

p.add(b2 = new JButton("Clear"));
p.add(b3 = new JButton("저장"));
p.add(b4 = new JButton("검색"));
add(p,BorderLayout.SOUTH);

b2.addActionListener(this);
b3.addActionListener(this);
b4.addActionListener(this);

JPanel q = new JPanel(new GridLayout(2,2,4,4));
q.add(new JLabel(" 이   름   :",JLabel.CENTER));
q.add(t1 = new JTextField(12));
q.add(new JLabel("전 화 번 호 :",JLabel.CENTER));
q.add(t2 = new JTextField(12));
add(q,BorderLayout.CENTER);

addWindowListener(
     new WindowAdapter() {
       public void windowClosing(WindowEvent e) {
      try { con.close();
      } catch(Exception exp){}
      System.exit(0);
    }
});
setVisible(true);
}
public void actionPerformed(ActionEvent e) {
  JButton b=(JButton) e.getSource();
try {
```

```
    if (b == b2) {
        t1.setText("");
        t2.setText("");
    } else if (b == b3) {
      stmt.execute("insert into telBook values ('"+
      t1.getText()+"','"+t2.getText()+"');");
    t1.setText("");
    t2.setText("");
    } else {
      rs = stmt.executeQuery("select * from telBook "+
    "where name like '"+t1.getText()+"%';");
    if (rs.next()) {
      t1.setText(rs.getString(1));
      t2.setText(rs.getString("telNo"));
    } else t2.setText("Not Found");
    }
  } catch(Exception exp) {}
  }
  public static void main(String args[]) {
        new TelBook();
}}
```

실행결과

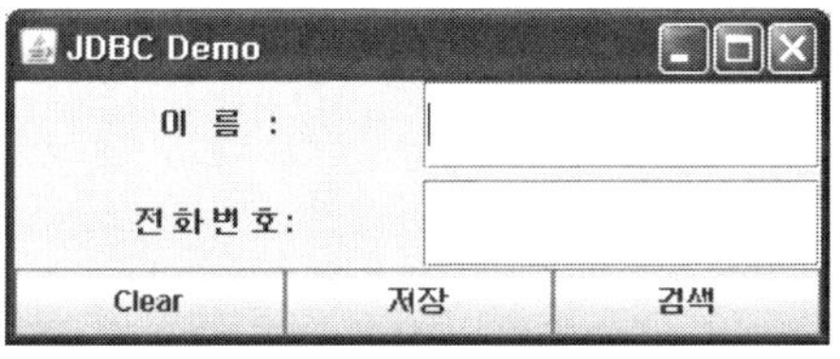

연습문제 앞의 예제에서 원하는 전화번호를 삭제하는 기능을 추가하시오.

- 일반적으로 ODBC는 표준화층을 거치므로, 성능이 떨어진다. 대부분의 데이터베이스는 전용 Java-DB 연동 드라이버를 제공하므로, ODBC의 중간 단계를 거치지 않고 직접 DB와 연결된다.
- mySQL(http://www.mysql.com)은 인터넷에서 손쉽게 다운받을 수 있는 데이터베이스이다. mySQL을 설치하고, mySQL을 연동할 수 있는 JDBC 드라이버를 다운받아서 자바와 mySQL을 연동해보기를 바란다.

연구총서 1-35

분산프로그래밍

인 쇄 일 · 2010년 8월 20일
발 행 일 · 2010년 8월 30일
지 은 이 · 김일민 · 김성동 공저
발 행 인 · 정주택
발 행 처 · 한성대학교출판부(hsupress@hansung.ac.kr)
서울특별시 성북구 삼선동 2가 389번지
등 록 · 제6-78호 / **등록일** · 2002년 11월 6일
대표전화 · (02) 760-4174 / **팩스** · (02) 760-5969
편집제작 · 대자커뮤니케이션 ☎ 02)2269-6724

ISBN 978-89-89101-84-0 93560
값 20,000원

* 본 저서는 2009년도 한성대학교 교내연구비 지원을 받아 출판하였습니다.
* 소스코드는 http://www.hansung.ac.kr/~ikim의 자료실에 있습니다.